BUSINESS
FIRST

经营制胜

宋志平 著

机械工业出版社
CHINA MACHINE PRESS

图书在版编目（CIP）数据

经营制胜 / 宋志平著 .-- 北京：机械工业出版社，2021.3（2024.12 重印）
ISBN 978-7-111-67636-2

Ⅰ. ①经⋯　Ⅱ. ①宋⋯　Ⅲ. ①企业经营管理　Ⅳ. ① F272.3

中国版本图书馆 CIP 数据核字（2021）第 036791 号

经营制胜

出版发行：机械工业出版社（北京市西城区百万庄大街 22 号　邮政编码：100037）	
责任编辑：施琳琳	责任校对：殷　虹
印　　刷：北京联兴盛业印刷股份有限公司	版　次：2024 年 12 月第 1 版第 21 次印刷
开　　本：170mm×230mm　1/16	印　张：20
书　　号：ISBN 978-7-111-67636-2	定　价：89.00 元

客服电话：（010）88361066　68326294

版权所有・侵权必究
封底无防伪标均为盗版

序

从管理转向经营,既是我多年来深入企业实践的真实感受,也是我国企业当前发展所面临的重要课题。我在企业工作了整整40年,在做中国上市公司协会会长之前,担任中国建材集团董事长,还一度兼任国药集团董事长,把这两家企业都带入了《财富》世界500强的行列,企业的管理和经营是我最熟悉、最感兴趣的领域。简单来说,我工作的前20年主要从事企业管理,后20年则主要从事企业经营。从企业的角度来看,改革开放以来的大约前20年,主要是我国企业向发达国家企业学习管理的过程,之后的20多年则是我国企业创新经营思想的过程。

从本质上讲,管理是正确地做事,是处理好人、机、物、料的关系,往内部看,目的是提高效率;而经营是做正确的事,是面对市场、创新、商业环境的不确定性做出选择,往外部看,目的是提高效益。当然,这不是说管理不重要,而是说经营更重要。即使如此,我仍将"三精管理"的内容放入本书中,以表达我对管理的念念不忘之情。当然,大家将会看到,我讲的"三精管理"也是奔着企业现阶段的问题来的,而不是讲企业普通意义上的管理。我曾担任过10年厂长，全面学习过日式管理，经历了20世纪八九十年代我国企业的管理热潮，应该说管理水平的提高是我国企业在国际市场上竞争力大增的原因。经过多年的实践，我国企业的管理水平大都已达到国际先进水平。我常说，如果今天谁还把工厂管理得到处"跑、冒、滴、漏"，那就应该开除谁的"球籍"！

如今，不论企业大小，在不确定的环境中做出正确的选择才是经营者的主要任务。企业要把经营问题作为头等大事来思考，用经营目标来引导管理，用经营成果来评价管理，用经营需要来改革管理，由此摆脱内向、静态、标准化的思维定式，走出惯性管理的舒适区，迈向不确定的新环境，让企业焕发生机与活力。管理可以"教"，经营则需要"悟"。这并不是说经营没有一个终极的追求。实际上，经营背后的理念很重要，或者说究竟遵循什么样的经营之道，非常重要。

本书秉持这样的观点：我国企业的经营思想，既来源于我们对发达国家先进企业的学习，也来源于我们民族博大精深的历史文化，但最重要的是来源于改革开放后我国企业这些年的深度实践。在我国做企业的外部环境和西方国家有很大的不同，因而如果完全学习和照搬西方的企业管理理论，一定会削足适履、事与愿违。基于此，书中的不少观点和做法都体现了中国特色，如业务模式、竞争模式、创新模式的选择等，在共享机制等方面也有比较前沿的探索。"不唯上、不唯书、只唯实"，这是陈云同志说过的一句话。我常说，我的书是做出来的，不是写出来的，就是遵循了陈云同志这句话的意思。作为企业家，我收获的这些道理和经验，都是一路做过来的，觉得走得通，所以拿出来与读者分享。许多做法虽然看起来精彩，但它们是我在做企业过程中踽踽独行、讨源、问道的痕迹，不足为法。人们常说管理有方，经营有道。说起来经营之道虚无缥缈，不过只要诚心去求，也不是难事。

本书是对我在清华大学五道口金融学院讲课内容的进一步整理和优化，在撰写过程中，还融入了近些年我对企业的一些观察和思考。本书是《企业迷思》⊖的姊妹篇，《企业迷思》是对 2015~2017 年我在北京大学光华管理学院讲课内容的系统整理和优化，那时讲的主题是"穿越迷思做企业"，而这两年我在清华大学五道口金融学院讲的是"从管理到经营"。应该说，这两门课都很受欢迎，记得在清华大学五道口金融学院，有一次我和学员的互动讨论居然持续到了夜里 11 点，大家仍久久不愿离去，有的学员甚至还误了返程的航班。

也有不少读者对我为什么出书感兴趣。其实，我既是个做事的人，同时也是个读书人，我喜欢研究企业的经营与管理问题，一些观点也常常在自己的头脑中经历了否定之否定。我喜欢把复杂问题简单化，用最直白的语言去讲解企业的经营逻辑，我的观点带有鲜明的实践性，大都是经过反复思考才形成的。我从 1994 年就开始给清华大学、北京大学的 MBA 学员讲课，其间还担任了全国工商管理专业学位研究生（MBA）教育指导委员会的三届委员。我认为，做企业应该多总结些经验，哪怕是教训，留给年青一代。记得我的老领导陈清泰同志曾希望我能为企业多写些东西，他说："我们总不能一代一代都从零开始。"正是这些原因促使我这些年不停地写作和整理，陆续出版了一些书，目的只有一个，那就是为我国年青一代的企业家插上我曾经走过的路标，帮助我国企业快速而稳健地前行。

新冠肺炎疫情给世界带来了太多的改变，展望未来，我国企业还面

⊖ 2020 年 1 月由机械工业出版社出版。

临着诸多新的不确定性。在这个时刻，我国企业家面临着信心、勇气和能力的考验，而在过去 40 多年的改革开放过程中，我们曾经的探索、磨炼和经验，会给我们在前进道路上增加一些定力。我希望本书能帮到大家，尽管我们面临的是全新的变化，我们还是要持续地创新、创新、再创新。

在本书的撰写过程中，中国建材集团和中国企业研究会办公室的几位年轻人参与了内容整理。另外，机械工业出版社的编辑对书稿进行了架构调整，在整个出版过程中，机械工业出版社团队所表现出来的专业精神给我留下了深刻的印象，这或许就是他们"经营制胜"的原因吧。在此，我诚挚地向所有支持和参与本书出版工作的同志表示感谢！

宋志平

2021 年 1 月

目 录

序

第 1 章　从管理到经营 / 1

企业经营的本质　/ 2

企业社会责任与资本、市值一样重要　/ 11

后疫情时代企业的经营与发展　/ 28

第 2 章　选业务与选人 / 49

在战略上要缺什么找什么　/ 50

业务选择要归核化　/ 64

做企业要先人后事　/ 80

第 3 章　联合重组 / 89

破解过剩产能要靠大企业　/ 90

企业发展更需要资源整合能力 / 100

混合所有制是个好东西 / 113

第 4 章　理性竞争 / 137

市场需要竞争 / 138

竞争是把双刃剑 / 144

从竞争到竞合 / 149

第 5 章　合理定价 / 157

掌握定价权 / 158

价格博弈 / 162

从量本利到价本利 / 164

第 6 章　有效创新 / 171

有效的创新才是好创新 / 172

强化集成创新 / 182

持续性创新与颠覆性创新 / 191

技术创新与商业模式创新 / 195

第 7 章　互联网 + / 205

从互联网到工业互联网 / 206

引入"+"思维概念 / 214

数字经济时代的商业创新 / 224

第 8 章　三精管理　/ 235

　　组织精健化　/ 236

　　管理精细化　/ 240

　　经营精益化　/ 252

第 9 章　格子化管控　/ 257

　　企业要用好制度，抓住关键点　/ 258

　　格子化管控的内涵　/ 265

　　超越规模，活出质量　/ 272

第 10 章　共享机制　/ 285

　　企业应是共享平台　/ 286

　　从"老三样"到"新三样"　/ 293

　　激发企业家精神　/ 300

第 1 章
Chapter 1

从管理到经营

随着信息化、智能化的发展，如今企业要面临更复杂、更不确定的商业环境，并做出正确的选择，经营成为企业的第一要务。企业领导者要从专注管理转向聚焦经营，认真学习经营之道，修炼经营能力。上市公司在收入和利润之外更要关注市值，提高经营和治理水平，履行社会责任，做到知敬畏、守底线、尽责任，打造出高质量的上市公司。在后疫情时代，企业要提高逆商，于危机中育新机，在变局中开新局，特别是要在"国内国际双循环相互促进的新发展格局"㊀中重新思考和制定经营策略。

㊀ 央视网. 构建国内国际双循环相互促进的新发展格局 [EB/OL].（2020-05-16）[2020-10-20]. http://news.cctv.com/2020/05/16/ARTICqHiAsmh6Ghbg7OpXIak200516.shtml.

企业经营的本质

经营成为企业的第一要务

回顾我国的水泥行业,一家日产量5000吨的水泥厂,如果要维持日常的运营,在新中国成立初期需要1.2万人,20年前需要2000人左右,再后来200人就可以,现在只需要50人。当工厂需要1.2万人的时候,部门科室多达二三十个,在那样的情况下,做好管理几乎是企业的全部活动,那时的口号是"眼睛向内,苦练内功"。现在,整个市场处于产能过剩状态,生产线也进入智能化阶段。工厂内仅有50人,二三十个科室是毫无必要的,工厂一般设一个厂长、两个副厂长、一个十几人的班组。十几个人如果都离岗,这个工厂照样能生产。过去,水泥厂中央控制室里的操作员一人一台电脑,用电脑来操控生产。现在,连中央控制室也没有了,全是智能化的模拟系统,能控制水泥窑内的温度曲线变为直线。工人操作机器进行控制的时候,最好的水平是每吨熟料消耗110千克标准煤。现在实行智能化无人控制了,每吨熟料只消耗85千克标准煤。所以,信息化和智能化水平的提高并不只是减少了工人数量,而且让工艺变得特别精准,减少了浪费,管理变得简单了。

今天,中国建材集团(以下简称"中国建材")的工厂都很干净、一尘不染,运输工作全由机器人完成,不再需要人力搬运。那么,人干什么呢?人走来走去,巡视机器人。现场管理工作大大减少,而且因技术同质化导致企业间运营成本十分接近,因此,现在企业最重要的是经营,做企业的主要任务是面向市场，发现需求，选择销售策略，创新技术，细分产品，为顾客创造价值，从而占领市场、取得利润。

总的来说，时代不同了，过去做企业靠的是人海战术，我们必须管好人。随着信息化、智能化的发展以及管理水平的提高，企业的第一要务不再是管理，而是经营。当然，管理仍然很重要，但由于市场、创新、商业环境的不确定性等，现在更大的问题是经营。现代化的工厂仍然面临倒闭的危机，不是因为"跑、冒、滴、漏"或脏乱差，而是因为经营不善。我们在处理这些不确定的事时，要做出正确的选择，这是企业里最重要的工作。

经营和管理不同

管理是企业的基本功，而经营是企业的看家本领。从工业革命开始，在人口和需求增长的持续牵引下，企业一直面对的最大问题，就是怎样更多更好地提供产品，怎样提高劳动者的技能和效率，由此开启了管理时代。从"科学管理之父"泰勒的动作与时间研究到马斯洛的需求层次理论，整个工业时代是一个以管理著称的时代。但是，面对今天快速发展的新技术革命和需求变化，如果只依赖管理，企业很有可能会停滞不前，甚至倒闭。因为在这个时代，大量的技术和经验已经嵌入智能化的机器，作业人员的数量大大减少，传统管理的效能在减弱。企业要盈利，面对的最大问题是市场、创新、商业环境的不确定性，而解决这些问题需要的是企业的经营能力。

经营和管理有所不同。正如现代管理学之父彼得·德鲁克所言："我认为，管理是正确地做事，经营是做正确的事。"我们经常把管理和经营混淆了，其实，管理面对的是企业内部的人、机、物、料，更多的是方法和制度，目标是提高效率。经营面对的是企业外部环境中的不确定性，更多的是做决定和选择，目标是提高效益。经营者的使命就是赚钱，而管理者的使命主要是降低成本。从某种意义上说，管理是经营活动的一个子项，重点在于解决成本问题，降低成本则会增加利润。但如果经营出现失误，即使管理能做到零成本，企业也不见得会盈利。

管理学家亨利·法约尔将企业的全部活动分为技术活动、商业活动、财务活动、安全活动、会计活动、管理活动，并提出管理就是计划、组织、指挥、协调、控制。泰勒提出例外原则，指出企业高层管理人员要把日常事务授权给中层和基层管理人员去处理，而自己只保留对例外事项（即重要事项）的决策权和监督权。虽然他们已经意识到超出管理的技术、投资决策等经营问题，但在早期工业阶段，大都是卖方市场，技术相对落后，员工人数众多，管理就是主要矛盾，只要能提高劳动效率，降低成本，保证质量，企业就可以生存和发展。随着技术进步、竞争加剧，企业面对的不确定性越来越高，市场在变化，商业模式在变化，技术在变化，环境也在变化，企业该怎么做选择？

2019年，我到瑞士会见了80多岁的德国联邦雇主协会总会名誉主席迪特·洪德博士，他的企业是给大企业做汽车车身配套的。我问他："你做企业这么多年，觉得企业最重要的事情是什么？"他说："是如何去做正确的事，如何能让大家按照正确的想法去做事。"今天要经营好企业，不仅需要好的管理，更需要好的经营。今天的经营者需要在不确定性中做出选择，如选择技术路线、市场策略、价格策略、商业模式等，经营能力变得极为重要。如果经营者的思想还停留在管理上，不在经营上下功夫，就会出大问题。

这不是说管理不重要，而是经营太重要了。我是工厂厂长出身，在北新建材当了10年厂长，非常热衷于工厂管理。而企业的一把手要是作为经营者，就必须眼睛向外，关注市场。在管理方面有人能帮你，但在经营方面没人能帮你。

世界上管理杰出的企业因为一个经营失误就轰然倒下的情况屡见不鲜。诺基亚公司手机业务垮台时，时任总裁说了一段引人深思的话："我们好像什么都没有做错，但我们倒闭了。"他说的"好像什么都没有做错"，是指诺基亚一直按照管理原则正确地做事，管理上没有错。但在关键时刻，没有做正确的事，即使有很好的工程师、很好的实验室、很好的工厂，甚至也有智能化的技术，也是没有用的，最终都会失败。

日本拥有堪称世界第一的管理水平，但哈佛大学迈克尔·波特教授在20年前就预言日本经济会因创新的落后而停滞。对我国企业来讲也是如此，我们之前一直学习日本企业的管理，如精益生产等，但今天面对市场的变化，我们要更重视经营。

做有效的经营者

随着管理水平的提高，今天企业内部的主要矛盾已经由单纯的管理问题逐步转为如何应对外界环境变化和技术进步的经营问题。既然我们认识到企业的重心正在由管理转向经营，就应该加深对经营工作的研究，重新定义企业的中心工作。但现实中，大多数企业领导者是从工厂厂长等基层岗位升上来的，他们理解的企业工作就是管理工作，认为企业必须重视管理，而且多年专注于此，一天到晚就是管人，管得事无巨细，觉得管理是永恒的主题，反而对外部环境不敏感，对变化不敏感。要让大家转向思考不确定性的经营思维模式并非易事，但这又是一个非转不可的弯子。

回想我以前当厂长那会儿，企业开会的内容大多数属于管理范畴，围绕修理、质量控制、现场管理等展开，而现在企业的月度经营会主要围绕市场、价格、创新、商业模式等进行讨论，几乎很少谈到企业的管理工作。大量的管理工作下移，交给主管生产的企业负责人，企业高层则专注于经营工作，身份也由管理者转变为经营者。

企业要聚焦经营，企业的一把手首先要是个经营者，必须是经营的行家里手。针对有效的管理者，彼得·德鲁克20世纪60年代在《卓有成效的管理者》[一]一书中提出了五项基本能力；而针对有效的经营者，我提出了五项任务。

第一，做出正确的选择。因为你是经营者，面对的巨大问题是在不确定性中做出正确的选择，别人替代不了你。企业家最难的就是决策。尽管可以集思广益，但是最后还得由你定夺，到底做还是不做。企业家做决策，是如履薄冰、如临深渊的，是有压力的。即使你做了决策之后，如果发现信息不对称或环境发生了变化，你还得改变自己的决策，哪怕是你昨天才决定的。就业务选择而言，我总结了一些方法，概括起来就是"四问、四不做、四要"（详见第2章）。

第二，有效的创新。这是经营者的一项重要任务。创新风险很大，大家常说，不创新是等死，创新是找死，而且可能死得更快一点。但是，不能说有风险就不干，但又不能甘冒风险，而要把风险降至最低。

[一] 中文版已由机械工业出版社出版。

创新要有效益，因为企业赚不到钱就做不下去。没有效益，再好的技术都不能做。对风投来说，30%的项目赚钱就行，做企业既不能这么想，也不能这么干。那么，企业要有多大的成功概率才能做创新呢？我认为，70%的成功率就可以，也就是说10个项目里，有7个成功、3个失败，企业才能干。

德鲁克在《创新与企业家精神》[⊖]一书中指出，创新就是有目的地寻求机遇的过程，有目的的创新可以使风险降低90%。我不知道他是怎么算的，但我相信他的结论。熊彼特曾提出，资本的主要功能是用于创新，资本是创新的杠杆。为什么美国人拥有那么多的创新？就是因为美国的资本市场很发达。当然，仅有资本也不行，还要跟上互联网发展的步伐。

第三，创造价值。在产品市场中，企业注重的是创造利润；而在资本市场中，企业关注的是创造价值。企业利润是企业价值的基础，而企业利润又要靠企业价值支撑。因而，经营者既要善于创造产品市场的利润，更要善于在资本市场中发现价值和创造价值。

第四，整合资源。有效的经营者不能只会创造资源，还要学会整合资源。当今这个世界，大企业多数都是凭借整合资源发展起来的，而不是仅仅依靠自己滚雪球。中国建材从开始小小的年营业收入20亿元，做到2019年的年营业收入近4000亿元，就是一路整合发展起来的，现在已是全球最大的水泥企业。

第五，共享机制。我们今天常说的人力资源、人力资本，其实也是资本，应该和金融资本一样进行分配，这就是机制的原理。有了机制，就可以更科学地分配财富，既坚持了效率优先，又兼顾了公平。例如，华为的成功可以归结为两点：一是企业家精神，尤其是任正非的企业家

⊖ 中文版已由机械工业出版社出版。

精神所产生的影响力；二是它有一个机制，就是财散人聚的机制。华为开始也挺困难，后来由于这个机制，发展得很好。因此，经营者应该在今天的企业里大力开展共享机制。

利润是经营出来的

我遇到过这样的企业负责人，讲起来云山雾罩的一大堆，但一问到企业效益就吞吞吐吐。出现这种情况，通常一是因为业绩不好，难以启齿；二是因为企业的指导思想有问题，缺乏效益观念。也有人一说话就是"大概""也许"，无法用数字说话，如果心中无数怎么能做企业的领导呢？以前有一家企业的一把手问我："北新建材上市以来，每年都赚钱吗？"我说："是呀，不赚钱怎么行呢。"后来知道此人管理的上市企业很少有年份在赚钱。不会经营、长期亏损的企业往往会形成亏损文化，不在乎利润损失，觉得亏损了很正常。

经营者要明确做企业究竟是为什么，如果离开了效益，一切都是空谈。但长期以来，不少企业的导向出了问题，更多地追求使领导满意和表面光鲜的东西，企业经营还停留于管理甚至是管制的阶段，这是极不应该的。

利润是经营出来的，财务只是对利润的真实归纳。每位经营管理者都要本着"利润、利润、利润"的原则做好日常经营工作，日常经营涉及销售、采购价格、生产成本、质量等，只有把这些全方位做好，才有可能增加企业利润。如果经营者工作不到位，不能把绩效观传递到管理末梢，没有恰当的商业模式，整个系统不闭环，就不会产生利润。在企业价值的衡量标准中，获利能力是个重要的量化指标，即我们常讲的投资回报率。通过资产负债表、利润表和现金流量表这三张财务报表，一家企业的价值故事便可一览无余。任何企业都应从根上转变观念，把全面提升企业价值作为根本任务，交出漂亮的财务报表，创造更多的经济效益。

只实践、不学习是做不好企业的

要想提高经营能力，我们既要自我修炼，也要认真学习，要眼睛向外，紧盯环境的变化，勇于创新。这么多年来，无论是在中国建材的年会还是月度经营会上，我都和干部们谈经营之道，也就是赚钱之道。中国建材的月度经营会是三段式的：

- 各企业汇报月度经营情况，主要是企业的关键绩效指标（Key Performance Indicator，KPI），经营企业是要用数字来表达的，这是我们的数字化管理。
- 集团总经理总结分析并安排部署下一步工作。
- 集团董事长讲一些经营之道，包括经营进展、环境变化和下一步的经营思路。

我们的每次会议都像是一堂EMBA课程。正是多年的训练打磨，使中国建材培养出一大批经营者。中国建材各业务板块的一把手，80%的工作是经营，20%的工作是管理，不是管理不重要，而是作为一家成熟企业，管理的基本功该有的都有了，大量管理工作已经由基层员工承担起来了，而经营工作却是别人无法替代的。我不提倡企业的一把手一天到晚泡在车间里，一把手要眼睛向外，把企业经营做好，让企业赚到钱。

MBA 学员、EMBA 学员到商学院是为了学什么？一是想找创业、投资、经营的方向，每个人都在想这件事；二是想知道在变化的世界里如何去做正确的选择，赚到更多的钱。这两个问题恰恰是一般老师回答不了的。我担任过三届全国工商管理专业学位研究生（MBA）教育指导委员会委员，也参与过清华大学、北京大学等高校的 MBA 和 EMBA 课程教学，更多的是讲一些基于企业实践的经营之道。

做企业是一项实践性非常强的工作，商科教学也应该是一个实践过程，不管是本科教育还是 MBA 教育，都应该结合实践，知行合一。如果让商学院的老师都去经营企业，这比较难实现；如果要找到那些能干、能说、能写的优秀企业家来商学院讲课，这是可能的。商学院应该是一个学校和企业融合的平台，要让学生全面了解企业的情况，包括企业领导者、企业文化、企业最新进展、企业最近遇到的风险和困难等，成为学生培养经营意识、思维和能力的平台。

在知行合一上，医学院做得比商学院好。医学院的老师上午上课，下午临床问诊，作为医生如果不会看病，学生是不敢跟这样的老师学习的，因为人命关天。除了老师和学生都要临床实践外，医学院还有一个做得更好的地方，那就是会诊制度。针对患者的疑难杂症，经常会有不同医院、不同科室的高水平医生一起会诊，研究到底该怎么治疗，用什么药，说到底还是因为人命关天，这也增加了医生们交流和实践的机会。相反，企业得了病不一定愿意告诉别人，邀请一些专家共同商讨解决企业问题的情况更是少之又少，反倒是公众突然看到崩盘倒闭的企业比较多。

企业也应该向医学院学习，对问题进行会诊。只实践、只信经验的人做不好企业，只学习不实践的人也做不好企业。只有既实践又学习的人，才能把企业做到最后，做到极致。未来，中国应该把大学和企业紧密结合在一起，参照"商学院＋企业"的模式去做，既有商学院模式，又有企业模式。只要结合起来一起做，我们的经济发展水平就会有质的提高。

企业社会责任与资本、市值一样重要

把经营者的真心放在股东的手心

1994 年入选"百户试点"后，北新走上了改制上市的道路。在改制中，北新实行两步走：第一步，改制，即北京新型建筑材料总厂更名为北新建材（集团）有限公司，成为国有独资公司，简称"北新集团"；第二步，成立北新集团建材股份有限公司，并由它承担上市大任，这就是今天"北新建材"这家企业的由来。

北新建材是 1997 年 6 月 6 日在深交所上市的。我一直保留着那张敲钟的照片，因为我当时敲的不仅是北新建材上市的钟，更是企业希望的钟。从那一刻起，北新建材作为一家上市公司，开始全方位融入市场，在资本市场中搏击成长。北新建材上市募集了 2.57 亿元，我收到财务人员拿来的汇票时，激动地一遍遍数着数字。这对当时的北新建材来讲是一笔很大的资金，好钢要用在刀刃上，这笔钱投向了石膏板二线和矿棉吸音板生产线，支持公司的快速发展。

北新建材上市后业绩和股价一直稳定增长，但 1998 年受东南亚金融危机等因素的影响，再加上市场竞争空前激烈，原本获利颇丰的石膏板价格一落千丈，正在加紧建设的矿棉吸音板、塑料异型材等新产品生产线还不能产生当期效益，因此业绩不是很理想。那段时间，由于既要应对市场竞争，又要主持两个国家级大型项目建设，我常常在工地上待到很晚才回家，也很少在媒体上露面，于是有投资者来信询问北新建材怎么了。

这提醒了我，即使再忙，也别忘了多和股东沟通，企业实际上是股东的企业。在这种情况下，我提笔写了一篇与股民谈心的文章，发表在了《上海证券报》上，占了整整一版的版面，题目叫《把我的真心放在你的手心》。在那篇文章中，我向股民交代了北新建材发展遇到的问题和原因以及北新建材以后的发展计划。我觉得应该把北新建材所遇到的市场价格竞争问题和暂时的困难明确无误地告诉投资者。在市场经济的风风雨雨中，我们不能只喜欢股东的掌声，还要接受股东的责备和鞭策。令我没有想到的是，这篇文章影响很大，直到现在还被一些券商及企业领导评价为上市公司老总写的文章中令人印象最深刻、影响最大的。

上市妙不可言，又苦不堪言

中国建材股份的上市之路，也让我印象深刻。2006 年，我带着团队陆续进行了 IPO 路演、2005 年年度业绩路演、收购徐州海螺专项路演和

2006年半年业绩路演，共与450余家机构投资者见面。这四次路演，我穿坏了两双皮鞋，个中辛苦可见一斑。在上市后的两年里，我又率领管理团队进行了10次路演，见了全球大约1000位基金经理。在这个过程中，我常讲："上市妙不可言，又苦不堪言。"

一方面，资本市场的支持使企业能以低成本获得发展所需的资金，促进企业的快速成长，可谓"妙不可言"。

另一方面，企业拿到资本市场的资金，意味着对市场的庄严承诺和高度责任。企业要用高于投资者预期的优异业绩打动投资者。为此，经营者就要不断自我加压、自我加码，可谓"苦不堪言"。但也正是有了"苦"，有了压力，才能促使企业不断提高自身素质，适应市场要求，从而实现发展。

上市使企业进入一个全新的参照系，面对的是具有专业素质的国际投资者，而要与国内外优秀企业相比，要以对投资者的良好业绩回报为己任，要让股价上涨，就必须加强市值管理，努力为股东创造最大价值。我们的年度利润指标在很大程度上来自投资者的要求，投资者每年都会根据已有数据从技术层面给上市公司做出评价并提出指标。这些指标既考虑了外部客观因素，也考虑了企业内在条件，是成熟投资者主要的参考指标。如果企业能完成这些指标，就会赢得投资者的信赖；如果每次都完不成，就会被投资者抛弃。

上市公司应该守规矩

上市公司群体经过30多年的发展，从无到有，从小到大，从幼稚到成熟，质量不断提高。目前，我国上市公司已达 4100 多家，涵盖了国民经济行业分类的各个大类。上市公司创造的税收约占整个企业税收的 30%，实体经济上市公司的利润约占规模以上工业企业利润的 40%。

企业上市后就成为公众公司，不再是家族企业，也不再是纯国有企业，拿了投资者的钱就应该守规矩。上市公司必须按照中国证券监督管理委员会（以下简称"证监会"）的要求去做，必须要有原则立场，有了原则立场才能遵守规则。刘鹤副总理在陆家嘴论坛上提出了"建制度、不干预、零容忍"的九字方针。

- "建制度"主要体现在建立规则制度。
- "不干预"主要体现在尊重市场规则，尊重市场是政策面的重大转向。
- "零容忍"主要体现在对造假的惩罚。

当年，李光耀治理新加坡脏乱差主要靠鞭子，我国资本市场的治理也要靠手段，对上市公司的信息披露造假、财务造假等问题要零容忍。总之，上市公司要做到"知敬畏、守底线、尽责任"。

知敬畏。上市公司要尊重资本市场规则，要保持为市场投资者创造价值的初心，要董记证监会易会满主席提出的"四个敬畏"[一]。一是敬畏市场。尊重市场规律，水能载舟，亦能覆舟，欺骗市场终将会被市场抛弃。二是敬畏法治。上市公司要学法、懂法、守法，做守法的模范，违法违规的错误坚决不能犯。三是敬畏专业。要突出主业，做精专业。

[一] 新华网．易会满再提"四个敬畏"透出监管哪些深意[EB/OL]．(2019-05-11)[2020-10-30]. http://www.xinhuanet.com//fortune/2019-05/11/c_1210131464.htm.

习近平总书记指出："做实体经济，要实实在在、心无旁骛地做一个主业，这是本分。"㈠做企业就像做人，要知本分、守本分，在瘦身健体、强化管理、创新转型等方面下功夫，踏踏实实持续做下去。四是敬畏投资者。投资者是上市公司的衣食父母，要尊重和回报投资者。

守底线。守底线主要包括以下几点：一是不披露虚假信息。上市公司受到处罚的案例里有一大部分是关于信息披露的，董事、监事、高级管理人员一定要提高专业水平，该披露的信息一定要披露，但是信息造假的底线坚决不能触碰。二是不从事内幕交易。坚守交易的底线，坚决不搞内幕交易。三是不操纵股票价格。不炒作自己公司的股票，要通过合法合规的手段进行股票市值管理。四是不损害上市公司利益。作为公司的大股东，不能不顾中小股民的利益，不能私自挪用公司的资金。

2020年3月施行的《中华人民共和国证券法》（以下简称《证券法》）出台，加大了对上市公司违规的处罚力度，对中介机构这些"看门人"进行严格监管，新增了受害投资者集体诉讼制度，提高了赔偿标准，扩大了赔偿范围，其目的就是使我们的市场更加健康，让规则更加市场化、法治化，严惩造假的、违规的投资者和中介机构。只有这样才能够净化我们的市场，让投资者重拾信心。上市公司要把认真学习、贯彻落实《证券法》作为一项重要工作来抓，做守法守规的模范。

尽责任。上市公司应承担相应的经济责任和社会责任，要稳健经营、回报股东、创新发展。第一，要有良好的业绩，要给股民良好的回报。上市公司有了良好的业绩，投资者才能享受其应该得到的高额回报。把

㈠ 习近平. 做实体经济要实实在在、心无旁骛做主业 [EB/OL].（2019-03-10）[2020-10-30]. http://www.xinhuanet.com/politics/leaders/2019-03/10/c_1124216846.htm.

业绩做好，把经营管理做好，这是上市公司的看家本领。上市公司不仅要盯着利润，还要盯着股价，盯着市值，要把市值看成衡量价值的第一指标，加强市值管理，通过科学合规的价值经营方法，达到公司价值创造最大化、价值实现最优化的目的。第二，要持续创新发展，创造良好的价值。上市公司要抓住数字化转型和发展硬科技这两个重要机遇，用创新引领发展，用创新调整结构，用创新创造价值。第三，要做有责任担当、有品格的优秀企业，成为积极履行社会责任的典范，营造和谐的社会氛围，做受人尊敬的上市公司。

上市公司的市值管理不容小觑

从市场角度来看，很多国有控股上市公司的盘子都不算小，但与其他上市公司横向比较，市值总体表现并不是特别突出。究其原因，国有控股上市公司在应对市场挑战方面，显然不如民企灵活、高效，部分国有控股上市公司的投资决策机制不够灵活，激励机制有待调整，这些都会对国有控股上市公司的市值管理产生影响。

作为国有企业，市值管理更多的还是价值创造和价值实现。我国各级国有控股上市公司超过1200家，数量约占A股市场的30%，市值约占32%。这个体量很大，在国有资本管理从"管资产"向"管资本"的转变过程中，针对上市公司国有股权的市值管理，无疑是一项重要内容。

第一，提升价值的创造能力，以创新提升企业价值。创新是企业的灵魂，提升企业价值最核心的就是要创新，市值是创新的外在表现。

第二，建立股权激励制度。2020年5月，国务院国有资产监督管理委员会（以下简称"国务院国资委"）印发了《中央企业控股上市公司实施股权激励工作指引》，以推动中央企业更科学、高效、规范地开展工作，加快建立健全覆盖企业经营管理骨干和核心科研技术人才的正向激励机制。国有控股上市公司的股权激励完善也是市值管理的一个重要方面。

第三，积极引入战略机构投资者和外部董事，实现盘活国有资本存量，提升国有资本增量。我们的国有企业要努力打造优秀的上市公司。

当然，市场的估值不完全取决于公司的价值创造和价值实现的努力，还有很多公司控制不了的因素，如宏观经济、行业走向和投资偏好等。排除一些不确定性因素，我建议不管是什么性质的上市公司，都要踏踏实实地做好主营业务。专业的公司做专业的事，才能在每一个业务领域深耕细作。做好了主营业务，公司才有健康成长的保障，才会有好的业绩，市值增长也就成了自然而然的事情。

上市公司必须是优等生

提高上市公司质量是公司自身发展的内在要求。公司中的优等生不一定都会上市，但上市公司必须是优等生。作为一家上市公司，规范治理、业绩优良、责任担当、持续发展都很重要，只有把这些工作做好，才可能成为优质的上市公司。良好的上市公司质量是资本市场可持续发展的基石，而资本市场在金融运行中有牵一发而动全身的影响。因而，做优做强上市公司是推动资本市场发展的真正动力。做优主要是指做好上市公司业绩，做强主要是指通过创新提高企业核心竞争力。要想做优做强，有几件事情十分重要。

- 做主业，不盲目扩张。
- 提高创新质量，进行有目的、有效益的创新，不编故事，不炒作概念。
- 加强经营管理，切实提高质量、降低成本，质量和成本是企业的基本功。
- 创造客户，创造忠诚的客户是经营的重中之重。
- 差异化经营，细分产品和市场，在打造品牌上下功夫，走"质量上上、价格中上"的经营路线，打造健康良性的市场。

提高上市公司质量任重道远。证监会印发的《推动提高上市公司质量行动计划》提出，力争通过三至五年的努力，使上市公司整体面貌有较大改观。2020年10月9日国务院印发的《关于进一步提高上市公司质量的意见》，从提高上市公司治理水平、推动上市公司做优做强、健全上市公司退出机制、解决上市公司突出问题、提高上市公司及相关主体违法违规成本、形成提高上市公司质量的工作合力六个方面，提出了17项重点举措，精准地概括了这么多年上市公司的成绩和不足，找准了影响上市公司高质量发展的关键问题。2020年11月2日，中央全面深化改革委员会第十六次会议审议通过了《健全上市公司退市机制实施方案》《关于依法从严打击证券违法活动的若干意见》。这是我国第一次由中央层面制定出台关于资本市场基础制度建设的专门文件。注册制的全面推行和退市制度的完善将更好地把好公司上市的"入口"和"出口"，"零容忍"地从严打击证券违法活动，提高违法成本，共同推动上市公司质量的全面提高。

现在，整个上市公司群体已经形成共识，迈开了高质量发展的步伐。上市公司只有不断提高自身质量，增强价值创造和价值管理能力，才能在激烈的市场竞争中脱颖而出，真正成为众多企业主体中的佼佼者。

上市公司更要履行好社会责任

在 40 年的企业工作经历中，我始终认为企业不能只重视经济指标、财务指标，还应该重视社会效益和社会责任，尤其是作为企业家，应该把社会责任放在第一位。也正是因为这样，中国建材集团和国药集团才取得了快速的发展。当然，企业的财务指标也非常重要，好的财务指标有利于社会责任的履行；同时，履行社会责任、创造社会效益反过来也能够支持企业正确地经营，持续地发展，进而提升经济效益，对上市公司来讲，也可以提高市值，得到股民的认可。

过去的很多年间，我们认为企业的目的就是取得盈利，获取利润是企业最大的一个目标，股东利益最大化一直是企业里一个颠扑不破的真理。但是，这一观念已经发生了转变。2019 年 8 月 19 日，181 家美国顶级公司首席执行官在美国商业组织"商业圆桌会议"（Business Roundtable）上签署了《公司宗旨宣言书》，重新定义了一家公司运营的宗旨：股东利益不再是一家公司最重要的目标，公司的首要任务是创造一个更美好的社会。

"商业圆桌会议"组织成立于 1972 年，汇聚了一大批美国最具影响力的企业领袖，如亚马逊的 CEO、苹果公司的 CEO、波音公司的 CEO，以及通用汽车公司的董事长兼 CEO 等。自 1978 年以来，"商业圆桌会议"会定期发布一些公司治理原则的声明。从 1997 年起，该组织发布的每份声明文件都赞同"股东至上"的原则——公司的首要任务就是让股东受益，并实现利润最大化。企业的目标就是要维护投资者的利益，让投资者利益最大化。但是，2019 年发布的这份《公司宗旨宣言书》则强调，一家具有社会责任意识的企业，它的企业领导团队应该致力于达成以下几个目标：向客户传递企业价值；通过雇用不同群体并提供公平的待遇来投资员工；与供应商交易时遵守商业道德；积极投身社会事业；注重可持续发展，为股东创造长期价值。

这里面传达的思想就是企业要包容式地发展，不能只考虑挣钱，还要考虑自然的容纳程度、社会的容纳程度，要考虑别人的发展。这和我们古人讲的"己所不欲，勿施于人""己欲立而立人，己欲达而达人"的思想有共通之处，做企业不能只考虑自己，不能单纯地追求经济目标，还要追求社会目标。一家企业最终要为社会做贡献，这也是我们对企业认识的深入。中国 40 多年改革开放的历程，是不同价值观相互协调的过程，也是社会整体包容性逐渐增强的过程。从做企业的目标和目的来看，企业的发展迄今为止经历了三个阶段，企业的包容性也越来越强。

- 第一个阶段是只考虑投资者利益的阶段，即一切都围绕企业利润最大化的目标来开展。
- 第二个阶段是企业公众化阶段，把投资者、客户和员工的利益都放在企业的目标中一起考虑。我在北新建材时提出的"没有比员工对企业有信心更重要的事，没有比客户对企业有信心更重要的事，没有比投资者对企业有信心更重要的事"，就是这个发展阶段的理念。

- 第三个阶段是社会化阶段，不仅要注重投资者、客户和员工的利益，还要关注整个社会、自然和资源的可持续性，注重所有利益相关者的诉求。现在，我们进入了企业发展的第三个阶段，也就是说，企业的社会责任越来越得到强调和重视。

改革开放前，我们国家是计划经济，很多企业在那时承担的社会责任可能还大过经济责任。企业的目标是什么？目标就是为人民服务，解决老百姓的民生问题。所以，我国企业实际上是有社会责任基础的。改革开放后，我们学习西方市场经济思想，进入社会主义市场经济阶段。企业非常重视经济利益，提出了利润最大化、股东利益最大化等企业目标。近年来，在全球共同推动下，我国企业开始逐渐重视社会责任。我们的上市公司从2002年开始就把社会责任引入信息披露，证监会和国家经济贸易委员会联合发布了《上市公司治理准则》，提到了尊重利益相关者的基本权益，还要求上市公司在保持公司持续发展的同时，要重视社会责任。2005年修订的《中华人民共和国公司法》（以下简称《公司法》），第五条规定"公司从事经营活动，必须遵守法律、行政法规，遵守社会公德、商业道德，诚实守信，接受政府和社会公众的监督，承担社会责任"，首次从法律层面明确提出公司应承担社会责任。2006年，上市公司就开始对社会责任进行整体的披露。2010年以后，社会责任的履行和披露工作进一步细化。到现在，可以说我们的社会责任体系在持续进步和完善。2018年9月，证监会发布修订后的《上市公司治理准则》，强调"上市公司应当贯彻落实创新、协调、绿色、开放、共享的发展理念，弘扬优秀企业家精神，积极履行社会责任，形成良好公司治理实践"。

可以看到，我们在社会责任这方面的认识在不断深化，我们的社会责任工作也在不断加码。履行社会责任是每家企业的必尽之责。企业越大，责任就越大。与中小企业相比，大企业肩负的经济责任、政治责任、社会责任更大。经济责任是指落实宏观调控政策、保障经济平稳发展、积极吸纳就业、为国家创造高额经济回报等责任。政治责任是指自觉贯彻落实国家战略，在推动国民经济发展中发挥作用。社会责任是指义不容辞地承担起突发性灾难处理和救急、节能减排、环保治理等方面的责任。

上市公司是我国企业的优秀代表，被称为我国经济发展的先锋队、排头兵。就上市公司整体而言，在注重并且积极履行社会责任方面，应该说是走在了全部企业的前列。上市公司首先要尽到对小股东的责任，我们高兴地看到，2019年A股上市公司现金分红达到1.36万亿元，占全部上市公司净资产的35%。此外，在2020年抗击新型冠状病毒肺炎的战役中，广大上市公司结合自身产业特点和实际情况，通过捐款捐物、确保供给、加大研发、参与建设等多种方式积极履行社会责任。

当然，我们说国内上市公司在积极履行社会责任方面做得好，是相对非上市公司、一般企业而言的，与更为成熟市场中的上市公司相比，还有很大的提升空间。东方金诚发布的报告显示，2006～2019年年末，我国A股上市公司社会责任相关信息的披露报告数量累计为7061份。其中，以企业社会责任（CSR）形式发布的报告占比最大，达到了 94.47%。⊖ 2015～2018 年沪深 300 发布 CSR 报告的上市公司占比从 66.3% 上升到了 81.7%。截至 2019 年年末，共有 950 家 A 股上市公司发布了 971 份 2018 年度社会责任相关信息的披露报告，发布报告的公司数量占全部上市公司的 27.22%。

做有品格的企业

纽约市原市长、彭博社创始人布隆伯格曾写了本书叫《城市的品格》，主要讲了关于绿色环保和气候问题的一些故事。这本书对我有很大的启发，我觉得人有品格，城市有品格，企业和城市一样，也应该有自身的品格，所以我就写了一篇文章叫《企业的品格》，提出要做有品格的企业，在保护环境、热心公益、关心员工发展和做世界公民等方面全力以赴。

一是保护环境。 在企业品格中，保护环境应放在首位，大多数企业在运行中都会耗费能源和资源，给环境带来一定的负荷，随着企业不断增多，能源、资源和环境将会不堪重负。当前绿色发展成为全球共识，绿色低碳经济正在不断壮大，只有积极行动、参与环保的企业，才会有长久的未来。

中国是碳排放大国，碳排放量约占全球碳排放总量的 1/4。中国政府庄严承诺，2030 年二氧化碳排放达到峰值，并努力使峰值出现的时间提前。要兑现这一承诺，我们需要付出巨大的努力。2015 年 11 月 30 日，第 21 届联合国气候变化大会在巴黎召开，超过 190 个国家和地区签署了

⊖ 东方金诚. A 股上市公司社会责任信息披露现状与建议 [R/OL].（2020-05-13）[2020-11-01]. https://www.dfratings.com/index.php?g=Portal & m=Lists & a=view & aid=1428.

拯救人类未来的《巴黎协定》。我应国家发展和改革委员会应对气候变化司○的邀请参加了这次会议，并在分会场"中国角"做了两场演讲，在欧洲分会场"蓝角"做了一场演讲，主要是让全世界了解中国企业在应对气候变化方面所做的努力，演讲内容得到了很多西方朋友的理解。

我在北新建材做过10年厂长，当时提出了生产制造的三个思路：在原料上，尽量采用工业和城市废弃物，发展循环经济；在生产过程中，尽量做到净零排放○；在产品的应用过程中，要保证消费者的健康。所以，北新建材的石膏板等产品都是节能绿色产品，生产过程是洁净、安全、环保的，也保护了消费者的利益。比如，净醛石膏板可以吸附分解空气中的甲醛，龙牌漆的有机挥发物只有我们国家标准的1/10，一点味道都没有，这些都是早年北新建材在环保工作上的实践。

2002年，我来到中国建材，也把这些理念带到了中国建材。中国建材的文化口号是"善用资源、服务建设"。这不是今天提出来的，而是20年前提出来的。我们倡导蓝天行动，发表了一个蓝天行动宣言。因为大家一想到建材，一想到水泥厂，就想到乌烟瘴气、砖瓦灰砂石、粉尘等，所以如何让生产建材的过程变得环保，从过去大家对它有看法到变成大家喜欢的行业，对我们来讲是个挑战。经过20年左右的时间，现在我们在水泥厂既看不到烟，也看不到尘，更闻不到二氧化硫和氮化物的味道。中国建材建设了很多花园中的工厂、草原上的工厂、森林中的工厂、湖边的工厂，建设了一批绿色小镇。

○ 应对气候变化司，曾隶属于国家发展和改革委员会。2018年国务院机构改革，组建了生态环境部，生态环境部增设了应对气候变化司。

○ 净零排放：当一个组织一年内所有温室气体排放量与温室气体清除量达到平衡时，就是净零温室气体排放。

中国建材的整个生产要素是按照环境、安全、质量、技术、成本来排列的，把环境放在了第一位，而把关乎经济利益的成本放在了最后一位。如果保护环境和赚钱发生了冲突，我们宁可关掉工厂，也要保护环境，因为环境是不可逆的。

改革开放以来，我国经济发展取得了历史性成就，同时也积累了大量生态环境问题。习近平总书记指出："生态环境没有替代品，用之不觉，失之难存。"⊖ 党的十九大将"必须树立和践行绿水青山就是金山银山的理念""像对待生命一样对待生态环境"写进了报告。过度开发对自然资源的长久消耗和破坏所带来的问题可能几代人都改变不了。保护和恢复我们的绿水青山，就成了企业的重要责任。

二是热心公益。我国是世界上最大的发展中国家，过去一些贫困地区和贫困人口需要帮扶，帮助这些地区的人民脱贫致富，也是企业的一项责任。例如，中国建材对河北、安徽、云南、宁夏、西藏等省和自治区的 5 个贫困县进行帮扶。其中，在宁夏泾源县推进乡村振兴战略，支持泾源县建设骨料厂，通过产业收益，帮助建档立卡贫困户脱贫致富；在安徽石台县援建了多项路桥项目以及中建材华益导电膜 ITO 项目，签订了"绿色小镇"项目及"智慧农业""农特电商"项目框架合作协议，支持发展生态旅游、农业观光及富硒农产品产业；在云南昭通派驻干部，利用互联网技术成立了电商平台"禾苞蛋"，把昭阳、永善、绥江等地贫困山区的蔬菜和土产销往全国；中国建材还通过产业援藏，助力西藏经济发展，造福了当地的人民群众。

另外，企业还要在自然灾害救助，关心和帮助孤儿、孤寡老人、艾

⊖ 新华网.像对待生命一样对待生态环境——从全国两会看"中国家园"[EB/OL].（2016-03-11）[2020-11-01]. http://www.xinhuanet.com/politics/2016-03/11/c_128793703.htm.

滋病患者等弱势群体方面竭尽全力。在 2020 年的新冠肺炎疫情中，中国建材所属企业尽最大努力参与了火神山医院、雷神山医院、方舱医院等重大工程的援建和材料供应，提供的高精度红外镜头、5.0 中性硼硅药用玻璃、陶瓷平板膜、高效玻纤过滤纸、新型发泡陶瓷隔墙板、TFT-LCD 玻璃基板等 10 多项高科技新材料，被成功应用在抗疫一线。

过去，我们讲实业救国、企业报国，国家出现困难的时刻，恰恰是企业要尽到社会责任的时刻。中国建材是疫情发生后最早复工复产的单位之一，在确保员工安全的情况下，一手抓防疫，一手抓复产。中国建材在 2020 年 4 月基本上就恢复了往年的销量，5 月超过了前一年的销量。作为一家央企和上市公司，我们还要照顾上下游的中小微企业，确保它们能够渡过难关。同时，我们还要多招募一些员工，给社会增加就业机会。不只是中国建材，所有的央企和上市公司都要这么做。天下兴亡，匹夫有责。中国企业家一方面在疫情中要维持自身发展，另一方面也要有高度的社会责任感，支持全中国、全世界共同抗疫，应该说中国的企业是有大格局的。

三是关心员工发展。在企业中最宝贵的是员工，而不是机器或厂房。员工是企业的主要组成部分，有品格的企业善待员工，不只是因为竞争的需要。企业应当成为帮助员工自我实现的有效工具，注重员工的全面发展，加强员工的学习培训，丰富员工的文化生活，关心员工的身心健康，使员工德、智、体全面发展。关心员工发展可以凝心聚力。中国建材能够在短短数年间成为全球规模最大的建材企业，在经济下行压力下持续稳步发展，不断发现、吸引、培养人才是关键。我们要把企业从谋生平台变成乐生平台，这是企业应该做好的。

四是做世界公民。"世界公民"一词有诸多不同的解读,企业做世界公民是套用了联合国全球契约组织里的解释,即企业在全球化过程中,应遵守可持续发展等共同的原则。在中国企业通过"一带一路"倡议走出去的过程中,我们的世界公民意识可进一步引申为遵守国际规则,遵守所在国的法律法规,尊重当地的文化习俗,重视企业的环保、安全,重视对当地员工的培训,热心于当地的公益事业,弘扬厚德载物、自强不息的民族精神等。

赞比亚的总统曾问我,为什么中国建材要到赞比亚建设工厂?我说为了三件事:第一件事是为赞比亚经济做贡献;第二件事是与赞比亚当地的企业合作,共同发展;第三件事是为赞比亚人民服务。他听了非常高兴,尤其是对于第二条。他说一方面希望中国的企业来,但另一方面也担心中国的企业到了赞比亚,会挤垮当地的企业。现在中国的企业走出去,到非洲国家,非洲领导人和我们谈的都是希望中国企业能够转移技术、培训人员、和当地的企业合资。这和20世纪80年代西方的企业来到中国时没有区别。现在角色变了,我们的企业正在大规模地走出去,在非洲,几乎没有一个地方没有中国企业,没有一个地方没有中国人。但是,我们也一定要树立道德意识,一定要让人家喜欢我们,提高中国人的口碑,我们才能扎下根去。针对这种情况,我提出了三个原则:为当地经济做贡献,与当地企业合作,为当地人民谋幸福。这是中国企业家和中国企业需要倍加重视的事情,只有这样我们才能走远、走深、走长。伴随着进入新时代,中国企业在世界舞台上展示自己的机会越来越多。中国企业对自身的品格也应有更高的要求,要瞄准世界一流企业,努力将自身打造成为全球领先的跨国公司和名副其实的世界公民企业。

四大品格实际上就是我们企业社会责任的具体的载体，社会责任不是抽象的，要把它变成企业的文化口号，变成企业的原则立场，变成企业追求的目标。一滴水可以映出大海的光芒，我们可以通过细微之处看到整个企业界在社会责任方面的进展。

后疫情时代企业的经营与发展

在困难面前，信心比黄金更重要

从全球来看，新冠肺炎疫情还在蔓延，全球经济下行压力仍较大。国际货币基金组织（IMF）在 2020 年 11 月 13 日公布了最新一期"世界经济展望"，预测 2020 年世界经济将萎缩 4.4%，并预计 2021 年增长率将反弹至 5.2%。同时它指出，"中国的复苏速度快于预期"，中国将是世界主要经济体中唯一保持正增长的国家，预计 2020 年增长率为 1.9%，2021 年将达到 8.2%。这显示了我国经济强大的韧性和抗风险能力。

这主要得益于以下两点：一是党和政府正确的领导与正确的方针，包括"六稳""六保"等保市场主体和稳经济基本面的政策。这是我们战胜一切的基础和力量的源泉。二是企业和企业家艰苦奋斗，大家一起迎难而上，才能有今天这样的成绩。

这些年，中国企业应对了不少的困难，像 1997 年亚洲金融风暴、2003 年"非典"、2008 年全球金融危机和汶川大地震，以及这两年的中美贸易摩擦等。尽管这样，我们的企业都经受住了这些磨难和考验。经济不但没有崩溃，反而越来越坚挺。这一次我们遇到了比以前更大的困难，"温故而知新"，我们同样也能够渡过这一关。

我在困难的时候常讲一句话——信心比黄金更重要。黄金重不重要？重要，但是在特殊时刻，信心比黄金还重要。我有三条困难观：一是困难是客观的，你困难，他困难，大家都困难，怨天尤人没用，困难时刻只有挨过去；二是最困难的时刻往往是黎明前的黑暗，感觉真的熬不住了，其实困难就快过去了，也就是我们讲的否极泰来，千万不能放弃；三是所有的困难都要靠人克服，有人说，宋总说黎明前的黑暗马上就过去了，我们就等着吧。但光等着不行，必须去主动克服困难，争取早点走出困境。也就是要在危中看到机，要增强信心。

我们做事业常说需要智商、情商。什么叫智商？智商就是辩证分析问题的能力，就像魔方不能只看到一面，应该看到六面。要全面看待问题，才能找到解决问题的方法。什么叫情商？情商就是理解别人的能力，如果理解自己，我觉得不叫情商，只有理解他人，比如桌子前坐着 10 个人，你能知道其他 9 个人都在想什么，这才叫情商。但是只有智商和情商还不够，还需要逆商。什么是逆商？就是遇到危机时应对困难、超越困难的能力，这往往最重要。在遇到困难以后，能不能百折不挠，能不能一步跨越过去？这有待企业家认真思考。

锤炼四种力，转危为机

在这次新冠肺炎疫情中，受冲击最大的是中小微企业和外贸企业。

外贸企业基本上打了疫情全场战，上半场，我们的工厂不能生产产品，后来我们恢复生产了，但是国外疫情仍在蔓延，东西运不出去。欧洲、美国等地开始复工复产后，情况逐渐好转一些。但是，应该看到中小微企业的底子都不厚，规模都不大，它们受到的冲击是最大的，而中小微企业在市场主体中的占比又是最大的。那么，这些企业该如何应对、转危为机呢？

疫情发生以来，我在北京经常参加一些线上直播活动。自 2020 年 3 月通过清华大学开展的线上课程做了第一次分享后，我陆陆续续讲了 30 多场，主要聚焦于企业的经营管理问题。在此过程中，我提出企业要稳住阵脚，树立信心，沉着应战，锤炼四种力。

第一种是应变力。 比亚迪在疫情发生之后立马就跨界做口罩，富士康也开始做口罩，起初大家听了都觉得一愣，但是它们做得很好，也都赚了很多钱。现在欧美还是需要大量口罩，市场仍然很大。所以，企业在危机面前要积极应变，而非束手待毙，这对企业来讲非常重要。

第二种是抗压力。 我们都知道压力测试的概念，当压力真的来了，是否能保持坚定的信心和顽强的毅力就是企业抗压力是否足够的表现。

第三种是复原力。 有些人得了一场大病，过了几个月就恢复健康了；但是也有一些人，平时看着健康，体检时发现了一些问题，过几天就卧床不起，难以恢复。这就反映了一个人的复原力。企业也是这样，有的企业遇到困难，能够很快克服困难、渡过难关，之后就迎来了转机；有的企业遇到困难就倒下起不来了，这就是复原力差的表现。企业要增强自身复原力。

第四种是免疫力。 就像人一样，人的免疫力来源于平时的锻炼。"平时多流汗，战时少流血"，企业提高免疫力的关键在于平时做好精细管理，打牢基本功。

在疫情下，企业要熬得住，活下来，早复原，再出发。2020年上半年，宁波的外资投资额较2019年同期有所增加，外贸交易量较2019年同期也有所增加，且这两个数字都远远高过全国的平均值。过去，宁波对美贸易占宁波进出口贸易额的24%，这个数值因中美贸易摩擦降到了21%，疫情后又回到了24%，主要是因为出口美国的医疗防护用品增加了。

这个成绩真的来之不易，取得这个成绩主要得益于以下几点。一是宁波的政商关系极好，企业家向市委书记汇报问题时，市委书记马上就和相应的主管部门负责人强调要认真倾听并立即解决。政商关系不只是要和和气气，关键是要为企业解决实际的问题。二是宁波的民营企业和企业家精神在整个抗疫过程中起到了很大的作用。有一家企业比竞争者早行动了5天，于是得到了绝大多数市场订单。确实是这样，如果产业链上需要这个产品，你能生产供应，而其他人不能生产供应，那客户就会都跑到你这儿。三是"危中抢机"。2020年2月，宁波就开始一边抗疫，一边复工复产。当时，其实也是两难的境况。一方面，复产出了问题怎么办？另一方面，如果只防疫，不复产，经济停滞或下行了以后问题也非常大，所以两者之间要进行平衡。

在危机中育新机、于变局中开新局⊖

首先，企业在疫情下，要稳健经营，强化管理，做到四个紧盯。

⊖ 新华网．"在危机中育新机、于变局中开新局"——习近平总书记同全国政协委员共商国是并回应经济社会发展热点问题[EB/OL]．(2020-05-24) [2020-11-15]. http://www.xinhuanet.com/politics/leaders/2020-05/24/c_1126024359.htm.

一要紧盯疫情。虽然抗击疫情取得了阶段性胜利，但是我们一点儿也不能放松。全世界只要有一个地方还有大规模的疫情，我们就很难独善其身。疫情随时可能卷土重来，必须有这个危机意识。对企业来讲，只有盯住疫情，才能安全生产。二要紧盯市场。做企业没有订单一切都无从谈起，所以就要紧盯订单、紧盯市场，根据市场需要妥善安排好各项生产经营工作。三要紧盯产业链上下游。尤其是现在更要照顾中小微企业，央企、国企要照顾民企，上市公司要照顾非上市公司。产业链上大家都是命运共同体，要共渡难关。四要紧盯资金链。企业资金一旦出问题，企业分分钟就会倒下，因此要通过各种方式确保资金链的安全。

其次，企业要做好"一稳二保三重组"。"一稳"就是稳市场和主业；"二保"就是保现金流、保员工就业；"三重组"就是企业万一活不下去了，要多重组、少破产。每次影响较大的经济危机发生时都有大规模企业重组，大家一起抱团取暖。企业经营不仅要出奇制胜，还要能守正创新，守住不出错的底线，这也是很关键的一招。平时出点错企业能够承担相应的损失，但经济下行的时候，企业经营就像在汹涌的波涛里航行、在泥沼里行车，万一方向出了问题就走不出来了，企业这时要睁大眼睛，不能出错或尽量减少出错。

总的来说，面对疫情的压力，企业还是要突出主业、做精专业，量力而行、量入为出。越是困难的时刻，企业和企业家越要迎难而上，"在危机中育新机、于变局中开新局"。

一是在"六稳""六保"政策下育新机，这是这一次疫情下政府政策的主基调。2020年《政府工作报告》指出，预计全年为企业新增减负超过 2.5 万亿元[一]，降息方面金融系统全年向各类企业合理让利 1.5 万亿元[二]，2.5 万亿元加 1.5 万亿元就是 4 万亿元，这给了我们企业很大的恢复空间。同时，政府、央企、国企都在减租，以支持中小微企业的发展。企业要充分把握这些政策机遇，缓解资金压力，调整资本结构。

二是靠拉动内需和扩大消费来育新机。每一次出现危机，经济上有压力的时候，我们的不二选择就是拉动内需、扩大消费，确实这也是全世界到目前为止最成功的方法。这次拉动我们靠的是"两新一重"："两新"是新型基础设施建设和新型城镇化建设；"一重"是交通、水利等重大工程建设，在这方面政府安排了大量配套资金。2020 年，规模型的政策资金有近 6 万亿元，"两新一重"的重点投资有 2 万亿元，共计 8 万亿元。2020 年 7 月，洪灾、汛情非常严峻，国务院常务会议研究部署了 2020 年到 2022 年重点推进的水利项目，大概有 150 项，总投资达 1.29 万亿元。可以说在抗击疫情、恢复经济的过程中，内需是个天文数字。同时，我们要扩大国内的消费，因为疫情使市场压力加大，民众有时就不敢花钱，再加上旅游、交通等一些聚集性的商业早期没有系统开业，进一步影响了消费。中国有 14 亿人口的大市场，消费的潜力很大，随着疫情逐渐被控制住，消费市场也会迅速恢复，企业要把握住这个机会。

三是积极应对市场变化，创新产品和服务，在相关领域开新局。这次疫情之后，市场出现了许多新的需求，比如口罩、消毒液、呼吸机等

[一] 李克强. 政府工作报告 [R/OL].（2020-05-22）[2020-11-18]. http://www.gov.cn/zhuanti/2020lhzfgzbg/index.htm.

[二] 澎湃新闻. 国务院常务会提出金融系统让利 1.5 万亿元，还有哪些工具在路上？[EB/OL].（2020-06-18）[2020-11-18]. http://www.gov.cn/zhengce/2020-06/18/content_5520277.htm.

医疗防护用品的需求量就很大。以口罩为例，2020年2月1日我国日产能是2000万只，到了3月1日，日产能就达到了2亿只，6月的日产能有8亿只，估计现在日产能已经超过了10亿只。做口罩、做防疫用品成了大生意。我不由得赞叹，中国人真能干，中国的企业真能干。受疫情影响，市场需求在变化，其中也蕴藏着不少机会。

在疫情较为严峻的时候，除了口罩、防护服等医疗物资出现了短缺外，注射疫苗用的药瓶也出现了严重短缺。据外媒报道，新冠病毒疫苗的试验和生产在急速推进，然而当时阻碍大规模量产的或许是玻璃小药瓶以及原料特种玻璃的短缺。假设储存疫苗所需的玻璃小药瓶不足，那么即使疫苗获得生产批准，也无法立即在全球范围内推广。中国建材在河北魏县凯盛君恒的药用玻璃生产线建设项目，是我前几年推动公司参与的国务院国资委开展精准扶贫的高科技项目，该项目自主研发和生产的高端5.0药用玻璃填补了国内市场的空白。可以说这个中性硼硅药用安瓿瓶的大量生产对于加快疫苗的研发和生产进度至关重要。

再如中国建材生产的碳纤维自行车，2020年3月卖不出去，到了5月便供不应求，这是因为疫情，欧洲人不愿意坐公共交通出行了，开始骑自行车，于是自行车、电滑板车等产品开始热销。此外，由于线上教育的迅速普及，平板电脑等电子产品的需求大增，中国建材旗下供应相关产品模组的工厂——深圳国显，抓住机会加大生产，提高了销售额。在市场出现变化的情况下，企业不能仅看到有的产品"往下行"，也要看到有不少产品"往上行"，应该抓住这些新的机会。

四是应对"卡脖子"要技术创新开新局。疫情之前，贸易摩擦让我国很多企业上了实体名单，尤其是华为等高科技企业受到了严格限制，外方大搞技术封锁。现在"卡脖子"成为一个大问题，但是也给我们创造了一个很大的机会。我国企业要趁此机会加大研发，大力投资企业的实验室建设，在自有技术上越来越完备。

后疫情时代企业的五大升维战略

做企业从来没有灵丹妙药，都是靠实践，靠总结，靠大家彼此互动、交流学习。后疫情时代，我们不能总去听那些悲观的经济学家讲的"黑天鹅""灰犀牛"的故事，还是要保持平和的心态，要相信自己、相信直觉、相信常理、相信未来，要站得更高、看得更远，要有格局、有胸怀，学会升维思考。

企业升维是指企业围绕形势的变化、市场的变化、技术创新的变化，提高定位，提高主业的市场高度、经营高度和创新高度。企业升维主要包括管理升维、创新升维、产业升维、市场升维和资本升维5个方面。

管理升维

作为中国上市公司协会会长，在2020年第一波疫情之后，我走访了20多家上市公司，和它们的董事长进行交流时，总要问3件事：企业目前的经营状况如何？如何看待企业下一步发展前景以及市场情况？打算怎么做？通过交流，我总结了4个很重要的点。

- 大家有信心，这很重要，此时尤其要树立信心。

- 国际形势充满不确定性，未来经济走势也不确定，唯一能确定的就是要集中精力做好自己的企业，做好自己的事情，这是企业家应有的态度。
- 无论是制造业还是服务业，大家不约而同地把数字化作为下一步创新转型的主旋律。
- 围绕"加快形成以国内大循环为主体、国内国际双循环相互促进的新发展格局"这一新的战略来进行思考和市场布局。

做企业既要做正确的事，又要正确地做事。前者是要做好业务选择，后者是要做好管理，尤其是日常管理。这些年，我国企业的管理水平有了很大的提高，也正是因为这样，才做出了一流的产品，有了一流的服务。在后疫情时代，企业的管理也至关重要。大家既要学习管理理论，也要重视管理方法。日本企业有世界一流的管理，但比起学习管理理论，它们更重视学习管理工法。像丰田这样的国际知名企业，2019 年收入约合人民币 1.97 万亿元，营业利润约合人民币 1609 亿元。在汽车行业这样的普通制造业，丰田能做出这样的业绩，得益于扎实的管理。而它的管理并不神秘，就是零库存、看板管理等一些最简单的管理工法。

我做厂长时几乎每年要去日本两次，学习日本先进的管理工法。后来根据在中国建材和国药集团的工作经验，我总结归纳出不少工法，如"八大工法""六星企业"等，这些工法不复杂却很有效，被称为企业管理的"武功秘籍"。2018 年，我进一步总结出了"三精管理"，主要包括组织精健化、管理精细化、经营精益化，突出了"精"字。"三精管理"是经过实践和时间检验的好工法，值得企业推广。企业只要记住了要点，时常提醒自己，突出主业，就不至于盲目扩张、盲目膨胀，就能持续稳步发展。

创新升维

创新是企业发展的动力，企业要进行高质量的创新。因为创新是高投入、高风险的活动，所以回报当然也是高回报。我们常讲，不创新等死，盲目创新就是找死。而盲目创新"找死"的企业并不少。所以，创新要讲究目的，讲究方法，要详尽地规划，战战兢兢地创新。创新不是口号，也不能运动化，对企业来说，要以科学、务实的态度去创新。

第一，自主创新和集成创新相结合。集成创新的模式比较适合中国现阶段的企业。1979年，美国提出了集成创新，就是把各种要素组合起来，既有自己的创新，也借鉴别人的创新。比如汽车行业的电动车（即电动汽车），其核心是"三电"，即电池、电机、电控。美国、德国、中国不少企业都在做，原理上大同小异，技术上也有互相借鉴，只是款式设计各有专长，总的来说，电动车还是集成创新的产物。

事实上，全世界从来没有一个国家、一家企业是关上门，完全自己做东西的，一定是将生产要素集成起来、汇集起来进行创新。

第二，持续性创新和颠覆性创新相结合。比如北汽集团的汽油车是持续性创新，新能源汽车是颠覆性创新，这两种创新放在一起，共同发展。

第三，技术创新和商业模式创新相结合。创新不只意味着高科技，中科技、低科技和零科技也都有创新。高科技很重要，然而，制造业、服务业的创新不见得都是高科技。即便在美国，高科技创新的贡献率也只有 1/4，3/4 的创新都来源于中科技、低科技和零科技。

零科技是什么？就是商业模式创新。互联网只是一个平台，消费互联网也没有太多技术，但是它的创新却有排山倒海之势，因为如果消费者足够多，企业借助互联网平台，就可能成就一个商业王国。过去一段时间，国内出现的独角兽、巨无霸企业，其实很多都采取了商业模式创新。

产业升维

中国企业在创新方面的实力在不断增强，工业互联网、硬核科技等正在迅速发展。中央强调要加强供给侧结构性改革，我国的企业数量足够多，产品数量足够多，因此不能再简单地追求数量，还要追求质量，在产业升维、供给侧方面要下大功夫，从过去解决"有没有"的问题到今天解决"好不好"的问题，多在"好"字上下功夫。

2020 年，中国的《财富》世界 500 强企业的数量首次超过美国，共有 133 家企业上榜，美国是 121 家。有人认为，我国 500 强企业是大而不强，但是凡事都需要一步一步来。20 年前，中国只有 3 家世界 500 强企业，而现在这个数量排在全球首位，这本身就标志着我国经济的快速发展和企业的快速成长。我在三四十年前去国外学习时，如果能到一家世界 500 强企业参观，会高兴好一阵子。一转眼，我带领的中国建材和国药集团先后都成了世界 500 强企业。坦率地讲，今天速度和规模不是最重要的，最重要的是要提升企业的质量和效益，甚至可以把发展速度放慢一些，但企业一定要做得更精一些。我们要从速度和规模向质量和效益转型。

产业升级、战略转型，是任何发达国家都经历过的。我国现在的产业结构调整遇到了一些困难，既有国际关系不确定性和疫情导致的全球经济衰退的原因，也有结构调整自身带来的压力。不管怎样，产业还是要升级的，要从中低端迈向中高端，这是历史性的任务。各家企业都要主动进行产业升级。现在，我国一些加工业开始迁移到越南、非洲等地的一些国家，这不一定是坏事，中国企业带着这些产能走向了世界，这是符合经济发展规律的。

当然，我国全球制造业中心的地位不能放弃，因为我们有14亿人口，有规模巨大的劳动力，有众多的企业，我们制造的是海量的产品。产业升级并不仅指高科技产品领域，日常的产品也都要升级。过去，有人从日本往国内背马桶盖，就连指甲刀也要到德国去买。圆珠笔头的圆珠采用特种钢制作，以前我们始终做不好，太原钢铁集团在2019年终于做出来了。这些虽然是生活中的小事情，但要做好企业就需要进行产业升级，向产业价值链的中高端跃迁。

市场升维

2020年新冠肺炎疫情发生后，中央提出"加快形成以国内大循环为主体、国内国际双循环相互促进的新发展格局"，企业应把这作为新的市场战略来看待。以国内大循环为主体有两层含义：一是要扩大内需，提升国内市场的消费能力，让企业在国内市场上能够把产品卖出去，以此来应对国际贸易保护主义；二是要吸引国外企业、国际投资和技术进入中国市场，而不是关起门来。历史经验证明，关起门来发展是不行的。举办中国国际进口博览会（简称"进博会"）也好，举办北京服贸会也好，都是对外开放、敞开胸怀的做法。

但是，以国内大循环为主体，也给我们提出了不小的挑战。一方面，要提高消费水平，就必须增加消费者的收入，这是根上的事。我们要进行分配改革，让更多的人能有高收入，进入中产阶层，这是一项非常重要的任务。另一方面，厂家、企业要提高制造水平和服务水平，要创立自主品牌。不然，以国内大循环为主体就会变成一句空话。

企业要继续弘扬企业家精神、创新精神、工匠精神，打造质量一流的产品来供应国内市场。多年来，我们习惯于出口一流的产品，现在出口转内销就意味着市场上的产品有不错的质量。而日本是把一流的产品供应国内的长期客户市场，剩下的再出口。所以，我们的观念也要转变，应重视国内市场品牌的打造，同时也要加强服务。

对企业来讲，所谓市场升维，首先要把思想提升到更高的层面，以内循环为主体，绝不是不要双循环。中国巩固制造业中心地位的战略不会放弃，只是要从中低端走向中高端。

事实上，中国就算想放弃制造业中心的地位都不容易。2019年1月，在达沃斯，一位跨国公司董事长告诉我，他不会把企业搬到越南去，因为公司主要的设计中心、研发中心和多家基地都在上海。他说，中国有最好的配套设施和高质量的劳动力。越南的成本是低一些，但是成本是一时的。我们从战略角度来思考问题，最重视的是三大市场：欧洲市场、北美市场和亚洲市场，而亚洲市场是以中国为中心的。

美国、欧洲的贸易保护主义倾向和趋势不会改变，今后的国际化会慢慢形成区域化的格局。这就需要我们从让产品走出去到让企业走出去，从而适应全球化格局的新变化。过去中国是世界的工厂，而今后全世界都会有中国的工厂。像中国建材所属的中国巨石是生产玻璃纤维的企业，这几年就在美国的南卡罗来纳州和埃及建立了工厂，分别覆盖美国市场和欧洲市场。受贸易摩擦影响，美国进口我国玻璃纤维要加征高额关税，这意味着基本上美国不让进口我国的玻璃纤维了。在这种情况下，由于早做了准备，在当地建了工厂，美国的客户没有受到影响。欧洲也是如此，关税居高不下。面对这种情况，我们只能考虑把企业放在那里。当年日本也是这么做的，日本的 GDP 几乎没有什么增长，但是日本的 GNP 却是天文数字。从考虑 GDP 到考虑 GNP，转向了新的财富形态思考角度，这也是双循环背景下我们应该想明白的问题。

资本升维

2018 年，中央经济工作会议指出，"要通过深化改革，打造一个规范、透明、开放、有活力、有韧性的资本市场"，并提出"提高上市公司质量，完善交易制度，引导更多中长期资金进入"等具体措施。资本市场是经济发展的力量和底气所在，做好资本市场要发挥合力，打"组合拳"。资本升维的核心在于持续做好资本市场，这取决于以下四个方面。

一是经济基本面。2020 年，我国经济基本面下行压力较大，但在全世界来看算是较好的，我们无论在抗疫和复工复产方面，还是在双循环发展经济方面，都取得了巨大的成绩。我国经济正在克服重重困难，总体上稳中求进、稳中向好。

二是监管水平。我国的监管水平越来越高，市场化、法治化、国际化的水平也越来越高。在推出科创板、创业板试点注册制、新三板改革、常态化退市等系列措施，推动提高上市公司质量等方面，监管层做了大量工作。应该说监管层是在做正确的事、正确地做事,方向明、路子对、步子稳。

三是上市公司质量。有好的上市公司才能有好的资本市场。美国的上市公司发展了200多年,而我国的上市公司只历经了约30多个春秋。现在我国非常重视规范上市公司的生存环境,新修订的《证券法》已经正式实施。上市公司董监高是做好上市公司的关键。2019年,中国上市公司协会培训了6000多名上市公司董监高人员,2020年,又在线上为上万名上市公司高管进行了培训,现在又在抓点线面结合的重点培训,还在上市公司中选择样板,抓两头带中间。应该看到,我国提高上市公司质量的共识已经形成,提高上市公司质量的步伐已经迈开。

四是投资者生态。我国是一个机构投资者和散户共存的市场,共有1.7亿个开户股东,其中机构投资者只有约40万家,约99%都是散户,而国外资本市场主要是依靠机构投资者。我们要大力发展机构投资者,增加机构投资者的数量,将散户的资本向机构投资者集中,也要积极引导散户理性地进行价值投资,提高市场整体的投资水平。另外,媒体也要发挥积极正面的引导作用。我们相信,大家共同努力,资本市场就会更加健康、更有活力,资本市场的春天就会到来。

在升维中,企业更要抓好四大核心工作

实际上,对企业家来说,升维既要开拓视野,也要做好当下。我们不能仅仅研究宏观问题,还要思考自己下的功夫够不够。在上市公司出现的很多问题中,的确有些是违规违法导致崩盘无法经营,而有些却不是因为违规违法，这些公司的创业者兢兢业业地经营公司，但是在发展战略、经营、管理方面出了问题，最后公司不得不停盘，我看到这种情况真的于心不忍。因此，无论是中小企业、大企业，还是上市公司，都需要在发展战略、经营和管理上下功夫。

企业在追逐梦想和发展的过程中，归根结底还是要脚踏实地、尊重规律、扎扎实实地去做事，要心无旁骛地做主业，要"种好自己的一亩三分地"，抓好四大核心工作。

第一，核心业务。中小企业、大企业、上市公司都必须有清晰、稳定的业务，并通过长期打磨突出自己的核心业务。关于应该多元化还是专业化，我认为中小企业不适合多元化，只能专业化，成为"单打冠军"，也就是赫尔曼·西蒙提出的隐形冠军。隐形冠军的特点是窄而深的经营，主业非常突出，即使做指甲刀也能做到占据全球70%以上的份额。我国需要培育更多的隐形冠军，支撑我们的制造业发展。成为隐形冠军不见得要站在全球前列，成为省市等区域市场的前三名也是可以的，也不见得销售额一定要达到50亿欧元，毕竟数额标准一直随着时代在演变。从多年实践来看，中小企业、大企业、上市公司的绝大部分问题在于没有核心业务，所以企业一定要突出主业，按照业务归核化原则，把非主营业务坚决剪掉，不然那些业务就会成为出血点，使企业的经营产生亏损。

第二，核心专长。企业要明白自身的核心专长是什么。打个比方，如果企业的主业是开饭馆，那拿手菜或特色菜就是专长，如果没有专长，就没有顾客光顾。想要"一招鲜吃遍天"，那么企业至少要在某一件事上做到极致。

第三，核心市场。任何企业的资源和能力都是有限的，不可能包打天下。市场不见得都是自己的，我们要根据行业特性和自身优势，理智地选择市场，这样既能减轻正面压力，又能集中优势兵力，成功的把握会更大些。企业要清楚核心市场在哪里，核心利润主要来自哪里，并有针对性地加大市场投入，以获得最大回报。

第四，核心客户。企业经营要培养一批忠诚的核心客户，有没有以及有多少忠诚的核心客户是至关重要的问题。当然，我们对客户也要忠诚。如今看来，凡是优秀的企业往往都对客户忠诚，都在持续为客户创造价值。

在双循环下做好企业布局和经营

我国是有 14 亿人口的消费大国，有 4 亿人处于中产阶层，具有得天独厚、"做一望一"⊖的超大规模市场优势。对企业来讲，过去我们基本是靠"两头在外、大进大出"⊜，用外贸拉动内贸，走了"用市场换资本、用市场换技术"这样的一条路线。经济发展到今天，出现了很大的变化，我们必须改变原有的发展方式，我认为国内市场的自主深度开发至关重要。

第一，产业结构上要从中低端向中高端进行升级。近年来，供给侧结构性改革持续深化，新技术、新产业、新业态蓬勃发展，制造业部分重点领域在全球竞争中实现了从跟跑、并跑到领跑的超越。然而，面对

⊖ 来自俗语"生一望一"，此处"做一望一"指做着一个市场，看着一个市场。
⊜ "两头在外、大进大出"是在 1988 年 3 月 4 日国务院召开的沿海地区对外开放工作会议上提出的。

错综复杂的内外部环境，制造业"大而不强"的现象依然存在，关键核心技术"卡脖子"的问题仍然突出。习近平总书记在经济社会领域专家座谈会上指出，"要大力提升自主创新能力，尽快突破关键核心技术。这是关系我国发展全局的重大问题，也是形成以国内大循环为主体的关键"㊀。企业一定要认识到关键技术是要不来、买不来、求不来的，必须自主创新，做到"科技自立自强"，千万不要怀念过去"通过合资把技术留下来"的老路子。

推进制造业迈向全球价值链中高端是未来发展的方向，企业要积极调整产品结构，加大技术创新的力度，综合运用制造业服务化、产研结合、集成创新等模式，不断向产业链高端跃升，提升上下游产业链的整体价值。任何企业在一个行业里面，不是说遇到困难了就立即离开，而是要知道在这个行业里如何能够细分市场、细分产品，向着中高端进行升级。

第二，向着战略性新兴产业或新经济领域进行转移。有些企业确实做不下去了，怎么办？我觉得应该向着新兴产业或新经济领域转移，比如消费互联网、工业互联网、生物医药健康、新能源汽车、新材料、线上教育、智慧农业等发展潜力大、生长性强的领域。这些产业或领域往往拥有庞大的市场空间、稳定的需求和丰富的产品品类，市场机会还是挺多的。

以新能源汽车领域为例，新能源汽车降低了全球交通对不可再生能源的依赖，同时智能化帮助整车产业链进行了延伸，从而打开了长期的

㊀ 王延斌，张晔，盛利，等．提升自主创新能力 突破关键核心技术 [EB/OL]．(2020-08-27) [2020-11-17]．http://scitech.people.com.cn/n1/2020/0827/c1007-31838498.html.

盈利空间。国家不断出台补贴政策以支持新能源汽车发展，充电基础设施建设也在加速，逐步解决了充电难的问题。电动车是未来汽车智能化、网联化的重要载体。虽然蔚来、理想和小鹏等国内大部分高市值新能源汽车企业尚未实现盈利，但它们都属于未来高价值的行业。

第三，借助数字化进行转型。近年来，作为新基建领域的关键技术，5G等新一代信息技术赋能新应用，云计算、大数据、人工智能、工业互联网、物联网等共同推进了智慧社会的发展，支撑着产业数字化、智能化转型，已成为中国数字经济的新引擎。过去，我们把数据看作工具，今天，数据已经变成了我们的思维方式。

任何一个行业都要"+互联网"，或者"互联网+"，用数字化来支持自身转型。数字化转型对企业来讲有两个核心作用：一是可以降低成本；二是可以提高精准度，提升产品质量，优化生产效率。有研究指出，数字化变革将使制造业企业成本降低17.6%，营收增加22.6%。但一些企业仍处于"不会转，不能转，不敢转"的困境中，我们应在培养数字产业人才、扎根数字产业沃土、打造数字产业生态方面继续下大功夫。

第四，对接资本市场。如果是小企业，可以用股权、基金来支持企业发展，企业做到一定规模，成了独角兽，可以借助资本市场来发展。现在无论是创新也好，企业成长也好，发展到一定程度都离不开资本市场的支持。

第五，在产业布局和发展过程中，要重视产业的整合。目前大部分产业都处于过剩或走向过剩的状态，所以需要整合。在整合过程中我们大力提倡采用混合所有制的方式，就是国企和民企进行高度的、充分的混合，既能发挥国企的优势，也能发挥民企的优势，实现共赢。

在做好以国内大循环为主体的工作之外，我们还要重视国际大循环。过去，企业比较看重的是让产品走出去，包括让成套装备走出去等，现在，必须转变思路。全球化发展到今天，有的专家认为会朝着区域化方向发展，如北美、欧洲、亚洲等区域，再如2020年11月15日正式签署的《区域全面经济伙伴关系协定》（RCEP）是覆盖15个成员的自由贸易协定。在这种情况下，如果要继续做国际大循环的话，企业必须走出去，成为进可攻退可守、既在国内发展又在国外发展的"两栖"企业。对于大企业，我主张向跨国公司转型，要打造更多的跨国公司，到每个国家去进行本土化或全球化经营。海信现在每年在海外能够创造400多亿元人民币的产值，它在美国有一个工厂，在欧洲有三个工厂，在南非有一个工厂，这就是典型的跨国公司。小企业也要发扬"悍马精神"，用顽强的毅力开拓全球市场。温州人、宁波人就是发扬"悍马精神"的杰出代表，要像他们一样，把本土产品推广到全世界。

国内大循环和国际大循环两者之间是有关系的，而不是独立的两个循环系统。关于发展双循环，企业要重视以下三点。

第一，要以市场换市场。过去，我们以"市场换技术、市场换资本"；现在，我们承诺用更大限度的改革开放，吸引国际上的产品进入中国。同时，我们也希望国际上其他国家对中国进行同样的开放，达成更多双向、多边的合作。我国企业和外国企业之间可以在自贸区内形成双向的互利互惠的开放关系。

第二，在全球范围内进行技术集成。我们现在大力提倡自主创新，不能在关键技术上被"卡脖子"。但是，技术本身也是流动的。比如，华为在美国、以色列等地都有它的技术中心或研究所，把全世界的技术要素高度集中起来，进行集成创新。我们要重视技术的集成，把它纳入双循环相互促进的进程里来。

第三，人民币的国际化。这一点对双循环相互促进来说特别重要。粤港澳地区用人民币结算的外贸业务有 52%，但整体上，现在对外贸易主要还是依赖于美元、欧元这些结算货币。如果我们都能用人民币结算，或者一部分用人民币结算，就能为国内国际双循环相互促进创造非常好的条件。比如印度尼西亚出口到我国的棕榈油，如果有人民币离岸中心的话，我们就可以支付人民币。这样，印度尼西亚在购买我们的设备时也可以使用人民币结算，就逐步形成了一对一、一对多的人民币通道，这对双循环和企业来讲都特别重要。

在"加快形成以国内大循环为主体、国内国际双循环相互促进的新发展格局"下，到底怎么去抢占先机，怎么能发挥优势，怎么能减少劣势，这些都是新时代、新格局下每位企业家需要认真思考的问题。

第 2 章
Chapter 2

选业务与选人

企业的生存和发展与战略息息相关,战略是方向,要先想清楚再做,坚持目标导向,确定目标后缺什么找什么,整合资源完成目标。战略也是一场取舍,要有进有退,突出特色,保持动态平衡,实现资源的最优配置。战略的实施要抓住机遇,以资本运营和联合重组为抓手实现快速成长。选业务与选人是企业最重要的两件事:在业务选择上要坚持归核化,突出做强主业,如有必要可适度多元化;在人才选择上则要重视德才兼备,德字优先,重用"痴迷者"。

在战略上要缺什么找什么

战略是企业的头等大事

无论是东方还是西方,大到一个国家,小到一家企业,都要有战略。在企业里,攸关生死的头等大事就是战略。一家企业能不能有好的发展,往往不是取决于怎么做,而是取决于做什么。企业在战术上常会有失误,战术上的失误不至于致命,而战略上的失误则是致命伤,往往没有补救的机会。现在,不少企业出了问题,包括有些大企业轰然倒下,原因并不在战术上,而在战略选择上。那么,什么是战略呢?战略是企业生存的前提,也是企业发展的方向,解决的是企业因何而存在、做什么、如何获取和配置资源的问题,以使企业活下去,进而实现可持续发展。

战略是方向,要先想清楚再做,而不是边想边做。方向清晰了,思路清楚了,问题就容易解决了。无数的成功经验表明,企业的战略眼光、战略优劣对企业的竞争力和持续发展至关重要。科学清晰的战略、先人一步的思路可以确定企业的发展方向,最大限度地整合资源,以最低的成本和最快的速度达成目标。如果没有正确的战略,没有长远的目标、认真的规划,仅靠一次次偶然得手,是做不成企业的。

2002年3月,我被任命为中国新型建筑材料(集团)公司(简称"中新集团",现为"中国建材")总经理,这家公司当时负债累累,销售收入只有20多亿元,银行逾期负债却有30多亿元,除了我之前所在的北新建材外,集团旗下的壁纸厂、塑料地板厂、建筑陶瓷厂等几乎全部停产或倒闭，公司正处于资不抵债的困难期，面临着一场生存危机。就在开会宣布任命的时候，办公室主任跑过来递给我一张纸，原来是冻结公司全部资产的法院通知书，我看完赶紧把它翻了过去，因为马上就要做就职演讲，不能被这个通知影响心情。在那次任命大会上，监事会主席讲了一句话："作为一家央企，如果做不到行业第一，就没有存在的价值。"这让我压力更大，公司那时连饭都吃不上，还要做行业第一，简直是天方夜谭。

企业怎么才能活下去呢？我认为，不仅要积极处理历史遗留问题，更要发展。企业只有通过快速发展才能解决所有问题，而首要的就是明确做什么和不做什么，战略选择因此成为重中之重。我当时就决定召开一个战略研讨会，许多人对此不理解，跟我说："宋总，饭都吃不上了，你还要开战略研讨会？"常言道：人无远虑，必有近忧。今天有忧愁是因为昨天没有远虑，今天如果没有远虑，明天就一定会发愁，也就是说思想先行，今天要为明天想清楚。越是困难的时候，越要花时间研究战略，正是因为过去没有战略，如今才吃不上饭。今天要是没有战略，明天我们还是吃不上饭，现在就是饿着肚子也应该研究战略。

做企业要辩证地看大目标和小目标

如果想要成为一家世界级巨无霸企业，那就得制定一个大目标，扎根一个大产业，找到需要的资源。如果想做一家隐形冠军企业，就可以选择一个小产业，做到窄而深，结果完全取决于最初的目标。

对企业来说，目标有大有小。大目标和小目标之间有着很强的逻辑关系。我们既要实现小目标，就是怎么在经营里赚到钱，又要想着大目标，就是怎么才能发展壮大自己。做企业肯定得赚到钱，实现小目标，生存下来，才能奔向大目标。但如果没有大目标，只追求这些小目标，也不知道赚这些钱究竟要干什么，或者赚多少钱才算够，企业也不会得到很好的发展。当然，再大的目标也要一步一步地去实现，有时还得迂回，为了小目标也会耽误一些实现大目标的时间。我们今天可能为了小目标停了几步，甚至退了几步，但是我们非常清晰地知道要干什么，我们是谁，从哪儿来，到哪儿去。

对中新集团来说，不成为行业第一就没有存在的价值。那么，做什么产品才能成为行业第一呢？当时，中新集团只生产一些装饰材料类的小众产品。在战略研讨会上，受邀的建材行业老领导和知名专家共聚一堂，讨论中新集团的未来。所有人都建议：公司应调转船头，从普通装饰材料的制造业中退出，进入占建材工业总产值70%的水泥业务等基础原材料工业和先进制造业，同时带动有一定规模的新型建材等业务。

水泥业务是重资产业务，建一家水泥厂需要10亿~20亿元的投资，真正把水泥业务做起来则需要上千亿元的投资。可是，这么一家只有20亿元销售收入且资不抵债的公司怎么做水泥业务呢？没有人相信中新集团能做好。但是，我认为如果中新集团不能做到主流，即使新型建材做得再好，在这个行业里也会被边缘化。如果不做水泥业务的话，中新集团就没有未来。所以我们就把战略目标确定为进军水泥行业。

我们决定要做水泥业务后，2003年4月23日就对公司进行了更名，把原来的中国新型建筑材料（集团）公司去掉"新型"两个字，正式更名为中国建筑材料集团公司[一]，因为建材包含水泥，新型建材不包含水泥。我们在紫竹院的小办公楼前举行了揭牌仪式，当时的情景仍历历在目。作为以新型建材起家的公司，把"新型"两个字去掉确实很艰难，对此我心里也有过纠结。

更名后，一时间质疑声音四起：你们凭什么叫中国建材？有代表性吗？宋志平懂水泥吗？但我当时的想法是，大家都是就已有的事情发问，打算做什么并不代表已经有什么。我们做事情的时候，先天条件的不足是可以弥补的，如果等所有条件都成熟了，机会可能早就溜走了。确定战略目标后，再去找相应的资源和机会，这样就会容易很多。我特意请了一些老同志给我背书，宣告中国建材必须做水泥。后来的事实证明，业务拓展和更名拉开了中国建材集团历史性的一幕，不但奠定了公司快速发展的基础，而且改变了中国乃至全球的建材格局。

做大企业就要扎根大产业

美国黑石集团联合创始人苏世民在《我的经验与教训》一书中提出了一个观点：做大事和做小事费的功夫差不多，与其做小事，不如做大事。这与我内心的想法是吻合的，经营杂货铺与经营银行都很辛苦，但是把业绩归纳成现金的话，开杂货铺的永远赚不到大银行赚的钱。所以做企业的定位是非常重要的，要明确如何去选目标，选择做什么。种瓜得瓜、种豆得豆，种豆子不可能结出瓜，种瓜才有可能结出瓜。

[一] 2009年4月，中国建筑材料集团公司更名为中国建筑材料集团有限公司；2016年8月，中国建筑材料集团有限公司与中国中材集团公司宣布重组（以下简称"两材重组"或"两材合并"），成立了中国建材集团有限公司。

企业发展空间的大小、利润额的高低，往往取决于其所在产业的体量和前景。有的企业选择了一个相对小众的产业，但找到了合适的盈利模式，也能取得好的发展。但大企业不能这样想问题，没有稳定丰厚的利润根基，效益靠东拼西凑来实现，企业肯定不会走得长远。

中国建材进军水泥领域之后，企业的发展空间得到飞速扩展，企业的商业价值也得到快速提升，前些年水泥业务在整个集团收入、利润上的比重一直超过 90%，被媒体称为"定海神针"。当然，随着企业的战略转型，近年来我们的新兴产业和服务业快速崛起，逐渐与水泥业务并驾齐驱，成为支撑企业健康成长的新生力量。另外，为什么我们要做新型房屋？因为石膏板做到 1 亿平方米的销量也只有 6 亿元的销售收入，但是日本最小的工厂化住宅企业一年建 4 万栋，算下来也有上百亿元的销售收入，这是由它的发展空间决定的。

2009 年，我刚到国药集团任职时对大家说："我知道有病要吃药。"大家说："董事长，这话不全对，没病也得吃药，要保健康。"这么一说，我就理解了。对呀，人一生下来就要打疫苗。他们还告诉我："我们要主攻大病种药，因为有市场，有销售额。"高血压、糖尿病、胃病、心脑血管疾病等，就是大病种。

"保健康"和"大病种"的思想提醒我：央企一定要扎根并做好大产业，一定要有一个大业务、大平台作为利润支撑，一定要结合资源优势、政策优势、规模优势、资本优势和技术优势来确定目标。央企只有拥有规模、产业属性，以及研发创新能力、核心竞争力，在行业中举足轻重，才能真正做到有活力、有影响力、有带动力，企业的生存和发展也才有意义。

后来，我在国药集团的战略定位中加入了"健康"两个字，并明确了打造医药健康产业平台的发展目标。按照这个思路，国药集团的业务空间一下子就增大了。美国医药行业的 GDP 只占整个美国健康产业 GDP 的 1/10，从这个角度看，中国未来健康产业也将是个很大的业务领域，"健康中国"已上升为国家战略。

战略要有取舍和差异

美国西点军校自 1802 年建校以来，有门课一直是课程计划中的主课——阅读地图。商场如战场，在战场上行军打仗离不开地图。我认为，对做企业而言，制定战略就是为企业绘制地图，既要系统全面地思考问题，知彼知己，勾画企业发展的全景，又要为准备达到的目标设定界限，即懂得取舍之道。

在战略取舍上，巴顿将军认为，"战略就是占领一个地方"。我认为这句话有两层含义：一是占领必须占领的地方，而且要巩固对占领地的控制力；二是不去占领所有地方，应有进有退、有得有失。战略关乎全局，做企业不能盲目开疆拓土、摊大饼，而要做好取舍，勾画出自己的领地，并在这块领地里努力做到最好。

1952 年，根据话剧《战线》改编的电影《南征北战》上映。里面有个情节是中国人民解放军在粟裕将军的指挥下于苏中七战七捷，但后来却实施了撤退的策略，集结到山东沂蒙山地区待命。当时很多部队想不通，为什么我们要撤退？把这么好的地方都让给国民党，实际上是出于长远战略的考虑，集中兵力打孟良崮战役。所以说，如果想占领一个地方,就必须放弃一些地方。

战略管理大师迈克尔·波特认为,战略的本质是抉择、权衡和各适其位。任何一家企业都不可能包打天下、面面俱到。有所为有所不为,集中优势兵力是企业制胜的关键。中国建材在整合南方水泥时,正是看好苏浙沪一带庞大的市场并发现当地缺少领袖企业,一举发起联合重组,整合了150多家水泥企业。而在西北地区,中国建材采取了主动撤出的战略,把市场让给了兄弟企业。

按照有进有退的思路,中国建材依托战略性资源整合与结构调整,以新技术改造传统产业,以增量投入发展先进生产力,构建起实力雄厚的水泥、玻璃、轻质建材、新型房屋、玻璃纤维、复合材料、新能源产品和耐火材料等产业平台。这些年不少人只看到中国建材的快速扩张,殊不知,中国建材在联合重组上千家企业的同时,也相继撤出了300多家企业。可以说,中国建材就是经过一路取舍,才发展到了今天。

那么,战略取舍的依据是什么?我的看法是,如果我们在竞争中可以获得根本性优势,那就最大限度地利用它,尽一切努力,达到最高水平的劳动生产率并拥有最大的竞争能力;如果没有根本性优势,就不要涉足,即使进入了也要赶紧退出,而且应该警醒回避,除非局势发生根本性变化。比如在瓷砖、壁纸、建筑五金、卫生洁具等普通建材领域,中国建材与民营企业相比没有突出的根本性优势,因此我们果断地彻底退出。

兵贵于精,不在于多。企业总是要"腾笼换鸟",有加有减,保持动态平衡,实现资源的最优配置。做企业的过程就是一个不断取舍的过程。企业明确了做什么与不做什么,有了大方向,还要想清楚自己的战略特色，通过战略路径的选择、资源配置的优化，形成独特的发展模式，这些同样是一个取舍的过程。企业战略要打特色牌，千篇一律、人云亦云不是战略，战略的精髓是弄清楚自己和别人的区别在哪里。企业内外部环境、战略的判断能力和执行能力、所在行业特点等因素的差异，都要求制定不同的战略，不可能通过简单的战略复制取得成功。其他企业的战略可供借鉴，但不能盲目照搬。

战略不是有什么做什么

我们在制定战略目标时有一个非常重要的原则：没有钱找钱，没有工厂找工厂，没有人找人，也就是缺什么找什么，而不是有什么做什么。有什么做什么和缺什么找什么是两种完全不同的思路。"有什么做什么"以资源为导向，根据现有基础条件来决定怎么做事和做多大的事。"缺什么找什么"以战略目标为导向，不考虑自己的现有基础条件，而是先定战略目标，之后围绕战略目标寻找所需资源，最终实现战略目标。这就像做饭，想包饺子就去找面和馅儿，想烙饼就去找面和油盐。

做企业不怕没有资源，就怕没有目标。如今，资源已不再是企业发展的首要制约因素。做企业一定从零开始，资源也一定都要是自己的，这样既没有必要，也过于迂腐，还会错失良机。相对找资源而言，我反而觉得确定目标更难一些。就好像学生写论文，很多学生喜欢让老师出题，让他自己想题目就打怵。因为老师给了题目，就有了大方向，就可以去搜集资料，再写起来就并不太难。难的是不知道写什么，目标不明确，无数次推倒重来。所以，我常跟同事讲，我们先要明确目标，没有资源没关系，因为资源可以让别人帮我们造。只要知道资源在哪里，我们就可以把它们找来，有效地整合在一起。

企业发展是靠自建工厂还是靠并购，这是我们常有的困惑。大家一般认为，自建者是英雄，白手起家很不容易，而并购者则坐享其成，总是跟在别人后面接收企业，给人不劳而获的感觉。在短缺经济时代，这种想法或许还有道理，但现在就非常不合时宜了。首先，自建企业是需要时间的，而现在的竞争又异常激烈，等着企业建起来，一点一滴地成长，周期太长，而且市场往往不会给我们这样的成长空间和机会。其次，我国大多数行业现在都进入了过剩阶段，今后会朝着限制增量、优化存量的方向发展，过去建新生产线、扩产能的老路现在已经走不通了。

记得 2004 年春天，我拜访全球最大的建材企业法国圣戈班时，与时任圣戈班董事长白峰先生谈到了有关战略的思考。我当时说，中国建材行业不能走自建式的产能扩张道路，而是要把现有的企业联合起来，走一条基于存量结构优化的全新成长路径，促进市场健康发展。白峰先生当时很吃惊，他认为普通企业考虑的是怎么引进技术、建新生产线，我们却是从行业角度、市场角度、战略角度来考虑企业发展。他对我说："中国建材集团是全球最具动力的建材企业，现在我们每个月度会上都会问一句中国建材集团在想什么。"那时，中国建材的规模还很小，我们只知一路向前，对自己的未来并不十分确定，所以听了他的话后，我感到有些意外。

做大企业不能仅靠自我的原始创造和积累，还要靠整合资源。这其中蕴含了一个非常重要的道理——环境变了，企业的成长方式也必须改变。以前，人们往往把内生式滚雪球发展的方式称为有机成长，而把并购重组的方式称为无机成长。但我认为，制定清晰的战略，强化协同效应与管理整合，并注重风险的管控，联合重组的方式也可以从无机成长转化为有机成长。

为此，我提出了整合优化的思路：

- 整合，解决行业集中度和布局结构不合理的问题。
- 优化，解决科技创新和管理水平提升的问题。

在整合优化的过程中，我们探索出了一条通过联合重组取得规模优势，通过管理整合提升利润水平，通过技术进步实现节能减排，通过行业竞合抑制恶性竞争的发展之路，推动行业实现从速度到质量、从规模到效益、从快速粗放式增长到集约精益化增长的转变。

综观全世界的大企业，大都是在资源集中和优化的过程中发展壮大起来的。从产业到产业与资本的结合，再到产业、资本与资源的结合，这一次又一次惊险的跳跃，是大企业必须面对的挑战。

战略实施要有抓手：资本运营、联合重组

2004年，中国建材经过债务重组和战略转型，步入了发展正轨，可"巧妇难为无米之炊"，企业发展所需的大量资金无处筹集。怎么办呢？我当时就想到两个抓手：一是资本运营，二是联合重组。资源从哪儿来？要新建工厂，却没有人才和资金，只得并购重组现有的这些工厂。资金从哪儿来？从资本市场上来，当时我很想让中国建材上市，但中国建材只有两家较小的上市公司——北新建材和中国玻纤，都不具备增发的能力。《21世纪经济报道》是当时比较前卫的报刊，我订了一份放在办公室，没事就翻翻。有一天，我突然在上面看到一个好消息，写的是可以把A股打包到H股上市。我想，把中国玻纤和北新建材打包，再加点水泥业务然后到香港上市，就叫中国建材。我那天很高兴地通知同事下午开办公会，在会议上宣布我们要到香港上市，同事都用很奇怪的眼神看着我，觉得这么一家连饭都吃不上的公司，还要到香港上市，宋总是不是吃错药了？我说："看你们怀疑的眼神，都不相信我们能上市，但是我研究过也想通了，我们能做到。"香港当时有2000多家上市公司，我们上市后不会是效益最差的，处于中等偏上的水平。

一听说中国建材要上市，不少国际大投行都来了，但看到财务报表以后又静悄悄地都走了，觉得中国建材上不了市。后来，我找到了摩根士丹利做上市中介。那时，我每月都要给上市团队包括中介机构做一次动员，强调中国建材真的能上市，而且上市之后一定是一家特别好的公司，鼓舞大家的士气和干劲。中国建材集团2005年注册的中国建材股份有限公司，于2006年3月23日在香港成功上市，每股2.75港元，拿到了20多亿港元的资金，其实不算多，但是上市之后，国内金融机构会因公司具有了信誉而提供资金支持，这是公司上市最大的意义和价值。在IPO（首次公开募股）新闻发布会上，我脱稿讲了一段话。我说："中国建材要演绎一个稳健经营的故事、一个业绩优良的故事、一个行业整合的故事、一个快速成长的故事。"

上市筹到钱后，中国建材就在全国进行了大规模的收购。在此后短短的六七年间，通过开展大规模的联合重组，中国建材拥有了中国联合水泥、南方水泥、北方水泥、西南水泥四大水泥公司，一跃成为全球水泥领域的领跑者，我当年讲的四个故事也一一兑现。

有一次我去新加坡路演，一位基金经理和我说："宋总的这个模式挺有意思的，先讲一个故事，让股票价格涨起来，涨了以后再增发，增发以后融到钱就把讲的故事完成。"我说："是呀，这不正是资本运营的要义吗？先有概念来寻求资金支持，获得支持以后再实现这个概念。"运用资本运营和联合重组两个抓手来拉动企业发展，一手去融资，一手去收购企业，我那些年就是这么做过来的。中国建材从1吨水泥也没有，做成了全球的水泥大王。国药集团从当初的360亿元年收入做到了2019年的4000亿元年收入，也是靠这些。2009年，我兼任国药集团董事长后，做的第一件事就是推动国药集团在香港上市，募集到了60亿港元的资金，然后在国内重组医药分销行业，把全国290个地级市的医药分销网络都组织起来，打造出了国家级医药健康平台。

除了整合民企外，我还推动完成了8家央企的重组。2005年1月，中国建材集团与中国轻工业机械总公司、中国建筑材料科学研究院重组。2016年8月，中国建材集团与中国中材集团实施重组，成为这一轮央企兼并重组的典型案例。国药集团则完成了与中国生物技术集团公司、上海医药工业研究院、中国出国人员服务总公司的"四合一"的重组，使新国药集团成为一家集科研、制造、流通和国际业务于一体的医药产业集团。国药集团的整合得到了上级领导的表扬，认为这是"企业的联合、资源的整合、文化的融合"，实现了合心、合力、合作，取得了1+1>2的整合效果。

回想这段历程，中国建材和国药集团两家企业能迅速变成行业里的巨无霸，成为全球性公司，正是因为走了一条捷径。这条捷径就是缺什么找什么，进行资源整合，而不是靠自己单枪匹马地去做。

做企业要抓住机遇

在一次路演时，一位香港记者问我："掌管两家大企业，您觉得自己最成功的地方在哪里？"我回答他："我最成功的地方就是抓住了机遇，看到机遇后，制定一个清晰的战略，并且义无反顾地做下去。"

《孙子兵法》有言："善战者，求之于势。"中国建材也好，国药集团也好，近年来的快速发展都是在顺"势"而为。这个"势"就是中国经济快速发展和产业结构调整这两大历史机遇。过去10年间，中国经济的发展速度和规模扩大的速度都很快，中国企业也呈现出爆炸式发展和井喷式成长态势，这种发展带来的不良后果就是产能过剩。产能过剩了，就要进行联合重组，提高行业集中度。大企业整合可以说是经济发展的必然规律，对企业来说，这样的机遇是不常有的。

企业和人生一样，机遇往往不是均匀、连续的，而是瞬间出现的，重要的机遇可能只有一两次，有的机遇则可能十年甚至百年都遇不到一次。同时，机遇不是等来的，需要有心人去发现，企业领导人更需要有一双发现机遇的慧眼，因为很多机遇是不易察觉的。从某种程度上讲，如果机遇那么容易被发现，清楚地摆在所有人面前，也就谈不上是什么机遇了。

机遇来临时，应该怎么办？你需要做的就是跳起来，抓住它。当然，前提是你要真能跳得起来并有本事抓得住它。否则，机遇出现了，你也只能眼睁睁地看着它溜走。我们常说，机遇只会留给那些有准备的人，就是这个道理。但一些企业的问题是平时准备不够，关键时刻跳不起来；也有企业在不是机遇的时候孤注一掷，结果赔了夫人又折兵。想揽"瓷器活"，得有"金刚钻"。那些没有战略目标、盲目行动、准备不足的企业，注定会摔跟头。

中国建材近年来迅速联合重组了上千家企业，看上去这是个机会性事件，实际上远不是那么简单。我们在重组过程中，从重组区域的选择、重组方式，到人员安置等每个环节，都事先做好了详细的规划和分析。在每一次出手之前，我们都已经有了十足的把握。

说到"准备"二字，我自己也深有感触。作为企业家，既要有对机会的敏感度和清晰的方向感，还要做好充分的准备，绝不能打无把握之仗。一着不慎，满盘皆输。所以，企业家起早贪黑地苦干虽然重要，但更重要的是善于思考与观察，关键的时候能够做出决断。正因为如此，我这些年来一直要求自己凡事都要慎之又慎，谋定而后动。

机会面前要做好准备，机会来了还要有行动速度。很多机会稍纵即逝，它不会一直在那里等你。尤其是当今这个时代，比的就是谁先有想法，谁先行动起来。如何抓住机会？我的诀窍就是一个字——快。

就重组这件事而言，很大程度上就是一场与时间的赛跑。对于其中的每个重要环节，我们都要想到、说到，关键还要做到。我们常说"先机"，在机会面前，哪怕你只比别人快半步，机会就是你的了。

古语有云"静如处子，动如脱兔"，说的是军队未行动时就像未出嫁的女子那样沉静，一旦行动就要像逃脱的兔子那样敏捷。我觉得，做任何事情都是如此，都要先进行反复分析和深入思考，尽量把问题考虑周全，之后再淡定从容地等待机会。一旦机会来临，就要毫不迟疑，快速出手。

业务选择要归核化

企业是专业化还是多元化

在企业里有两件事最为重要：一是选业务，二是选人。在选业务方面，专业化和多元化是企业面临的重大选择，焦点在于"把鸡蛋放在几个篮子里"。如果放在一个篮子里就必须放对，否则，一旦这个篮子出了问题就会全军覆没；如果放在多个篮子里，虽然安全系数大了，但篮子太多又会增加成本。在工业化早期，大多数企业的业务都较为单一，随着经济的迅速发展和机会的不断增多，单一业务面临的竞争日益激烈，不少企业逐渐开始开展多元化的业务。韩国现代、日本三菱、中国香港的长江实业和华润集团等，都是典型的多元化公司。一直专注专业化发展的日本新日铁、韩国浦项钢铁等，近些年也进入了全球不动产业务领域。

企业到底要专业化还是多元化呢？我主张按照业务归核化的原则进行。"业务归核化"这个词源自日语，实际上就是指突出主业、聚焦主业、做强主业，提高主业发展质量，不断提升企业核心竞争力。在此基础上，如有必要可适当开展多元化经营，但要严格控制数量。我主张一个为主、两个为辅，总数不超过三个，再多了不一定能做好，而且也没必要。

企业业务不能太多，一般来讲，如果企业的销售额在 400 亿元以下，我建议就做一个业务，把一个主业做好就行了，做成赫尔曼·西蒙所说的隐形冠军。关于隐形冠军，赫尔曼·西蒙给出了三个标准。

- 市场份额排名全球前三。
- 销售额低于 50 亿欧元，即差不多在人民币 400 亿元⊖以下。
- 没有很高的知名度，窄而深地专注做一个行业。

按照隐形冠军的三个标准，赫尔曼·西蒙在世界上找到了 2734 家隐形冠军。其中，德国 1307 家，美国 366 家，日本 220 家，中国 68 家。这个数据也在不断更新，在 2019 年第二届进博会期间举办的隐形冠军发展高峰论坛上，赫尔曼·西蒙提到，迄今为止，他们一共发现了 92 家"中国籍"隐形冠军，而在德国则多达 1400 余家。

德国有这么多的隐形冠军，是有其历史原因的。从历史上讲，德国实际上是一个小联邦，是由一些国家联合在一起组成的，不像其他有些大国家本身就有很大的市场，所以开拓国际化市场是德国企业自然而然的选择，全球主义是它们根子上的东西，或者是文化里的东西。再有一点，德国、瑞士等德语系国家，过去就有制造钟表等精密机械的历史，精密主义、匠人精神一直在这些国家的制造业中传承，到现在这些国家还崇尚专业化的技术和精细的工艺。因此可以说，隐形冠军的两大支柱就是专业化的技术和国际化的市场，它们以一丝不苟、精益求精的工匠

⊖ 2020 年 12 月 28 日汇率为 1 欧元 ≈ 8 元人民币。

精神，在窄而深而非浅而宽的领域做到极致。企业一定要突出某一个主业，但是专注从事一个狭窄的业务，营业额势必不高，那么企业如何才能获得长足的发展呢？就得依托国际市场，通过国际化占有更多的市场份额。

比如，德国的福莱希公司是可伸缩牵引绳的市场领导者。虽然经营产品的领域非常窄，但这家公司把对产品的专注和全球营销结合了起来。如今它的产品已经卖到世界上100多个国家，全球市场份额占有率达到了70%。再比如紧固件行业，小小的紧固件有着巨大的市场，而在这个庞大的市场中，站在行业顶端的正是德国企业伍尔特。相比博世、西门子这些德国工业巨头，伍尔特没什么大众知名度，但凭借全球紧固件市场第一的行业地位和上千亿元的年营业收入，说它是隐形冠军一点也不为过。在其强大的竞争力背后，是庞大的人才队伍、强大的技术研发能力以及过硬的产品质量。像伍尔特这样不做终端产品，而是为大企业做配套，给大企业提供它们不愿意生产的零部件的企业还有很多，这些企业是支撑德国强大的制造产业链必不可少的基石。

隐形冠军展现的小而美的生存优势耐人寻味，对转型期的中国企业的发展有着重要的启示和借鉴意义。现在，美国提出要"回归实业"，欧洲提出"再工业化"，日本提出"去空心化"，等等，它们突出的都是实业、实体经济，都是想重振制造业。第二产业是第三产业的根，如果没有制造业，就不存在制造服务业；如果没有第二产业，第三产业也会受到很大的打击。

中国高度重视这个问题，提出要大力发展实体经济。2019年，习近平总书记在郑州考察调研时指出，中国必须搞实体经济，制造业是实体经济的重要基础，自力更生是我们奋斗的基点。我们现在制造业规模是世界上最大的，但要继续攀登，靠创新驱动来实现转型升级，通过技术创新、产业创新，在产业链上不断由中低端迈向中高端。一定要把我国制造业搞上去，把实体经济搞上去，扎扎实实实现"两个一百年"奋斗目标。⊖

打造隐形冠军，对中国制造业崛起来说意义深远。我国是制造大国，但还不是制造强国。在全球经济下一轮发展中，我们应该大力振兴实业，培育强大的制造业，在世界经济再平衡中主动作为，让我国的中高端技术和产品享誉全球。未来中国制造业需要打造出更多隐形冠军，它们将支撑产业升级和关键核心技术，并参与产业链的深度竞争，提高制造业综合竞争力。

中国建材也有多个隐形冠军：一是北新建材，主营石膏板，做到了全球第一，2019年营业收入133亿元，净利润23.7亿元，做得非常好；二是中国巨石，主营玻璃纤维产品，也做到了全球最大，2019年营业收入105亿元，净利润18.6亿元，业绩一直很稳定；三是国显科技，2015年通过联合重组，成为中国建材旗下的公司。国显科技是做TFT-LCM、电容式触摸屏等研发的，产品在行业中处于领先水平，为全球20%的平板电脑提供显示屏，是全球平板电脑细分领域的隐形冠军。

⊖ 新华网．习近平：一定要把我国制造业搞上去[EB/OL]．(2019-09-18)[2020-11-01]. http://www.xinhuanet.com/politics/leaders/2019-09/18/c_1125007778.htm.

业务不在于多而在于精

惠普公司创始人帕卡德总结出了三个定律，他认为：在企业发展过程中，如果人才成长速度跟不上企业成长速度，那这家企业很快会衰败；企业面临的机遇太多、选择太多，有时可能会因为做出错误的选择而衰败；很多企业失败并不是因为不创新，而是因为战线拉得过长，导致顾此失彼，找不到重点和关键。过去，惠普公司也是全球企业学习的楷模，不幸的是，惠普后来的领导者恰恰违反了这三个定律，导致惠普一蹶不振。

其实，企业应该悟出一些自己的原则和立场，但是很多企业并没有。作为中国上市公司协会会长，我差不多每个月都给上市公司的董事们上一次课，讲课的一个重要内容就是让上市公司坚守主业，不要轻易放弃主业。上市公司中大约2/3是民营企业，有些公司在2015年、2016年市场比较好的时候，觉得机遇多，质押了股票来贷款，拿到的资金绝大多数没用来做主业，而是盲目进行投资，最后投资都没有赚钱，去杠杆的时候钱又拿不回来，股票就被平仓。现在，这个问题仍没有解决，很多公司被套在其中。

回过头来看，其实，业务不在于多而在于精。做企业最忌讳"狗熊掰棒子"，一定要突出核心专长和核心竞争力，对已有产品精耕细作，不断完善和创新，而不停地更换产品和盲目地新增业务都是不可取的。企业的资源和能力都是有限的，对大多数企业来说，还是要走专业化道路，抵挡住非专业领域的机遇的诱惑。

在坚持专业化方面，格力电器是国内企业的典型代表。在央视"2019中国品牌强国盛典"发布的"十大年度榜样品牌"中，格力电器是唯一上榜的家电企业。2019年年底，我受邀参加了在格力举办的"让世界爱上中国造"高峰论坛，参观了格力的展厅和生产车间，被格力对主业的专注、对技术的专心、对制造的专一深深触动。格力成立只有30年左右的时间，在这样短的时间里面，靠滚雪球式的有机成长方式，从一个面临激烈市场竞争的家电企业发展成了世界500强企业，市值超过3000亿元。在过去几年，格力电器营业收入和利润都保持快速增长，2019年营业收入达到2000多亿元，实现归母净利润近250亿元，盈利能力指标保持行业领先。更重要的是，格力一直坚持做主业，在制造业上毫不动摇，把白色家电做到了极致，不涉足金融和房地产行业，在实体经济领域不断探索新的高度。就空调主业而言，在行业整体增长放缓、下行压力加大的背景下，格力电器逆势发展，稳坐行业头把交椅。

多元化与专业化之间并不矛盾

企业要做多少业务，关键取决于自身的文化沿革和管理能力。由于多元化发展对企业的投资水平、管控能力、财务管理能力等都提出了更高的要求，许多中小企业没有足够的驾驭能力，走专业化道路是它们更好的选择，大企业则可以尝试多元化投资。企业既要归核化，又要多元化，两者并不矛盾。归核化是就集团所属的专业化公司而言的，而多元化是就整个集团的投资方向而言的。

具体操作上，可以由集团总部以管资本为杠杆，通过投资和股权管理，调控产业布局，组建业务多元化的"联合舰队"。日本三菱、三井、伊藤忠等财团，以银行或其他大型金融机构为核心，通过产融结合的方式促进实业发展。这些大财团下面有很多实力雄厚的企业，比如日本三菱财团下就有三菱银行、三菱商社、三菱重工等世界 500 强企业。日本财团在专业化和多元化之间就进行了很好的搭配：母公司作为投资控股型企业，是整个舰队的旗舰，负责投资管理，注重业务之间的对冲；构成联合舰队的各子公司是专业化的实体企业，任务是聚焦核心业务，持之以恒地把企业做好、把产品做精、把市场做大，同时各业务单元之间既独立运作、良性竞争，又相互协作、有机统一，从而确保整个舰队的有序稳定前进。在联合舰队中，舰船之间的协同效应非常重要。企业之间要能形成有协同力、有核心的产业群，如果产业之间毫无关系，硬捏在一起也形不成多大的竞争力。

2018 年年底，中国建材成为国有资本投资公司试点企业后，开始调整总部职能，抓住融资和投资两大核心，组建投资产业基金，利用归核化的上市公司平台优化资源配置，聚焦基础建材、新材料、工程技术服务三大核心投资方向，以管资本的方式推动产业进退。集团总部致力于打造国家材料领域的综合产业投资集团，完善"政府—总部—投资企业"三层管理模式，同步完成管资产向管资本、建筑材料向综合材料、本土市场向全球布局"三大转变"。所属企业则是主业突出、技术领先、管理先进、效益优秀、混合适度的专业化业务平台，力争在水泥、玻纤、轻质建材、玻璃、国际工程等领域形成一批具有国际竞争力的上市公司群，成为若干具有国际影响力的行业领军企业和一批专注于细分领域的隐形冠军。各专业化业务平台形成互补共进的业务族群，实现经营协同、市场协同、技术协同、财务协同、资本支出协同效应，提高资金效率和资源利用率，降低周期性运营风险。在投资企业层面，以适度多元化对冲经济周期。在实体企业层面，以专业化夯实竞争基础。组建业务多元的联合舰队模式最大的好处就是让多元化与专业化相互弥补、合理搭配，让获取投资收益和提高核心竞争力两不误。

专业化能力是企业多元化的基础

工欲善其事，必先利其器。我是个专业主义者，或者说身上有专业化的基因，在过去很多年间一直坚持的是"有限相关多元化"战略。我认为，做企业首先要有专业化能力，核心是先做好现有的业务，再根据企业需要，顺着上下游产业链，有限度地向多元化方向发展。在培育和巩固专业化能力的基础上，企业可探索相关多元化业务，适当扩大营业规模，提高盈利能力。这一战略最早是我在北新建材战略转型时提出的。

在选择多元化业务时，投资型企业会从风险对冲的角度出发，进入相关度不高的业务领域，以规避单一行业波动引发的颠覆性风险，从而确保稳定持续的收益。但作为生产型企业，还是应该立足于专业化大生产，步步为营，稳扎稳打，不断扩大自身优势。

以北新建材为例，它也经历了从专业化到有限相关多元化的转变。1997年下半年，由于石膏板事业蒸蒸日上，北新建材的"石膏板大王"规划呼之欲出。然而，当一个产品进入成熟期时，就会面临激烈的竞争。英国石膏集团、德国可耐福集团、澳大利亚博罗集团、法国拉法基集团等外资企业先后进入中国，国内也出现了几十家小型石膏板厂。面对白热化的竞争，北新建材全力应战，最终巩固了市场占有率。正是这场前所未有的竞争，促使我们进行了深刻的思考。过去，我们脑子里铭刻的基本上是专业化、规模化思想,竞争法则也是"大鱼吃小鱼"。通过这种方法,只要产量足够大、成本足够低,就一定能够打败别的企业,然后再去兼并它们。但是,进入新经济时代后,传统制造业面临着两大问题:一是成本趋同化,二是普遍微利甚至无利可图。如果一味地走产品单一化道路,我们可能会重走很多企业"在好的年头赚两亿,在差的年头亏两亿"的老路。

于是,我果断调整了发展战略,实行有限相关多元化战略。这一战略既承袭历史又关注未来,既坚守传统主业又稳健地开发新业务。按照这个思路,1998年北新建材"迈向住宅产业化新时代"的新战略正式出炉,其内容是:紧紧围绕新型建材业务,向着更宽领域的综合性住宅产业发展。得益于新战略的实施,在1998~1999年石膏板业务最困难的时期,北新建材逆势而上,不仅巩固了原有核心业务,还开发了矿棉吸音板、建筑塑料型材、高档建筑涂料等众多新产品。

2019年,北新建材在建厂40周年之际,重新梳理制定了下一阶段的发展战略,即"一体两翼、全球布局"。"一体"就是以石膏板业务为核心,做好轻钢龙骨、干粉砂浆、矿棉板、岩棉、金邦板等"石膏板+"配套延伸产品业务,以及全球原创的鲁班采暖万能板全屋装配体系,构建完整的产品技术解决方案;"两翼"就是发展防水和涂料业务,进入"10倍+"的业务和市场;"全球布局"就是以石膏板为龙头产品,逐步开展全产品系列全球布局。

后来,我到中国建材和国药集团工作,有限相关多元化战略都起到了巨大的作用。比如,中国建材按照归核化原则,做强、做精、做专主业,形成了基础建材、新材料、工程技术服务"三足鼎立"的业务格局。

其中，基础建材业务是中国建材效益的主要来源。进入高质量发展阶段之后，水泥等基础建材的销量有所下降，新材料业务异军突起，逐渐占到集团利润总额的 1/3。在工程技术服务领域，集团则充分利用中高端技术，发挥性价比优势，从全球最大的建材制造商、单一的水泥和玻璃总承包工程商向世界一流的综合性工程服务商迈进。

国药集团则完成了从医药产业领域向医疗健康领域的延伸。2013 年，国药集团成立了国药中原医院管理有限公司，国药集团以现金出资，占股 70%，对新乡市的 5 家医院进行集团化管理。这些企业化运营的医院在公立医院改革中产生了"鲶鱼效应"⊖，同时为药品和医疗器械销售提供了稳定的市场。

企业多元化要量力而行

实践证明，有限相关多元化战略既减少了业务过于单一带来的机会风险，也扩大了营业规模，确保了核心竞争力。这一战略严格来讲仍是专业化的，所谓多元化也是建立在产业相关性的基础之上的。近年来，我站在大企业集团的角度，不断反思，如果说过去在战略规划上有什么欠缺，那就是业务过于单一。现在的央企大都是专业化公司，主业被限定为三个，而且三个主业基本同属一个专业。这样做的初衷是促使企业做强、做精、做专，同时减少盲目投资带来的风险。但这样做有利也有弊，最大的问题就是缺乏对冲机制。在周期性行业中，行业景气时，企

⊖ 鲶鱼效应是采取一种手段或措施，刺激一些企业活跃起来投入市场中积极参与竞争，从而激活市场中的同行业企业。

业可能会赚很多钱；但当行业不景气或遇到经济周期性下调时，企业就会发生巨额亏损。

后来，我把"有限相关多元化"战略调整为"适度多元化"战略。也就是说，在专业化的基础上探索多元化发展，从资本收益、公司战略等角度出发，进入市场潜力大、逆周期或周期性不明显、企业具有独特资源和经营能力的产业领域，注重业务之间的对冲机制，构筑业务组合力，扩大营业规模，提高盈利能力。这样既可以确保企业不会因行业波动而面临颠覆性风险，又可以获得稳定持续的收益。"多元化"前面为什么要加一个限定词"适度"呢？看过杂技转盘子表演的人都知道，技艺再高超的杂技演员也只能让一定数量的盘子同时转动，盘子再多就很难控制了。同理，任何企业的发展也都存在管理幅度，业务过多和过少都有风险。因此，多元化一定要量力而行，要以足够的控制力、抗风险能力和获取资源的能力为前提。

自2009年以来，中国建材一直坚持这样的战略思路：大力推进水泥和玻璃产业的结构调整、联合重组与节能减排，大力发展新型建材、新型房屋和新能源材料。通过践行"两个大力"，中国建材加快结构调整与转型升级，实现了超常规发展。2016年年初，受查尔斯·汉迪"第二曲线"理论的启发，我对中国建材原有的战略做了调整。"第二曲线"理论认为，产业发展有生命周期，任何一条增长曲线都是先升后降的抛物线，实现持续增长的秘密是在拐点出现之前开始一条新的增长曲线，从而形成新旧动能梯次接续、不断改善提高的发展态势。结合中国建材实际，我提出了业务发展的"三条曲线"。

第一条曲线是基础建材业务的转型升级，主要是做好水泥、玻璃等基础建材的结构调整，大力推进供给侧结构性改革，不断提质增效。水泥业务是做精做细，大力发展"水泥+"，推动产品"高标号化、特种化、商混化、制品化"。玻璃业务是做实做优，实现玻璃业务向"电子化、光伏化、智能化、节能化"方向的转型升级，提高产品附加值。

第二条曲线是发展新材料业务，主要是培育发展新型建材、高性能纤维、耐火材料、光电玻璃、特种功能玻璃、先进复合材料、高分子膜材料、石墨基碳材料、人工晶体材料、高端工业陶瓷等一批新材料。

第三条曲线是大力发展工程技术服务业务，主要是大力推广"跨境电商+海外仓""智慧工业""智慧农业""家居连锁超市""国际工程+"等新模式，培育新的经济增长点。

按照"三条曲线"的布局，中国建材构建起了基础建材、新材料、工程技术服务"三足鼎立"的业务格局，形成了一大批新技术、新成果、新模式，为产业升级提供了强劲的支撑和强大的动能，引领了行业科技进步和创新发展。"三条曲线"的划分，让中国建材各企业都处在某一曲线的发展范畴，清楚各自的转型升级任务，使创新的目标和路线更加清晰，避免打乱仗。

近年来，"三条曲线"中的新材料业务异军突起，超薄电子玻璃、高档碳纤维、铜铟镓硒和碲化镉薄膜太阳能电池、锂电池隔膜、高精工业陶瓷等新项目都实现了量产。马凯副总理在参观央企创新成就展[一]时，得知我们展示的新材料都能量化生产后高兴地说："'中国建材'可以改

[一] 央企创新成就展，全称为"中央企业贯彻落实新发展理念、深入实施创新驱动发展战略、大力推动双创工作成就展"。

成'中国材料'了。"中国建材的新材料很了不起，发展技术的同时还有批量的、可观的效益。

中国建材这么大的集团业务要限制为三个，不能再多。即使我在国药集团做过 5 年董事长，也不让中国建材投资医药，因为没有人懂，做好、做专现在的业务，这是我的原则。企业要有选择地去做业务，而不是有业务就做，即便业务有相关性，也要谨慎选择，充分评估，确保核心竞争力和盈利能力的提升。

选择新业务要"四问""四不做""四要"

选择新业务是企业里最难的事情，一旦选错了，就会犯颠覆性的错误，可能再也无法补救。哈佛大学鲍沃教授 2009 年曾问我："让您晚上睡不好觉的问题是什么？"我不假思索地说："怕自己想错了。"当时，我正在国内整合水泥业务，处在一个比较艰难的阶段。自己的压力很大，社会上对我整合水泥业务的质疑声也很大，再加上全球金融危机让中国建材的股价一落千丈，我确实睡不好，常想自己是不是做错了，或者说水泥业务整合要做，但适不适合中国建材这家实力相对弱小的企业来做。虽然整合水泥业务这件事后来被证明做对了，但整个过程中的各种担心一直和我如影随形。在充满不确定性的今天，我们做的决定也充满了不确定性。这有点像在大海里航行，即使你方向正确，也要时时注意暗礁，并随时应对恶劣的风暴。

选择新业务是企业的一件难事，也是一件关键的事。有的企业能成功，往往是因为选对了一项业务，而不少企业的失败往往是由于始终没有选对业务。做正确的事、做正确的选择是十分不容易的事情，常让人陷入迷思，但又必须得做出选择。经常有人问我某项业务要不要做，我说有三个原则，分别是"四问""四不做"和"四要"，你们要先问清楚自己再来找我。

"四问"

一问：在行业里自身有没有优势？要进入的领域应该符合企业的战略需要和自身条件，要能结合技术、人才、管理等优势，形成足够的业务驾驭能力。对企业来说，在选择新业务时，应选择那些与现有核心业务相关的产业和产品，以提高新业务成功的概率。中国建材之所以进入铜铟镓硒薄膜太阳能电池领域，是因为我们在玻璃领域具备强大的技术优势，而太阳能电池是玻璃的衍生品。

二问：市场是不是有空间？即将进入的市场要有足够的容纳度，能为业务成长提供支撑，若市场太小甚至几近饱和就不宜涉足。中国建材是第一家做出光纤石英棒的公司，一根石英棒能拉出几千公里玻璃丝，看起来是一个大生意，实际用量却很小，一年的石英棒用量也就能实现 40 亿元的销售收入。整个市场就这么大，因此中国建材就不适宜做石英棒这样的项目。中国建材需要像湖泊或海洋般广阔的市场，有足够的容纳空间，比如水泥、钢铁这样的大行业。

三问：商业模式能不能复制？星巴克、肯德基、麦当劳等企业的商业模式都可以复制，但是国内烤鸭店的模式就很难复制，每个师傅烤出的味道可能都不一样。回到水泥业务，我们要考虑能不能做成 1000 个水泥厂，能复制我就做，如果说只能做成一个，我觉得就不要涉足这项业务了，因为中国建材是做规模的企业。选择能迅速复制的业务，就能更快形成规模。比如，中国建材在山东德州做的智慧农业大棚，就把现代农业与光伏产业结合了起来，大棚透光性好，工人还能全方位智能控制种植条件，生产出的蔬果十分喜人，这种模式正在全国迅速推广。

四问：跟资本市场能不能对接？企业不能只赚产品市场的钱，还得赚资本市场的钱。效益不仅包括产品的利润，还包括资本市场的市值，企业要把产品利润在资本市场放大。

这"四问"想清楚了，就自然过滤掉了一些不适合本企业的业务，从而帮助企业做出更好的业务选择。

"四不做"

一是产能过剩的业务不做。产能过剩可以重组，但是不能再做新业务，不能再建立新生产线。过剩行业正在减量发展，任何企业都不能再盲目增量，而是要在品种、质量、产业链上精耕细作。

二是不赚钱的业务不做。一个业务怎么也找不出盈利模式，就不要做了。业务能不能赚钱，盈利点在哪里，盈利模式是什么，这些问题都必须事先明确。

三是不熟悉的业务不做。中国建材对生物制药、旅游等行业都不太熟悉，因此就没有做相关业务。这么多年来，中国建材尝试过各种各样的业务，比如房地产业务，建材和房地产还是有一定关联的，但是三次尝试都没有成功。其实，收购一家房地产公司是一个好办法，绿城房地产曾找过我们多次，可惜我们当初没有收购，而是选择了自己干，最终做得并不理想，这是个教训。不过，很有意思的是，中国建材一投资工厂，做建材制造业，就能找到感觉，投资的工厂全部实现了盈利。针对某一项业务，如果企业里没人熟悉情况，没人说得清楚，没人能做出清晰的判断，这项业务十有八九会亏损。

四是有法律风险的业务不做。不注重法律风险的企业，很容易被拖入泥潭，正在打官司的业务企业就不要进去掺和。

"四要"

对照"四问""四不做"，一个业务能不能做就有了基本判断。那么，这个业务能不能长久地做下去呢？关键点是什么？在新业务培育发展的过程中，还应牢记"四要"。

一要评估风险。开展新业务必须慎之又慎，其核心就是对风险进行全面评估和考量，明确风险点在哪里，风险是否可控、可承受，一旦出问题能否进行有效的切割和规避，把损失降到最低。

二要专业协同。在选择业务时，必须小心谨慎，而业务一旦选定，就应交由专业的平台公司去做，按照平台专业化思路，一个平台只做一个专业，突出核心专长。同时，新业务发展不是孤立的、单一的，要与现有业务产生协同效应，推动企业内部的协作发展，提升产业链的综合竞争力。

三要收购团队。发展新业务可以采用技术重组的方式，不仅收购企业，还要收购其研发团队。这样既可以保持新业务核心技术的稳定性，又可以稳定"军心"。重组技术就要重组团队，重组团队就要收购研发中心，有一个扎实的基础，有一班整齐的人马，再去做创新就会相对容易一些。中国建材进行技术重组时，会保留被重组企业的技术团队，因此原技术团队的员工热情高涨、干劲十足，出了不少重要成果。

四要执着坚守。发展新业务不是一朝一夕的事，一定要有执着的劲头、坚守的毅力。要想深入了解一家企业以及企业的业务、产品、技术等，没有 10 年是不行的。要想做到彻底掌握，运用自如，需要 20 年。要做到极致，则需要 30 年。

做企业要先人后事

知人善任是做企业的关键

在选业务与选人这两者之中，选人更为重要。古代有个典故叫《国有三不祥》，故事大意是：齐景公在山上打猎时遇到了老虎，下山后又在水里看到蛇，回宫后他急忙召见晏子，询问这是不是国家不祥的征兆。晏子说："山上就是老虎待的地方，水里就是蛇待的地方，看见它们是正常现象。真正的'国之不祥'有三。一是国家有贤能的人国君却看不到；二是知而不用，知道某人有能力却不任用；三是用而不任，让人做事却不信任他。"这个故事告诉我们，举贤任能对一个国家来说非常重要。

做企业也是一样，成功的根本在于知人善任。企业的"企"字，是"人"字下一个"止"字，止本义是足，一方面可以理解为人在立足业务展望未来，另一方面企业离开了人也就停止运转、止步不前了。这也说明，选人用人是做企业的关键。

企业要用好人，先要选对人。我做央企领导层的这些年来，一项很重要的工作就是寻找企业家。做企业要先人后事，而不是先事后人，即一定要找到合适的人才去做事，如果没有合适的人，再好的业务也大可不做，做了也难有建树，甚至会以失败告终。那么，怎么选人呢？我认为，选人的标准是德才兼备，德字优先。一流的领导者要有一流的人格。小胜靠智，大胜靠德。有才无德的人即使能力再强也不能用；有德无才也不行，没有真才实学，只是个"好好先生"，做企业也不会有大起色。正确的选人方法是在品德好的前提下选择有才干的人。

作为企业的带头人，不仅要提升自我素养，还要成为团队素养的培育者。什么样的企业干部才是素养高的好干部呢？在 2016 年全国国有企业党的建设工作会议上，习近平总书记强调，"国有企业领导人员必须做到对党忠诚、勇于创新、治企有方、兴企有为、清正廉洁"⊖，这是国有企业党员领导干部的标准，也是他们肩负起做强做优做大国有企业，履职尽责，担当有为的总要求。

我深受启发，结合中国建材的管理实践，提出企业干部至少要做到"五有"。

一是有学习能力。人不是生而知之，而是学而知之。对比那些社会上的繁华和浮躁，我认为静下心来学点东西更有意义。那么，我们要学什么呢？我认为至少包括四个方面：政策精神、法律法规；国际化知识、市场化知识；企业战略、业务知识，特别是本职业务知识；书本知识、

⊖ 共产党员网. 习近平在全国国有企业党的建设工作会议上的讲话 [EB/OL].（2016-10-11）[2020-11-03]. http://www.12371.cn/special/xjpgqdjjh/.

先进典型，例如国学经典、人物传记等方面的书籍。也就是说，从政策到企业再到个人，学习要贯穿始终。在如何学习方面，我主张好学、快学、实学、活学相结合。好学，就是要养成良好的学习习惯。快学，就是要抓紧一切时间与机会学习。很多干部抱怨工作忙，没时间学习，但是企业的发展日新月异，形势瞬息万变，不学习就会落伍，所以必须养成见缝插针学习的好习惯，提高自己消化吸收知识的能力。实学，就是要学得扎实，真学真懂。活学，就是要把理论灵活应用于实践，解决实际问题。

二是有市场意识，包括竞争意识、创新意识、绩效意识、发展意识。市场经济是竞争经济，企业干部首先要有竞争意识，带领企业搏击风浪，赢得市场。其次，要有创新意识，做事不能因循守旧、全凭经验，而是要不断突破思维的局限，掌握新知识，分析新情况，提出新思路，解决新问题，创造性地开展工作。再次，要有绩效意识，努力提高自身的管理水平，降低成本费用，不断提高企业的盈利能力。最后，要有发展意识，要懂得"逆水行舟，不进则退"的道理，企业只有快速发展才能解决面临的问题，在市场中站稳脚跟。

三是有敬业精神，也就是要任劳任怨，有担当精神、集体主义精神和建功立业精神。首先，要任劳任怨。领导干部要任劳，能吃苦耐劳，不畏艰辛，同时还要任怨，经得住委屈和压力，甘于奉献。其次，有担当精神。领导干部要以身作则，表里如一，对企业和员工高度负责，遇到困难主动承担责任，而不是推诿扯皮。再次，有集体主义精神。优秀的团队应多谈"我们"而不总是"我"。作为领导干部，心里要始终装着大家，装着集体，全心全意为企业发展献计献策。最后，要有建功立业精神。领导干部要有强烈的事业心和责任感，把自己融入企业，谦虚谨慎，艰苦奋斗，在企业发展中实现个人的理想和抱负。

四是有专业水准。所谓专业水准，就是精通业务，聚焦专业，善于总结归纳，想做事、能做事、做成事。企业的岗位分工虽然不同，但每一名企业干部都要踏踏实实地做好本职工作，在自己的岗位上做一个专业主义者，在专业领域里成为行家里手。大前研一在《专业主义》一书中谈到，这个社会需要专家和专业人员。企业也需要有专业水准、对事业充满激情、能认真思考并举一反三的人。做水泥的要对水泥如数家珍，做玻璃的要对玻璃津津乐道，管生产的要对成本数字了如指掌。无论是企业还是个人，能力和专长都是其安身立命的基础。在开展水泥行业重组时，中国建材就找到了一批有专业能力的干部，留住了一批懂水泥、爱水泥的精英人才，这是我们引以为荣的重要收获。

五是有思想境界。具体表现为五个方面：第一，战胜自我。能处理好大和小、多和少、得和失、进和退等方面的关系。第二，理解他人。人虽然有趋利避害的本能，但要能站在他人的立场上替他人着想，照顾他人。第三，胸怀大局。不谋万世者，不足谋一时；不谋全局者，不足谋一域。领导干部要有大局观，全力维护企业的整体形象和利益，堂堂正正做人，规规矩矩做事，清清白白经营。第四，目标长远。想问题不能只看眼前、局部和个人利益，要对企业的未来有清晰的认识，做到短期目标和长期目标相结合。第五，凝聚正能量。比如，有积极健康的心态，自信心强，意志坚定；心胸开阔，容人让人，不嫉贤妒能，时刻把员工利益放在第一位；能以出色的业绩回报企业，对企业无比忠诚，不仅能与企业"同富贵"，还能与企业"共患难"。

毛主席指出："政治路线确定之后，干部就是决定的因素。"㊀我常想，如果企业能多一些"五有"干部，那我们的企业何愁不会蒸蒸日上呢？

企业要重用"痴迷者"

激烈的市场竞争每时每刻都在考验企业的选人与用人水平。人才从哪里来呢？我的看法是，把企业的自我培养人才和引进的外部人才结合起来，立足于自我培养，同时逐渐加大市场选聘的力度，真正做到广纳贤才。在企业领导的选拔任用上，我主张重用"痴迷者"。所谓"痴迷者"，就是能一心一意做企业、做事情，干一行、爱一行、精一行的人；就是每天早上眼睛一睁就想这件事，半夜睡醒了还在想这件事，一门心思做好一件事的人。人们常把企业领导与高学历、高智商、高职称这"三高"挂钩，我想，创新型企业可能更需要这类人，而更多企业需要的是"痴迷者"。从我的经历来看，有相当多学历不是很高但对做企业无比痴迷的人创造了奇迹。尤其是工厂领导，更要踏实肯干、业务过硬、钻研生产技术、懂得生产管理，好高骛远的人是做不好企业的。

做企业是个苦差事，需要硬功夫。能笑到最后的人，一定不是那些心思过分活络、这山看着那山高的人，而是那些脚踏实地、有激情、能持之以恒甚至有些"一根筋"的人。稻盛和夫曾说过，当年他做企业时，"聪明人"都跑了，留下的那些看似木讷的"笨人"，却把企业做进了世界 500 强。我对此深有同感，做企业宁可要"笨人"也不要"聪明人"。

㊀ 毛泽东. 毛泽东选集 [M]. 北京：人民出版社，1991：526.

"笨人"做事踏踏实实，能沉得住气，稳得住性子，就像龟兔赛跑里的乌龟似的，一直向着终点执着地爬行。"聪明人"做事容易左顾右盼，什么都知道一些，但什么都不专业，干什么都不精，就像小猫钓鱼一样，蜻蜓来了抓蜻蜓，蝴蝶来了抓蝴蝶，最终一无所获。

做企业这么多年，我把很多精力都用于寻找"痴迷者"和企业家，在中国建材如此，在国药集团也是如此，这可能是我做好企业的诀窍之一。在重组企业之前，我一般会先跟这家企业的老板谈话，在谈话过程中，我就在想他是"痴迷者"吗？是愿意把身家性命拴在企业上的人吗？如果是，那我就把宝押在他身上；如果这个人左顾右盼，知识面很广，信息量很大，概念讲得天花乱坠，则恰恰说明他不专注，这样的人我不会选。

在中国建材的队伍里，有一大批能征善战的"痴迷者"，他们能吃苦、肯钻研，让中国建材在玻璃纤维、碳纤维、石膏板、风电叶片、新能源等新业务领域闯过一个又一个难关，接连打破西方国家的技术壁垒，让中国创造的光芒绽放在世界舞台上。他们是当之无愧的企业大英雄，下面介绍其中的几位代表人物。

凯盛集团董事长彭寿，中国工程院院士、全国劳动模范、全国优秀企业家。30多年来，他工作在玻璃工程技术科研、设计和产业化一线，既懂科研技术，又懂企业管理。他是我国浮法玻璃工程科技领域的领军人物和光电玻璃领域的开拓者之一，带领团队实现了我国光伏玻璃技术和产业的从无到有，开发出了世界上最薄的0.15毫米超薄触控玻璃、国内首片0.2毫米超薄TFT-LCD玻璃，打破了国外垄断，保障了国家光电信息产业安全。在他的带领下，凯盛集团、洛玻集团实现了快速稳步转型，成为行业领军者。

南方水泥总裁肖家祥，曾荣获全国优秀企业家、全国优秀科技工作者等多项称号，是水泥行业的一位优秀企业家。2009年南方水泥加盟中国建材后，他通过坚持行业竞合理念，实施水泥错峰生产，引领了长江中下游水泥企业的价值回归和健康发展。在经济下行压力下，南方水泥每年仍创造了可观的经济效益。

北新建材董事长王兵，大学毕业后他就进入了北新建材，成为一名基层销售人员，在产品市场上开疆拓土，锻炼了出色的学习能力和敏锐的市场意识。他32岁出任北新建材的总经理，是当年全国最年轻的国有上市公司高管之一。王兵传承了北新建材"质量上上、价格中上"的企业文化，带领北新建材快速发展，从中国最大、亚洲最大一直发展到世界最大的石膏板产业集团，创造了全球石膏板产业发展的奇迹。

企业对年轻人才要敢用、早用

在我的职业生涯中，我认为有一段经历非常重要，那就是在比较年轻的时候进入领导层。我在北新建材做副厂长时30岁，做一把手时36岁。由于比较早地进入领导层，我学习和积累了不少管理知识与领导经验，为后来担任更大企业的领导打下了基础。

后来，让年轻人早点儿走上领导岗位、技术负责岗位成了我用人的特点。我主张早点任用年轻人，多创造机会，让年轻人尽早脱颖而出，到重要岗位上历练，让他们边学边干。有经验的同志则为他们把关，发挥并增加他们的才干。这样可以尽早培养出年轻人对事业的责任感，对锤炼他们的领导能力和责任心是非常重要的。

有人担心年轻人没经验，然而经验是在实践中积累的，年轻人只有早用，才能尽早增加他们的经验和才干，总比到时候青黄不接而临时选将要好。大多数知名企业家都是较早担任领导职务的。对于年轻人，大家有时容易求全责备，可是不把他们放在相应的岗位上，他们怎么能学到知识呢？又怎么能快速成长呢？人才产生的关键在于培养，在于锻炼，在于任用。

我一直认为，企业领导班子有两大责任：

- 带领企业实现战略目标。
- 把企业交给年青一代，培养年青一代做好接班人。

一家企业成功与否，取决于基础是否稳固，取决于能否打好人才基础。企业要加强人才队伍建设，选拔、培养和任用年轻干部，重视后备干部的选拔和培训，形成合理的年龄梯次。对于那些有活力、有激情、有远大抱负和志向的年轻人，我们要及早任用，给他们充分施展才华的舞台，让他们在实践中接受锤炼，不断成长，成为推动企业发展的强大生力军。

归根结底，企业最终是要交给年青一代来管理的，所以对年轻人才要敢用、早用。在企业这个大家庭里，年轻人就像我们的孩子一样。古人云："父母之爱子，则为之计深远。"意思是说，父母爱孩子，就要为他们想得长远一些。同样，我们喜爱年轻人，也要为他们想得长远一些。未来要留给年青一代，年轻人不是要照着我们以前的经验去做，而是要像前辈那样遇到问题时去克服、去改变、去创新、去发展，这才是管理的精髓。

第 3 章
Chapter 3

联合重组

———

大企业进行联合重组是解决产能过剩的有效手段。联合重组是有组织的战略性市场安排，是减少过度竞争、实现市场良性发展的最好办法。通过与市场资源整合，与社会资本混合，企业插上了腾飞的翅膀，在改变自身命运的同时促进了行业的健康发展。混合所有制是改革发展的独特模式和重大创新，解决了国企与市场接轨的难题，实现了"央企的实力+民企的活力=企业的竞争力"。

破解过剩产能要靠大企业

大企业是过剩行业里的另一只"看得见的手"

市场经济是过剩经济,带来的负面影响之一就是大规模的过剩,甚至无处不过剩、无时不过剩。其实,过剩并不可怕,在全世界范围内普遍存在过剩的问题。工业化大生产和市场属性是过剩的成因,适度过剩也是市场常态,严重过剩集中发生在工业化、市场化的特定阶段,发生在基础原材料等重工业领域。为了解决过剩这一问题,全世界都在想办法,西方学者研究了一两百年,找到了三种解决方法。

- 推行凯恩斯主义。过剩会导致企业利润下降,进而导致工厂倒闭、工人失业,怎么解决呢?凯恩斯主义主张通过扩大投资、内需和公共开支拉动经济增长,以此来消解过剩,创造就业。
- 兼并重组。20世纪初,美国有2000多家钢铁企业,老摩根先生的美国钢铁公司通过大规模整合,控制了其中65%的钢铁企业,使得美国钢铁市场趋于稳定。另外,在欧洲钢铁业去产能化的过程中,印度米塔尔钢铁公司抓住时机,把欧洲钢铁厂全部重组了。
- 技术创新。通过产业升级的方法,淘汰落后技术,减少资源用量,解决传统产业的过剩矛盾。美国从1965年到1985年大规模鼓励和推进创新活动,解决了就业问题。

过去，中国经济在高速增长的过程中，不少行业都出现了产能严重过剩的问题。最初，我们借鉴凯恩斯主义，依靠投资、出口、内需"三驾马车"拉动经济，因为投资来得最快，所以基本的调节方法是靠投资拉动。经济学里有个乘数效应，在此我们可以简单理解为投资一块钱，在市场上就会引起十块钱的拉动效应。比如建一个工厂要投资一个亿，工厂需要很多设备，设备厂又需要钢铁，钢铁厂又需要煤炭，由此形成了一系列连锁反应。但多年后，我们发现靠投资来拉动的方法成本高、效率低，还带来了更为严重的产能过剩问题。就像和面，"水多加面、面多加水"，最后盆满了，水和面都加不进去了。凯恩斯主义逐渐失效，现在我们主要采用的是后两种方法，由企业进行兼并重组，同时号召全社会进行技术创新，从而实现经济转型。

18世纪，英国古典经济学家亚当·斯密在《国富论》一书中提出，市场是"看不见的手"，政府是"看得见的手"。但我认为在过剩行业里，不能只靠这两只手，还得靠另一只"看得见的手"——大企业。通过联合重组形成大企业，让大企业调节和维护市场，优化存量，减少增量，做到退而有序，兼顾各种资源和各方利益，推动共生共赢。这是过剩行业发展必然要遵从的逻辑，也是西方发达国家解决产能过剩问题的普遍做法。

联合重组是有组织的战略性市场安排

联合重组是市场经济调节的高级方式，是减少过度竞争、实现市场良性发展的最好办法，也是解决产能过剩问题的必然选择或自然选择。

综观全球，解决产能过剩的办法都是进行联合重组，提高行业集中度，减少市场的恶性竞争，使企业经营更加有序。大企业整合市场，进行联合重组并不是传统意义上的简单的企业并购，而是有组织的战略性市场安排。大企业实施联合重组后，通过关工厂、错峰生产等减量措施推动产销平衡，通过技术进步、转型升级等创新手段优化产业结构，使企业进入盈利的正循环，保全了银行贷款，维护了债权人利益，避免了倒闭潮和下岗潮的出现，用最小的牺牲和代价换取了最大的利益。

大企业整合的核心是提高行业集中度、稳定价格。在过剩行业中，如果行业集中度高，产能利用率可控，过剩问题就能破解。集中度是市场健康的稳定器，行业整合后，由于提高了集中度，稳定了市场秩序和价格，因此确保了行业和企业利润。只有在减量过程中仍有良好的经济效益，各方利益才能得到保证，收购溢价和减量损失才能得到补偿，去产能和结构调整的任务才能顺利完成，这是整合的基本逻辑。

日本在20世纪70年代至90年代中期，接连遭遇了两次石油危机的冲击，尽管政府出台了积极的财政政策以及阪神大地震重建计划，但水泥行业仍进入了漫长的寒冬期。在此期间，日本水泥行业进行了两轮联合重组。第一轮从20世纪80年代开始，日本政府颁布了《特定产业结构改善法》等，强制淘汰了过剩的3100万吨产能，并将22家水泥企业重组为五大集团，每个集团占20%的市场份额；第二轮从20世纪90年代开始，五大集团再次整合为三大水泥集团（秩父小野田、住友大阪水泥、太平洋水泥）。

日本水泥行业的大规模、高层级的联合重组，为应对1996年至今水泥需求的大幅下降奠定了坚实的基础。通过政府引导、企业自主实施，行业再次实行大规模的产能削减,秩父小野田退出了水泥行业,太平洋水泥等企业也关停了旗下工厂的部分生产线,熟料产能从巅峰时的9800万吨缩减到2011年的不到5600万吨,下降了约43%。

很多年前,我去日本考察时,看到日本住友大阪水泥等大型水泥企业的很多现代化生产线都被关停了,锈迹斑斑地立在那里。当时我还很不理解,觉得很可惜,从后来的效果来看,日本水泥行业的这些去产能措施是正确的。通过这些措施,日本每吨水泥的价格一直稳定地保持在100美元左右,水泥企业的效益也很好。

供给侧结构性改革让行业价值理性回归

我国社会主义市场经济理论有一个非常重大的创新,那就是提出了供给侧结构性改革的理念。这一理念自2015年提出之日起,就受到社会各界的广泛关注。供给侧结构性改革具有丰富的内涵,旨在用改革的办法推进结构调整,减少无效和低端供给,扩大有效和高端供给。供给侧结构性改革的核心任务是去产能、去库存、去杠杆、降成本、补短板,即"三去一降一补";最终目标是满足需求,让投资有回报、产品有市场、企业有利润、政府有税收、员工有收入、环境有改善;最重要的是解决好过剩产能的退出和供给结构的调整两大问题,提高供给体系质量。供给侧结构性改革为中国经济转型升级提供了一剂良方,对过剩行业来说,尤为急切,至关重要。

从建材行业来看,中国是建材大国,改革开放以来,国家鼓励"大家办建材",建材行业迅速告别了短缺局面,尤其是过去10多年的黄金发展期里，伴随中国经济高速增长，水泥等大宗建材的产能跃居世界第一。与此同时，长期粗放式发展也带来了结构性产能过剩的问题，积累了高投资、低效益、低价无序同质化竞争等问题。在当前经济高质量发展阶段，需求侧的故事正在演变为供给侧的故事。过去，建工厂是一种生存方式，现在，关工厂也是一种生存方式。我们要围绕供给做功课，不能再套用以往的高增长模式。

在需求受限、供给过剩的情况下，只有加快转型，转换动力，着力做好均衡、有序和高质量的供给才是出路。如果久拖不决，那么未来就不会有合理的盈利来支撑必要的结构调整，也没有充足的时间解决产能过剩等问题。基础原材料需求现在尚能维持在一个基本稳定的水平上，当需求滑入减量通道时，问题就会更严重，调整起来会更痛苦。时不我待，只有政策助力、行业同心、企业协作，供给侧结构性改革才能落到实处。

中国建材处于充分竞争领域，水泥又是典型的过剩行业，正因为如此，我们较早关注了供给侧问题。2009 年，在经济高速增长的刺激和影响下，水泥产能过剩加剧，我提出了"停止新建生产线""行业要科学布局，进行听证""形成大企业主导的区域市场格局"等 10 条建议，有媒体把这些建议解读为"休克疗法"。其实，当时我的想法很简单：水泥行业的资源并不充裕，实力并不强大，用在铺摊子、盲目增量上，对行业是巨大的消耗，我们应该把盲目建设先停下来，把主要精力放在结构调整和转型升级上面，使行业更精干。后来，我进一步提出了水泥行业要"做好有效供给""写好供给端的故事"。中国建材提出并实施了联合重组、整合优化、市场竞合等理念和举措，这些都是在围绕着供给侧发力。

2015年供给侧结构性改革被提出后，中国建材作为我国建材行业的领军者，带头做到了"六个坚定不移"，也就是坚定不移地限制新增产能、坚定不移地淘汰落后产能、坚定不移地执行错峰生产、坚定不移地推进市场竞合、坚定不移地推进联合重组、坚定不移地进行国际产能合作，坚决做引领行业供给侧结构性改革、维护行业健康的中流砥柱。在中国建材等大企业的带动下，水泥行业集中度从2008年的16%提高到2019年的超过60%，行业价值理性回归，逐渐走出了低谷。

去产量治标，去产能治本

供给结构调整也是供给侧结构性改革的题中应有之义。因为并不是所有的产品都过剩，而是中低端过剩，中高端短缺，因此必须加快技术创新和转型升级，让供给结构更好地适应需求结构。水泥行业未来要围绕绿色、智能、艺术，来加快技术结构调整和产品结构调整，不断迈向中高端领域。绿色就是指工艺路线、产品方向要围绕着低碳、绿色和可循环方向去做；智能就是把互联网、大数据、云计算等应用到工业制造中；艺术就是让厂房设施和水泥产品成为艺术品。

去产能的效果是检验供给侧改革是否成功的"试金石"，是水泥行业供给侧结构性改革的关键。总结以往经验，我们认为，水泥企业要把去产量和去产能有机结合起来，标本兼治，打好"组合拳"，在供给侧结构性改革中当好排头兵。

从近期来看，要通过去产量治标，解决眼前需求不足、价格过低的问题。

首先,坚决执行错峰生产。在我国冬季采暖期停止生产水泥,这是国家用去产量的方法来减少雾霾、保护环境、调节供需平衡的重要实践。中国水泥行业集中度低,无法按照日本的做法平均去产能,因为谁也不愿意去产能,不得已只能用错峰生产的办法。错峰生产是在行业去产能得不到根本性解决的情况下实施的一个切实可行的办法。虽然它不是一个完美的办法,但是行之有效,和北京汽车限号是一个道理。汽车太多了就得限号行驶,不然谁的车都跑不快,公平的办法就是限号。

其次,坚决限制新增产能。当前中国水泥行业无处不过剩、无时不过剩,企业没有任何理由建新生产线。欧美日等地区和国家在去产能后几乎没建过新生产线,而我国在水泥严重过剩的情况下,却出现了一边限制、一边新增的怪象。在供给侧结构性改革中,我们必须下决心、下狠心解决"边限边增"的顽症,不能再为新增产能开任何口子。

最后,加强行业自律。所谓自律,就是以行业协会为主导,加强行业内企业之间的信任关系和诚信建设,引导企业顾全大局,不盲目新建、恶意杀价、低价倾销,从竞争转向竞合,实现包容性增长。在国外,维持市场健康的工作主要由行业公会来做,公会的主要任务是协调销量和价格,维护本土市场,对国外企业实施反倾销。我们也应充分发挥行业协会的主导作用,加大行业管理力度,建立市场行为约束机制。在加强行业自律方面,大企业要带头,中小企业要跟上,千万不要做价格的破坏者。无数事实证明,打价格战没有最后的胜利者,大家应该像爱护自己的眼睛一样爱护市场环境。

从中长期来看,要通过去产能治本,从根本上解决水泥行业长久的问题,构筑健康市场。

一是加强联合重组。积极稳妥化解产能过剩，要尽可能多兼并重组、少破产清算。实际上，去产能的主要方法还是联合重组。大企业联合重组后，通过关工厂等方法按比例减量发展，推动产销平衡，同时通过转型升级、技术创新等，延伸产业链，提升产品附加值，实现产品向中高端发展。

二是加大淘汰力度。化解过剩产能要"消化一批、转移一批、整合一批、淘汰一批"。要从等量淘汰到减量淘汰，从淘汰落后工艺到淘汰落后品种，不仅要淘汰落后的低端产能，富余的先进产能也要被淘汰、关停。钢铁行业在坚决取缔"地条钢"后，建筑钢材价格回升，经济效益变好，这一举措对于化解钢铁行业过剩产能具有重要意义，对于水泥行业淘汰落后产能也有很好的借鉴作用。

三是加强国际产能合作。"一带一路"沿线有65个国家和地区，这些国家和地区的城市化与工业化也是先从基础建设做起的，与中国相似。水泥是基础建设的"粮食"，需求量很大。美国、欧洲经历了长期发展，现在进入了再工业化阶段，仍需要水泥。这为中国水泥企业"走出去"提供了良好的投资发展机会，既是我国水泥行业供给侧结构性改革的一个突破口，也是国际产能合作的一个重大机会。需要注意的是，国际产能合作并不是把国内的设备搬到国外。真正的国际产能合作是我们充分发挥资金、技术、设备、管理、经验等优势，去海外开展全方位投资。

中国建材助力水泥行业的结构性调整

水泥行业处于充分竞争领域，基本是民营企业的天下，中国建材虽是国有企业，但既没有享受国家补贴，也没有享受什么特别的政策，要想联合重组成功，就必须面对与民营企业共同合作、分享利益、协调关系的现实问题。

针对中国水泥行业长期"多散乱"的困局，政府也是鼓励调整和重组的。2006年4月，八部委㊀联合发布了《关于加快水泥工业结构调整的若干意见》。2006年10月，发改委又相继发布了《水泥工业产业发展政策》和《水泥工业发展专项规划》，提出"推动企业跨部门、跨区域的重组联合，向集团化方向发展""提高水泥企业的生产集中度和竞争能力"。政策有了，谁来开展整合呢？答案是中国建材，原因有两点：一是自身发展的需要，联合重组是中国建材迅速做大做强的重要方式；二是承担行业重组大任是央企的责任，中国建材要挺身而出。通过与市场资源的联合、与社会资本的混合这两大改革，中国建材改变了自身命运，实现了持续快速发展。

中国建材依靠大企业这只"看得见的手"，在水泥行业为解决过剩问题发起了全国范围内的水泥企业重组。2006年3月，中国建材如愿在香港联合交易所挂牌上市。同年7月，中国建材拿出上市募集到的一半资金收购了徐州海螺，实现了"蛇吞象"式的收购。

在收购徐州海螺之后，中国建材开始了组建南方水泥的战略规划。因为水泥是个区域性产品，合理的经济运输半径最多只有200公里，要做水泥业务，应按照区域组建不同的水泥企业。中国建材最早是在浙

㊀ 即国家发展改革委、财政部、国土资源部、建设部、商务部、中国人民银行、国家质量监督检验检疫总局、国家环保总局。2018年3月，国土资源部改组为自然资源部，建设部改组为住房和城乡建设部。2008年3月，国家环保总局改组为环境保护部。2018年3月，环境保护部改组为生态环境部。

江开展重组，浙江的市场化程度比较高，也比较早地进行了技术结构调整，有一两百家水泥企业。这些企业一直在打价格战，打到头破血流，水泥价格从每吨 400 元降到了每吨 180 元。当时浙江的水泥企业群龙无首，市场陷入恶性竞争，几乎所有的水泥企业都在亏损，哀鸿遍野。我觉得机会来了，浙江那么多的水泥企业，我得先把为首的几家大企业找来。

2007 年春天的一天，我在西湖边上找了个好地方——汪庄。在汪庄的茶馆里，我请浙江水泥行业的"四大天王"——浙江水泥、三狮水泥、虎山水泥、尖峰水泥的老总喝茶详谈。这四家企业占了浙江水泥市场的半壁江山，是组建南方水泥必须谈下的对象，但当时它们都已经有了合作对象，也有各自的想法和考量，还有些外资公司正和它们洽谈。喝茶时我就对他们说："即使你们引入了外资，也只是聘请了雇佣军帮着你们继续打仗，解决不了问题。只有大家联合起来才能达到市场健康化的目的，我来让你们都联合起来，以后就不打仗了，恢复价格，理性竞争。"

那一天我们从早上谈到晚上，成就了建材行业人人皆知的"汪庄会谈"。变革就要有显而易见的好处，在谈判桌上，我端出了"三盘牛肉"：

- 公平合理定价，给予被收购者一定的优惠，不欺负民营企业。
- 给民营企业创业者保留 30% 的股份。
- 留人留心，吸引民营企业创业者成为职业经理人，工厂还由他们来管，同时解决了管理人才来源的问题。

这三点一下子说到了四位民营企业老总的心坎上，他们之中有的取消了第二天去马来西亚的机票,有的立即决定与已在做尽职调查的意大利水泥公司终止合作。最终四家企业全部同意加入中国建材,为后面整合浙江水泥奠定了基础。

对于这次联合重组,银行也很支持,因为银行很担心价格战打到企业倒闭,银行的借款就无法收回了。关键的一点是我给创业者保留了30%的股份,过去他们虽然拥有100%的股权,但是每吨水泥的价格不到200元,企业不赚钱,处于亏损状态;现在他们拥有30%的股权,水泥价格能恢复到每吨400元,分红可以分到不少钱。大家都明白还是按照我的想法做更好。中国建材原先在江浙沪地区一家水泥厂都没有,经此会谈后重组了150家水泥企业。

一位原国家建筑材料工业局的老局长曾开玩笑说,做水泥企业的人不能随意见宋志平,见了他20分钟后就跟着他走了。我想做水泥企业的都是亿万富翁,他们不是小孩子,只能是因为我的这些话说到了他们的心坎里,打动了他们,让他们明白采取任何方法都不如跟着中国建材联合重组好,所以他们果断地跟着我走了。

企业发展更需要资源整合能力

联合重组应以盈利为出发点

在联合重组的过程中,中国建材不时地受到质疑,被认为单纯为了扩大规模而重组，因为确实有不少国企包括一些央企都输在了盲目扩大规模上。

我曾被问道：中国建材的收购都有一些溢价，将来如何应对国有资产流失问题？其实，溢价的那部分价值在财务管理中叫商誉。收购成长的公司有巨大的商誉，但中国建材支付的商誉对价并不高。中国建材收购水泥企业的土地和矿山成本都很低，而现在这些土地和矿山的价格升得都很高，这些都是中国建材的宝贵资产，中国建材也因此成了既会赚钱又很值钱的企业。

有一次，工信部㊀让我给工业企业介绍重组经验。我说："中国建材的重组是从利润出发的，我们在行业结构调整中看到了获利的机会。过剩和恶性竞争已经把行业资产的价格压得很低，这时联合重组就有低价收购资产的机会，还可以得到重组后价格回升带来的回报。"对此，时任国务院国资委副主任的邵宁同志说："志平的重组是赚钱的重组，是从盈利出发的，大家一定要清楚这一点。"

话说回来，虽然我们以盈利为出发点，总是选择在最佳时机进行联合重组，但是在与被联合重组的企业谈判时，我们从不算计对方。因为我们选择的时机已经很好了，收购价已经很低了，因此合作时不能再乘人之危。

所以，在讨论价格的时候，我的原则是公允，在公允的基础上，还会给予对方适当的优惠。我把这套理论称为"老母鸡理论"——如果老母鸡能下蛋，我们就多给它一两个月的鸡蛋钱，过两个月，鸡蛋不就都是我们的了吗？归根结底，对方得到的是公允的价格，我们买到的是重

㊀ 工信部，即中华人民共和国工业和信息化部。

组后的利润。我的想法是如果主动发起重组，价格可能要给高一点，当然在抄底时进行重组，价格高也高不到哪儿去。就像买股票一样，当前股票价格是 3 元，即使涨一点价买入，可能 5 元的价格就全买下了；但如果在股票价格是 10 元的时候进行买入操作，可能 12 元的价格才能买到，道理是完全一样的。

正因为我们的重组始终都以效益为核心，所以重组整合后，企业运营情况基本上都是健康的，都能挣钱。那些留下来的民营企业家，工作也都顺顺利利，与他们当初自己经营企业时经常遇到困难的状况产生了鲜明的对比。

有一次，一位重组后选择留下来的民营企业家跟我开玩笑说："宋总，我现在企业经营得不错，一年能挣不少钱，当初要是不卖给你就好了。"我说："不卖给我，你还会像以前一样亏损。正是因为咱们成了一家人，联合重组之后市场占有率高了，大家才都赚到了钱。"联合重组的目的或者说企业发展的本质归根结底还是取得效益。

在资本市场中，很多大机构都来买我们的股票，就是因为它们明白中国建材到底是怎么想的，以及盈利点是什么。联合重组从根本上是要盈利的，重组的故事本身就是一个取得效益的故事。

那么，中国建材在联合重组的实际操作中是怎么实现盈利的呢？我认为有以下几条经验：

第一，我们是在行业产能严重过剩的情况下实行联合重组的，重组成本比较低，相当于抄底，这就奠定了获利的基础，也是实现盈利的第一个关键点。

第二，在重组其他水泥企业之后，中国建材着重建设核心利润区，增强在区域市场的话语权，使水泥价格合理回升，这是实现盈利的第二个关键点。在这方面，我主张的战略是三分天下，而不是包打天下。水泥是"短腿"产品，即使再强有力的联合重组，也无法使某一家企业包打天下，而只能在一定区域内拥有一定的市场份额。因此，只有依靠更加精准的市场细分，将战略区域从省级划分到市县级，才能用最少的资源获得最高的利润回报。中国建材的45个水泥核心利润区对整体水泥业务的利润贡献率已经超过了80%。

第三，后续管理整合、集中结算、集中采购、集中销售、降本增效、科技创新等措施的实施，可以形成并提高企业的规模效益，这是实现盈利的第三个关键点。

可见，企业要想赚钱，除了把握好市场机遇外，还要在成本和价格上下功夫。降低成本是管理者的看家本领，是企业盈利的基础。而在价格上，大家则往往感到力不从心，只能随波逐流。我认为，要稳定价格必须有一定的市场占有率，提高价格则要有一定的技术含量，即企业应靠提高市场占有率和技术水平来获得定价实力，提高盈利能力。

这些年，中国建材的联合重组从来不是为大而大、为多而多，而是紧紧围绕赚钱这个目的。每一次重组能不能赚钱？盈利点在哪里？盈利模式是什么？这些问题都必须搞清楚，至少能大致算出来。不仅如此，我主张只有在明显能赚钱的前提下才行动，如果赚钱的过程说起来和做起来都很复杂或模糊，就应该放弃重组。

企业利润应取之有道、取之有度

中国建材通过实施大规模的联合重组，大力开展市场竞合，在一定程度上扭转了行业恶性竞争的局面。但是，随着行业和企业价值的理性回归，社会上一些关于垄断的看法和讨论也随之而来。在有些人看来，大企业和垄断有着必然的联系，甚至还有人认为，企业通过联合重组做大的目的就是要垄断市场，中国建材收购了大量企业之后就会搞价格垄断，拥有绝对的定价权。其实，争取定价权是对的，但不是要垄断。要讨论这个话题，我们先要回到垄断这个概念本身，用辩证的思维去看它。

垄断通常有三种方式：

- 行政垄断，就是通过行政手段限制其他企业进入行业，这是典型的垄断。
- 自然垄断，比如铁路和电网有一定的独占性。
- 经济垄断，这是市场自然形成的格局。

中国建材身处充分竞争的行业，既没有搞行政垄断的权力，也不可能形成什么自然垄断。那么，有没有经济垄断呢？我想，这里需要澄清两个基本的经济学常识：

第一，垄断大都发生在短缺经济、卖方市场的情况下。在水泥行业中，有四五千家企业、近30%过剩的产能和超低的市场价格，行业前10家企业的行业集中度远低于发达国家，想垄断也垄断不了。这种现象在其他行业中也很普遍。事实上，如果行业集中度提高了，且企业有滥用市场支配地位的倾向，垄断才会成为主要矛盾。

第二，并不是说企业的市场份额足够大，就必然会形成垄断。准确地说，垄断是指滥用市场支配地位与具备优势的市场份额，限制竞争、打压对手、操纵市场、哄抬价格。或者说，垄断是一种行为，而不是一种状态。

中国建材与收购的民营企业间在商业上不是联盟，因为联盟是不同主体之间的关系，一家企业内部不存在联盟。它们之间也不存在垄断，因为垄断不取决于规模大小，而取决于是否有垄断的意识和垄断行为。比如有的国家只有一个品牌的石油供应站，但是并不随意涨价，而是保持稳定、合理的价格，这就不算垄断。中国建材也一样，石膏板产品占全国市场份额的50%以上，但多年来价格一直保持平稳。很明显，这也不叫垄断。

垄断是个敏感词，我很少说垄断，而常讲定价权和定价实力，这在国际路演中都可以讲，是金融行业的规范语言。大企业重组整合小企业能够提高定价实力，增强企业内部协同效应。

企业按照市场规律，通过联合重组来做大做强，是一种通行做法。不要说无法操纵市场价格，就算可以影响市场价格，作为负责任、有道德的大企业，也会从促进行业健康发展和维护市场道德的角度去思考问题。我们认为，行业要开展市场竞合，绝不是为了获取不正当利润，而是为了争取到合理的利润。中国建材把水泥毛利率的理想值设定在30%左右，大大低于国际同行45%左右的毛利率水平，这既考虑了企业的合理利润，也充分照顾了客户的利益。即使真的出现价格不合理上涨，中国建材也一定会及时出面平抑市场价格，成为促进市场健康发展的主导力量。

其实，我们更应该担心的不是价格过高问题，而是价格过低问题。水泥行业在防止垄断的同时，也要防止低价倾销。相对垄断而言，恶性竞争、低价倾销可能会对行业造成更大的破坏。这些年来，我们一直在避免恶性竞争，在选择战略区域时，会刻意避开已经有行业龙头的区域，避免和当地领军企业发生冲突。

有很多人问过我，作为行业龙头，水泥的市场价格是不是中国建材说了算？面对这样的质疑，我说："任何企业都不想在市场竞争中处于下风，都想有一定的市场控制力和价格话语权。否则，企业就相当于靠天吃饭，如同汪洋大海中的一叶小舟，根本无法掌控自己的命运。企业利润应取之有道、取之有度，我们只赚取合理的利润，绝不滥用市场支配地位，维护客户的利益是我们长期生存的基础。"中国建材这些年在行业里推动的市场竞合，都是为了推进市场的健康发展，与垄断并不相干。

中国建材的重组是很成功的。2007年9月26日，南方水泥成立大会在上海举办，南方水泥把上海、浙江、湖南、江西、福建等地的水泥企业组织起来，应该说涉及区域比较广，引起了很大的震动。在成立大会上，时任上海市委书记习近平同志发来贺信，对公司成立表示祝贺。时任摩根士丹利首席顾问的罗奇先生盛赞中国建材对中国水泥行业的重组无异于印度米塔尔钢铁公司对欧洲钢铁业的重组，将对中国的经济发展产生深远的影响。

联合重组既要有"道"，又要有"术"

全球失败的重组案例有不少，问题出在哪里呢？往往不是因为重组战略错了，而是因为操作层面出了问题。这也提醒我们，联合重组既要有"道"，又要有"术"，既要符合产业政策、行业和企业的发展规律，又要格外重视重组的方式方法，否则多收购一家企业就等于多一道枷锁，很容易被规模拖垮。中国建材在联合重组过程中明确了五项原则。

第一，坚持重组区域战略选择原则。选择标准有三个：一是这些区域符合国家产业政策和中国建材的整体发展战略目标，地方政府和行业协会也大力支持中国建材通过重组推动地方产业结构调整；二是这些区域内均无领军企业，市场竞争激烈；三是这些区域恶性竞争的行业现状使得区域内企业联合重组的愿望非常迫切。例如，中国建材组建南方水泥时，以浙江为核心的东南经济区域内，水泥企业虽然众多，但没有影响力大的企业，异常激烈的市场竞争使得水泥价格极低，整个行业处于亏损状态。浙江水泥企业多为民营企业，企业生存压力巨大，纷纷寻找出路。当时已有国际资本进入浙江，但是政府和行业协会并不希望浙江的水泥资源被分割，分散进入不同的外国大公司，而是希望能由国内的大公司牵头联合重组。所以，中国建材的重组模式得到了政府和行业的大力支持与广泛欢迎。

第二，坚持重组企业选择原则。联合重组不是"拉郎配"，不是见企业就收。选择标准有四个：

- 被重组企业符合中国建材的战略要求，在中国建材战略区域内，并满足重组的资源、装备条件和标准。
- 被重组企业具有一定的规模、效益和潜在价值，原来亏损的企业在被收购后要能产生利润。

- 被重组企业能与现有企业产生协同效应，不仅能保证新收购项目盈利，也能带动原有业务，产生 1+1>2 的效果。
- 重组风险可控且可承受。要把风险降到最小，即使有风险，也要可控且可承受，而不是火烧连营。

第三，坚持竞业禁止原则。被重组企业的股东在重组后，在中国建材的市场区域内不能从事与现有企业相竞争的业务，在非竞争区域内从事相同业务，要优先考虑将中国建材作为合作伙伴。

第四，坚持专业化操作原则。要求被重组企业资产边界清晰，人员边界清晰，价格公允；选择专业能力强、有高度责任心的人员进入联合重组工作小组；充分发挥中介机构的专长，对重组项目逐一进行详尽的市场分析、专业的法律与财务尽职调查，实施规范的审计评估与严格的审批程序。在具体执行层面，建立一整套详尽的联合重组工作指引。

第五，坚持以人为本原则。尽量保留被重组企业的管理团队，给予被重组企业人员足够的尊重，充分发挥他们的特长，调动各方积极性，优势互补，实现共赢。

在重组后，中国建材实施了清晰的"三步走"战略：

第一步是合理布局。这就是对区域市场内的项目进行填平补齐。如果区域内还没有布局，就不要走扎堆布局的老路；如果已经布局，就要在区域内积极自律；如果正在布局，就要把工厂间距拉开，不能一哄而上。

第二步是以销定产。破解行业产能过剩问题是当前整个行业发展的关键。中国建材所做的这场整合，着眼点恰恰是化解产能过剩带来的无序竞争、企业亏损等问题。所以，中国建材不是靠新增产量，也不是靠一味地降低单耗、压低成本，而是通过以销定产，保证产品质量，增强企业话语权，成功化解原燃材料涨价的影响，通过实现价格理性回归来创造和提升企业价值，为行业健康发展做出贡献。

第三步是管理整合。联合重组不是目的，取得效益才是企业的目的。联合重组解决了资源配置的有效性问题，回答了规模问题、资源问题，但没有完全回答如何使资源发挥更大作用、产生更大效益的问题。只有管理整合与联合重组同时起作用才能产生效益。为此，我们对重组企业实施深度整合。多年的实践表明，企业经营不仅不能犯大的战略性错误，也不能犯大的战术性错误。管理整合关系到联合重组的成败，只有做好管理整合才能最终提高企业效益。

联合重组不是简单组合，而是一种化合反应

我常说联合重组不是简单组合，而是一种化合反应。正确的思想理念，是联合重组成功的前提；共同的战略愿景，是联合重组成功的动力；恰当的操作方式，是联合重组成功的保证。只有这三个方面都做好了，大规模的联合重组才能平稳快速地推进。那么联合重组后的企业如何才能融入大集团，与其他企业形成合力呢？世界上许多大的并购案之所以失败，就是因为没有做到文化融合。

中国建材作为一家靠联合重组成长起来的企业，是如何让新加盟者迅速融入集团的呢？要怎样处理好各种利益关系？我提出了"三宽三力"的文化，努力营造"中建材一家"的浓厚氛围，企业由此被植入了强大的融合基因。

"三宽三力"特别适应联合重组的特点和要求。所谓"三宽",就是待人宽厚、处事宽容、环境宽松,通过对个人行为和企业环境的约束,来奠定文化融合的基础。"宽"不是没有原则,而是"宽而有度,和而不同",要实现个性与共性的统一、和谐与规范的统一。所谓"三力",就是向心力、亲和力、凝聚力。向心力是指子公司对母公司要有向心力;亲和力是指单位之间、员工之间要和睦相处,团结一心;凝聚力是指母公司对子公司的感召力、吸引力与引领力。

"三宽"强调行为与途径,"三力"强调状态与结果。中国建材依靠"三宽"吸引加盟者,依靠"三力"使新进入的企业迅速融入集团,为联合重组奠定了牢固的文化根基,也得到了社会各界的广泛认同。很多企业家就是受到"三宽三力"的感染而选择加入中国建材的。

南方水泥的总裁肖家祥就是一例。2009年,南方水泥公开招聘总裁时,一家海外上市公司以3倍的年薪,和我们同时竞争这位优秀人才。后来,我给肖家祥发了一条短信:我们给不了你那么高的工资,但能给你一个宽松的做事环境和一个能发挥才干的广阔舞台。最终,肖家祥加入了我们,他告诉我:"我认同中国建材的思想和文化,加入中国建材有奔头,有归属感。"这件事从一个侧面反映出了中国建材能够吸引越来越多的合作伙伴,并不断发展壮大的原因。

"三宽三力"具有鲜明的融合特质,这种文化不是排斥性的,也不是灌输性的,它的核心是充分尊重大家,照顾大家的利益,对人充分信任、包容和支持,让每一个新进入者都能进行个性化的发挥,并在发展中实现优势互补和价值再造。"三宽三力"是由大家共同积累和创造的,透过这道文化的屏风,你可以看到众多加盟者的缩影。

我常把中国建材比作一座移民城市，这座城市里的"原住民"很少，大部分都是或早或晚加盟进来的，但加盟不分先后，企业不分大小，我们都一视同仁、平等对待。有人曾这样描述中国建材的一个现象：民营企业家昨天是小企业的大老板，为自己挣钱；今天变成大企业的经理，为集团挣钱，他们仍然起早贪黑、废寝忘食地工作。也有媒体评论分析，中国建材的魅力源于一种独特的"和"文化。其实，这就是我常说的，中国建材的成功既有天时与地利的因素，更有人和的因素。"天时"就是我国经济快速增长带来的机遇；"地利"就是地方政府的支持、我国丰富的建材资源和我们占有的区位优势；"人和"就是独特的"三宽三力"文化打造的企业软实力。

"三宽三力"的企业文化，反映了企业的和谐价值观，融汇了"人和"的巨大力量，是中国建材的核心竞争力所在，竞争者很难复制。这些年来，中国建材的发展并非一帆风顺，也遇到过很多困难，但我们最终都克服了。可以说，中国建材能取得今天的成绩，战略起了先导作用，但支撑我们顽强地从困难中走出来的是我们的文化与强大的凝聚力。

联合重组是企业经营的高潮，也是惊险的艺术

2009年，哈佛大学鲍沃教授听说中国建材正在进行水泥行业的联合重组，他对此很感兴趣。鲍沃教授对行业重组和产业结构调整很有研究，曾研究过通用电气（GE）案例，也曾关注欧美水泥业重组。在他看来，联合重组是企业经营的高潮，也是惊险的艺术。在中国这么大的市场中做重组，一定是一件惊天动地的事情，可以为全球并购提供一些经验。

为此,鲍沃教授专门到北京找我了解情况,我们进行了两个多小时的交流。在之后的两年时间里,他的研究团队深入中国建材旗下的几十家子公司、工厂进行调研,与十几位高管一一对话。2011年,《中国建材:推动中国产业发展》案例正式被纳入哈佛大学商学院案例库。这个案例写得简单明了,更像一个企业故事,没有模型、曲线和数学公式,与我印象中复杂高深的教学案例截然不同。

中国建材的联合重组实践入选哈佛大学商学院案例库意味着什么?我认为,这是对中国建材作为一家央企融入市场的实践的肯定,也是对我们在实践中归纳升华的企业管理和经营思想的肯定。过去,有些美国学者认为中国国企有着世界上最廉价的企业家和最大的企业浪费。现在,他们注意到中国国企的管理水平有了大幅提升,很希望探究中国国企的成功经验。哈佛大学作为全球顶尖学府,研究了一种西方备受关注的企业形态——央企,总结了中国建材以联合重组破解产能过剩问题的智慧以及在并购过程中的管理实践。

国务院国资委原副主任邵宁同志表示,央企的商业模式和管理实践入选世界顶级商学院的案例库并不多见,中国建材作为中国产业结构调整的代表被写入哈佛大学商学院案例库,打开了世界经济学人了解央企市场化运行方式和中国市场化进程的一扇窗,具有非常积极的意义。

后来,哈佛大学每年都邀请我到商学院做案例演讲,我始终也没有遇到合适的机会。2019年,正好世界银行请我去华盛顿给他们讲讲水泥行业二氧化碳减排的情况,㊀ 我觉得时机不错,就向国务院国资委申请到华盛顿之后再去一趟波士顿,哈佛大学邀请了我10年,我想抽出一天

㊀ 本书作者宋志平先生担任世界水泥协会主席一职。

时间去完成这项任务。国务院国资委同意了,我就借此机会去哈佛大学做了一次案例演讲。在两个小时的演讲中,我以中国建材为蓝本,讲述了"中国式并购与整合"的故事,让哈佛学子了解了中国企业在产业结构调整、资源整合、资本运作等方面的实践与思考,同学们对这些案例很感兴趣。演讲结束后,鲍沃教授还向我赠送了哈佛大学的棒球帽和纪念册,现场视频记录下了这一瞬间,很有意思。

混合所有制是个好东西

企业的活力来源于改革,而不是靠垄断和传统机制

针对国企为什么要改革的问题,有些人认为,国企不用改革,传统的国企有很多优势,没有什么问题。也有些人认为,国企尤其是央企,能取得今天这样的成绩,靠的就是垄断。而我的看法是,国企、央企能走到今天,并且取得现在的成绩,实际上靠的就是一路改革,如果没有改革就没有我们今天的成就。中国建材、国药集团也不例外,如果没有当初的改革,就没有这两家企业如今的发展。因此,企业的活力来源于改革,而不是靠垄断和传统机制。

现在国务院国资委有90多家央企,除了十几家属于自然垄断行业外,其他80多家都处于充分竞争领域,市场竞争十分激烈。可以说,这些企业几乎没有享受过国家税收、融资等方面的特殊政策,和其他类型的企业一直是"平起平坐"的，而且机制还不灵活。改革给企业带来了活力和竞争力，我们必须得承认这一点。今天，国企、央企依然面临不少困难，要解决这些难题，还得继续沿用改革的思路。

过去，我国采取计划经济体制，国有企业是计划经济的产物。我于1979年大学毕业，那时十一届三中全会刚刚召开，提出从计划经济向以计划经济为主、市场调节为辅的方向转变。那个时代，从原材料供应到产品销售都是纳入计划的，比如钢铁厂烧多少煤、由哪家供应、生产多少钢、卖给哪里、价格多少等，都是国家计划的。企业要争取一些自主权，争的是能否计划外多生产、多卖些产品。

随着我国改革开放，中国共产党第十四次代表大会正式确立了建立社会主义市场经济体制的改革目标。计划经济转为社会主义市场经济，原材料采购、产品销售等更加尊重市场。过去，企业发不出工资，国家就让银行发。后来，银行也变成了商业银行，如果企业的报表不好看、信用不好，银行就给企业"断奶"，毫不客气。很多国企都快活不下去了，倒闭了一大批企业。可以说，从计划经济转向社会主义市场经济时，国企非常艰难。但国企必须要改革，如果不改革，不适应市场，还是过去"等靠要"的思想，还像过去一样"不找市场找市长"，就很难活下去。

我当时接手的北新建材也面临倒闭。北新建材所在的西三旗过去是一个工业区，那里的轮胎厂、面粉厂、五机床厂、清河毛纺厂等一大批国企也先后倒闭了。当时国企被市场"推下海"，不会游泳就得在海里学，学不好就会被淹死。今天绝大多数国企和央企，都是改革过程中的"幸存者"。改革倒逼企业求新求变，舒舒服服的人不会去改革。改革故事听起来很浪漫，但是每次改革都非常艰难。

"央企市营"既不是"央企私营",也不是"央企民营"

中国建材是央企市场化改革的过河卒,这些年之所以能够迅速发展壮大,从市场中脱颖而出,最重要的原因就在于大胆地走入市场,不断破解发展难题,用市场机制改造自己,遵循市场规律做大做强,开辟了一条央企市场化经营的新路——我们称之为"央企市营"模式。这一理念酝酿于中国建材资本运营、行业整合的改革进程中。如果再往前追溯,关于国企市场化改革的思考,则始于北新建材刚刚迈入市场、经受严峻考验的困难时期。

1993年,刚担任北新建材厂长时,针对机构臃肿、人浮于事、效益低下等老大难问题,我开始对国企改革进行深入研究。从那时起到现在的近30年里,我始终把改革放在工作的首位。我为什么把改革看得格外重要?因为企业的事务看似千头万绪、林林总总、大大小小,但概括起来只有三件事:改革、管理、创新。改革解决的是机制问题,管理解决的是效率问题,创新解决的是核心竞争力问题。在这三件事中,首要的就是改革,对国企来说更是如此。曾有学者认为国企与市场接轨是一道世界性难题,可见国企改革的难度非比寻常。

2002年,刚担任中新集团总经理时,我就开始认真琢磨央企如何开展市场化经营,内涵是什么,也就是后来的"央企市营"。当时中新集团虽是央企,但并没有谁来托底,全靠企业自己。正是那种艰难困境使我痛下决心,要全力进入市场,在市场中获得新生。后来,在南方水泥整合过程中,我对市场化运营进行了更系统的思考,希望归纳出一些规律性的东西。在整合过程中,有些人担心好不容易从传统的国企改制变成民营企业，进入央企控股的南方水泥后，会不会是"才出狼窝，又入虎口"。实际上，市场很公平，做得好就能成为佼佼者，做得不好就会被淘汰出局。这些年来，有的国企由于机制问题导致服务不到位和官僚主义，被市场无情地淘汰了。但中国建材的机制并不落后，走的是市场化经营道路，用市场化方式参与竞争，把产品做到精益求精、童叟无欺，为客户提供高质量的产品和高品质的服务，在行业里创造出了顶尖品牌。

2008年，《财富》杂志中文版在《走市场化成长道路》的报道中，最先刊出了"央企市营"理念。"央企市营"既不是"央企私营"，也不是"央企民营"，而是央企市场化经营。按照"央企市营"理念，中国建材不断深化改革，逐步建立起适应社会主义市场经济的体制机制。"央企市营"，即在坚持央企、国企属性的同时，建立适应社会主义市场经济要求的管理体制与经营机制。

"央企"是所有者属性，包括四个方面：一是坚持企业中党组织的政治核心作用，坚持员工群众在企业中的主人翁地位。坚持党的领导是我国国有企业的独特优势；二是带头执行党和国家的方针政策，带头推进产业升级、科技创新和节能减排，带头大力发展战略性新兴产业；三是在企业发展过程中，主动承担政治责任和社会责任；四是创造良好的经济效益，让国有资产保值增值，为全民积累财富，真正成为我国社会主义市场经济建设的顶梁柱。

"市营"是市场化属性，包括五个要点：

第一，股权多元化。如今，中国的国企大多数已经上市，纯粹的国企很少，大多数都进行了股权多元化改造。股权多元化是企业保持活力和竞争力的有效保证，不仅能把民营资本和社会资本吸引进来，还能使企业决策体系、管理体制和经营机制发生深刻变化。

第二，规范的公司制和法人治理结构。国企过去大部分是按《中华人民共和国全民所有制工业企业法》注册的，董事会没有法定地位，现在应根据我国的《公司法》重新注册，成为真正的市场主体和法人主体，建立规范的治理结构，拥有真正的董事会。国资委推行的董事会试点不简单，外部董事在公司董事中占多数，包括一些社会精英人士，而且外部董事担任专门委员会主任，这是很了不起的改革。董事会试点的目标是给董事会更大的独立性和权力空间，建设规范的治理结构。

第三，职业经理人制度。现代企业经营重要的理论基础是委托代理制，逐级委托，股东会委托董事会，董事会委托经理层，高效的委托代理可以让企业降低经营成本、提高效益。完善的董事会制度只解决了国企规范治理问题中的一半，只有把职业经理人制度建立起来，才能构成企业委托代理的完整闭环。必须积极探索经理人职业化机制，要把职业经理人市场化的流动性和企业的归属感结合起来。中国建材近几年来一直大力推行职业经理人制度，并积极探索经理人职业化机制。职业经理人制度为中国建材奠定了坚实的人才基础，包括南方水泥负责人在内的一大批民营企业家作为职业经理人都很优秀。

第四，内部市场化机制。在用人及分配机制等方面与市场接轨，干部能上能下、员工能进能出、收入能增能减。随着改革的深入，现在能增能减已经基本做到了，能上能下和能进能出这两方面还要继续努力。这三项改革是改革的出发点，看似简单，但直到今天仍是国企改革实践过程中的难点。

第五，按照市场化机制开展运营。国企完全遵守市场的统一规则，只享受正常的待遇，不享受特别待遇，不吃偏饭，不要额外保护，与民营及外资企业同台竞技、合作共生，追求包容性成长。国企如果总是寄希望于政府的特殊照顾，一味盯着政府的钱袋子，老想躺在政府的怀抱里，活力和竞争力就会大大减弱。本来是匹狼，被圈养久了就会变成羊，丧失捕食能力。

混合所有制是改革发展的独特模式和重大创新

混合所有制并非新概念。党的十四届三中全会上提出了"财产混合所有的经济单位"新概念，那时我们就意识到，我国的经济生活中既有国有企业，也有民营企业、外资企业，因而一定会出现交叉持股的企业形态。到党的十五大时，混合所有制经济的概念被正式提出来。党的十八届三中全会通过的《中共中央关于全面深化改革若干重大问题的决定》指出，"国有资本、集体资本、非公有资本等交叉持股、相互融合的混合所有制经济，是基本经济制度的重要实现形式"。2015年9月，中共中央、国务院印发了《关于深化国有企业改革的指导意见》，就发展混合所有制提出具体要求，强调发展混合所有制要"以促进国有企业转换经营机制，放大国有资本功能，提高国有资本配置和运行效率，实现各种所有制资本取长补短、相互促进、共同发展为目标"。其后，国务院2015年还出台了《关于国有企业发展混合所有制经济的意见》。现在，我们一般把国企与国企、央企和地方国企之间的混合也称为广义的混合所有制，扩大了混合所有制的范围，也就是股权多元化。产权制度的实践证明，多元化的股份制企业从规范治理和科学管理上都优于单一所有制的企业。

混合所有制经济是我国社会主义制度下国企改革发展的独特模式和重大创新。按照党的十八届三中全会的精神，发展混合所有制已成为当前最重要的深化经济改革的举措。混合所有制既不是让国企私有化或私企国有化，也不是一种所有制的过渡状态，而是社会主义市场经济中长期存在的，与国有企业、民营企业具有同等地位的重要企业形态。

2014年年初，央视《对话》栏目做了一期专访，让我专门讲讲中国建材和国药集团发展混合所有制的故事，并作为开年的第一期节目播出，取名为《尝鲜混合所有制》。节目里的现场嘉宾是与中国建材和国药集团合作的几位民营企业家。实际上，过去这么多年，我们在与民营企业的联合重组中还是遭到了不少非议和误解。党的十八届三中全会把发展混合所有制上升到基本经济制度重要实现形式的高度，既是对多年来国企改革实践的总结和认可，也为新形势下深化国企改革指明了大方向和着力点。直到那一刻，我那颗悬着的心才算真正放了下来。

这些年来，其他央企与民营企业也有不少混合的案例，但像中国建材和国药集团这样成规模、有章法地进行混合所有制改革还是前所未有的。2014年7月15日，国务院国资委召开新闻发布会，宣布开展"四项改革"试点工作，其中发展混合所有制经济挑选的两家试点单位就是中国建材和国药集团。中国建材的总资本中有75%是社会资本，只有25%是国有资本；国药集团的总资本中有50%是社会资本，50%是国有资本。这两家企业都处于充分竞争领域，也都以混合所有制的方式快速发展了起来。

央企的实力 + 民企的活力 = 企业的竞争力

在联合重组过程中，中国建材提出并探索"央企市营"模式，大力发展混合所有制经济，成为央企改革的先行者。但说实话，走上这条道路，并不是我有什么先见之明，实在是受企业生存本能的支配而做出的选择，有点儿"歪打正着"。中国建材处于充分竞争领域，发展中始终面临两大压力：一是企业自身底子薄、资本金少，如何快速做大做强；二是行业产能过剩、集中度低、竞争无序，如何与众多民企共同发展。

在市场倒逼下，我们遵循"央企市营"理念，坚持"央企的实力 + 民企的活力 = 企业的竞争力"这一融合公式，"混得适度、混得规范、混出效果"的混合所有制改革三原则，"规范运作、互利共赢、互相尊重、长期合作"的十六字方针，走出了一条以国民共进的方式进行市场化改革和产业结构调整的新路。"混得适度"是指在"相对控股""第一大股东""三分之一多数"等基本前提下，探索多元化股权结构。改革中既不能一股独大，导致所有者缺位，也不能使股权过于分散。"混得规范"是指要结合市场监督机制，完善保护国有资产的相关制度流程，保证操作透明、规范，有效防范国有资产流失。在方案设计的最初阶段，我们邀请律师事务所、会计师事务所、人力资源咨询公司、投资银行等机构全程参与，确保方案依法合规，同时制定实施细则，确保操作规范。"混出效果"是指围绕着提高运行质量和盈利能力，控风险、增活力、出效益，使混合所有制改革成为企业持久的发展动力。

在混合所有制改革的实践中，中国建材创造和总结了六大混合之术。一是以"三盘牛肉"吸引民营企业。要混合必须实现双赢，要变革必须端出"牛肉"来。在和民营企业"混合"的过程中,中国建材端出公平合理定价、给创业者留有股份、保留经营团队并吸引创业者成为职业经理人这"三盘牛肉",用公平实在的收益吸引重组企业加入,为发展混合所有制经济,实现国民共进奠定了制度基础,找到了实现路径。"三盘牛肉"的做法,集中反映了与人分利、共生多赢的核心思想,在联合重组的过程中起到了关键作用。

二是以"三层混合"深化产权改革。第一层,上市公司中,中国建材股份等公司吸纳了大量的社会资本;第二层,业务平台上,把民企的部分股份提上来交叉持股;第三层,工厂层面,给原所有者保留30%左右的股权。通过"三层混合",既保证了集团在战略决策、固定资产与股权投资等层面的绝对控制,又调动了子公司在精细化管理、技术改造等环节的积极性。

三是以"三七原则"设计股权结构。中国建材在联合重组、组建混合所有制企业中通常采用"正三七"和"倒三七"的多元化股权结构。"正三七"是指中国建材持有上市公司中国建材股份的股份不低于30%,保证第一大股东相对控股,其他投资机构及流通股不超过70%。"倒三七"是指中国建材股份持有其所属子公司的股份约70%,给机构投资者和原创业者保留30%股份。通过"正三七"与"倒三七"的股权划分,集团形成了一套自上而下的有效控制体系,在保证集团有效管控的前提下,确保了上市公司和子公司合并利润,同时将市场机制引入了企业内部。

四是以积极股东完善公司治理。探索多元化股权结构,重点是要引入积极股东。在实践探索中,我们认为较为合理的混合所有制结构包括国有资本和两三家非公资本组合形成公司的战略投资人，即积极股东，以及财务投资人和股民，这样既能保证企业有负责任的股东，也能使广大投资者有高额的回报。以北新建材为例，中国建材持有中国建材股份44%的股份，中国建材股份持有北新建材35%的股份，地方国资泰安市国泰民安投资集团有限公司持有北新建材7.46%的股份，泰山石膏管理层贾同春及其一致行动人合计持有北新建材8.85%的股份，其余为流通股。以中国巨石为例，中国建材股份持有其26.97%的股份，民企创业团队振石控股集团持有其15.59%的股份，A股流通股股东持有其57.44%的股份。北新建材和中国巨石都是非常优秀的上市公司，都获得了中国工业大奖。北新建材是全球最大的石膏板生产企业，在充分竞争、完全开放的石膏板行业赢得了国内50%以上的市场份额。中国巨石是全球最大的玻璃纤维生产商，全球市场占有率为22%。

五是以包容文化推动和谐发展。坚持以人为本，构建"待人宽厚、处事宽容、环境宽松，向心力、亲和力、凝聚力"的"三宽三力"人文环境；坚持"绿海战略"，带动行业建立可持续发展的市场环境；坚持十六字方针，寻求各方最大公约数，维护了国有资本权益、民营资本权益和小股东利益，确保混合所有制企业能够规避和解决问题，持续良性运转。在文化与制度的结合下，中国建材通过与自然、社会、竞争者、员工和谐相处，实现了包容性增长。

六是以管理提升确保改革实效。管理要有工法。我们总结了格子化管控，将所属企业的职能分工、经营模式和发展方向固定在相应的格子里。另外，我们还推行了"八大工法"（五集中、KPI、零库存、辅导员制、对标优化、价本利、核心利润区和市场竞合）、"六星企业"（业绩良好、管理精细、环保一流、品牌知名、先进简约、安全稳定）、"三精管理"（组织精健化、管理精细化、经营精益化）等。

中国建材的成长故事，就是一个央企市场化改革的故事，是一个国有资本以市场化方式与民营资本有效混合的故事。通过发展混合所有制，中国建材实现了多重效益：

- 促进了企业快速发展。中国建材营业收入和利润总额双双增长150倍，连续多年进入世界500强。
- 显著放大了国有资本功能。中国建材以400多亿元国有资本吸引了1300多亿元社会资本，撬动了近6300亿元总资产，混合所有制覆盖面达75%。
- 推动了行业结构调整与转型升级。中国建材通过企业自主的混合方式，把众多企业联合起来，推动了水泥行业的供给侧结构性改革。
- 培育了一批优秀骨干企业和善打硬仗的企业家队伍。
- 开创了国有经济与民营经济共生多赢的局面，实现了包容性成长。

混合所有制是大势所趋

多年的实践表明，在社会主义市场经济发展过程中，国企和民企必然在体制上互相混合，在功能上互相融合，在发展上互相推动。也就是说，我国的基本经济制度是混合所有制的真正起源，而混合所有制也逐渐发展成了我国基本经济制度的重要实现形式。

现在，社会上对混合所有制仍存在一些怀疑和误解。民企害怕混合以后国企行政化的那套东西会跟着进来，民营资本会被"国营化"；国企害怕民企来了"蚂蚁搬家"，把国有资产蚕食掉，造成国有资产流失，两边都担心有问题。其实，混合所有制是新型所有制形态，不存在你吃掉我、我吃掉你的问题，在混合所有制企业里，国有股权和非公股权都是平等的股东，大家都以股权说话。

企业发展到今天，所有制形态也在进步。就国企而言，不是所有企业都要进行混改，自来水公司、电力公司等应是纯国企，而竞争类业务则要放在混合所有制企业里。混合所有制企业要有量身定做的一套政策、一套体制，不能视同传统的国企来管理，而应视同市场化的股份公司进行管理。对混合进来的民营企业家不要视同体制内的干部进行管理，应视同市场中的职业经理人进行管理。就民企而言，它们提供了众多就业岗位，缴纳了巨额税款，而且很多都做了股份制改革，不再是简单的家族公司，而是成了股份公司或员工持股公司。

国企在市场化改革，民企在上市公众化，二者殊途同归，大的方向就是混合所有制。在充分竞争领域，今后只有企业之间的竞争，而不再是国企和民企的竞争，我们要引入社会企业的概念，不宜再给企业贴所有制标签。

最初在推动混合所有制改革的时候，我还没有意识到它的全部优点，现在越来越觉得混合所有制是个好东西，特别适合我国社会主义市场经济多种所有制共同发展。在共同发展的过程中，混合所有制把国企和民企联系在了一起。过去我们往往认为，国企和民企是竞争关系。现在看来，二者之间有市场上客观的竞争关系，但主要还是合作关系。国企改革三年行动特别强调了国企要在整个行业产业链和供应链中发挥引领作用。因此，国企和民企之间不是简单的竞争关系，而是引领和带动的关系，国企对民企的发展也负有责任。前几年，不少民企遇到了高杠杆、高抵押等问题，后来绝大部分通过和央企、地方国企搞混合所有制渡过了难关。这是国民共进，是实现优势互补、取长补短的新办法。由此我们也可以看到，国企和民企互相帮助，是我国社会主义市场经济的一大特色。

2019年1月，我在达沃斯中国之夜有一个演讲，现场有300多人，有政府官员，民企负责人，国企、央企的领导人，大家在一起其乐融融。虽然众人身份各异，但"走出去"时共同组成了中国的"海外军团"，而且合作得非常好。

央企特别重视海外的中国"军团"，尤其是海外的民企，它们比较早就过去了，在当地扎下根来，对当地的政策、法规都很了解，有时是我们的引路人。比如，我们到赞比亚做建材工业园项目，最早是通过在赞比亚的一个中国人进入的。此人20年来一直在赞比亚，对当地很熟悉。我们跟他合作搞混合所有制，他也投了20%的股份。

我希望将来我们的企业只有一个名称，就是中国企业，只有一种企业家，就是中国企业家。这就需要国企和民企合作共进。中国人最会融合，传统文化的太极八卦阴阳鱼，就传达了辩证法中对立统一的思想。中国人知道怎么用辩证法思想把国有的、民营的融合到一起，相得益彰，这是中国人的智慧。

混合所有制是并购的重要途径

2020年中共中央、国务院有两个重要文件出台,《国企改革三年行动方案（2020–2022年）》中将积极稳妥推进混合所有制改革作为重点任务之一,提出国企和民企要相互配合,推进兼并重组和战略性组合。国务院在《关于进一步提高上市公司质量的意见》中提到,要充分发挥资本市场的并购重组主渠道作用,支持国有企业依托资本市场开展混合所有制改革。这两个文件有个交叉点,也是这两个文件里重点提到的——用混合所有制的方法、资本市场的方法加大并购重组。中国既有国企,也有民企,所以在中国并购往往发生在国企和民企当中,"中国式并购"是我们的一大特点。

并购是用来优化资源配置、实现价值发现的重要渠道。纵观全世界主要经济体的发展史,很大程度上就是一部产业和企业的兼并重组史。世界上几乎没有一家大公司不是通过并购重组来形成的,现在我们国家的企业也进入了大规模并购期。我国的资本市场是全球第二大市值规模的市场,也是全球第二大并购市场,这几年A股上市公司并购重组规模超过了2万亿元。并购有以下几方面的理由：

一是产业过剩需要并购。实际上市场经济本身就是过剩经济,过剩了该怎么办？这一直是市场经济面临的问题。无论是西方还是东方,解决过剩问题的办法就是进行兼并重组,提高行业集中度。中央提出去产能要"多兼并重组,少破产清算"。过去经济过剩出现了"倒闭潮",像多米诺骨牌一样,不清楚最后会把谁砸倒。后来出现了"兼并潮",从美国开始,全世界大规模地进行并购来解决过剩的问题。西方现在正在经历第六次"兼并潮"。

二是困难企业需要并购。在此前的去杠杆过程中,不少民企、民营上市公司由于高杠杆和股权高比例质押出现了经营风险。各个地方政府采用并购方式解决,不少国企都参与了这场并购。有人说是"国进民退",我并不赞同,这是企业碰到了困难,要通过并购帮助企业渡过难关。

三是集成创新需要并购。2020年我去参观了进博会的六个展位,其中四个展位都是国内大型企业并购的海外高科技企业。例如中国建材并购的德国薄膜太阳能电池模组生产商 AVANCIS 公司、国际知名薄膜太阳能电池装备制造商德国 SINGULUS 集团和国际药用玻璃装备制造商意大利 OLIVOTTO 公司,哈药并购的美国保健品企业,伊利并购的新西兰乳制品企业等,都参加了这一次展览,展位规模都很大。并购使我们国家很多企业获得了先进技术,在消化、吸收这些技术的基础上再进行大规模集成创新。

四是做强做优做大企业需要并购。相关数据显示,2020 年以来,截至 10 月 11 日,A 股市场共发生了 502 起国企并购重组计划,约占全市场 1625 起并购重组计划的 30.89%。这 502 起国企并购重组计划中,共涉及 371 家上市国企。而包括央企国资控股公司、省属国资控股公司、地市国资控股公司及其他国有公司在内的上市国企共有 1216 家。也就是说,2020 年约有 1/3 的上市国企正积极推进并购重组计划,呈现出较为活跃的态势。

资本市场与国企改革的良性互动,对市场和国有上市公司的影响是积极而长远的。资本市场是并购的主战场,资本市场的上市公司股票是非常好的并购工具，很多并购不是用现金买卖，而是通过股权进行的。现在国家支持 A 股上市公司用股权并购的方法并购海外高科技企业。国企依托资本市场开展混改，资本市场融资功能、资本配置功能进一步推动国企的快速发展，实现做强做优做大。枢纽地位的资本市场需要更多优质国企的上市来夯实基础，而国企更需要资本市场这个广阔的舞台成就优秀的自己。两者相互成就、相得益彰。

积极稳妥深化混合所有制改革

2013 年秋天，中共十八届三中全会的报告中正式提出积极发展混合所有制经济，从那时到现在也有 7 年多了。过去这些年，大家根据"1+N"的方案，积极推进混合所有制改革，踏踏实实做试点，积极探索，总结经验。2020 年出台的《国企改革三年行动方案（2020–2022 年）》，是未来三年进一步落实国有企业改革"1+N"政策体系和顶层设计的具体施工图。积极稳妥深化混合所有制改革，是国企改革三年行动的重点任务之一，也是我们下一步在改革上下功夫的一个着力点。

在"宜"字上下功夫

混合所有制企业和其他股份公司是一样的，要符合共同的目标、战略，符合各个股东的要求才能做好。推动混合所有制改革，要坚持"三因三宜三不"的原则，遵从市场规律，一切从实际出发，其中"宜"就是"宜独则独，宜控则控，宜参则参"。

什么是"宜独则独"？公共事业、公益保障领域一般由国企承担，采用独资形式，主要是服务和保障全民利益。国企在重大基础项目等方面应具担当，不光服务于全民，也服务于民企。前几年我去德国访问，和德国议会议员、交通部部长一起交流。他谈到德国在20世纪90年代一下子把所有企业都私有化了，到后来发现不行，比如公交、自来水等事业，应该是公益保障类，是以质量为中心的。德国的地下自来水工程都是约一百年以前建设的，现在还在使用，做这些工程不是简单地为了盈利，而是要为社会全民服务，要以确保质量为目的。现在柏林和汉堡的这些公共事业又收归了国有。这些企业就应"宜独则独"，如果单纯追求经济效益，就和公益保障的方向相悖了。

什么是"宜控则控"？在商业类国有经济主导的大产业里采取控股方式，像央企的母公司、核心企业、重要上市公司要发挥主体作用，国有资本应该保持控股地位。中国建材和国药集团，这两家企业实际上是用控股的方式进行混合的，以央企作为平台来整合和重组民企，给民企留下一定的股份，而不是简单地收购。国家整合钢铁、煤炭行业有一定的资金支持，但整合水泥行业并没有，主要靠大企业发挥引领作用。中国建材运用市场的方法也就是"正三七"模式，很巧妙地完成了重组，混合了上千家水泥企业，推动了行业的整合。我们的目的是要把小散乱的水泥企业整合起来，提高市场集中度，避免恶性竞争，形成健康良性的市场，同时也成就了中国建材连续10年荣登世界500强企业榜单。国药集团当时用"宜控则控"的方式混合了医药分销体系，建立了我国的医药配送网络，形成了国药集团发展壮大的基础。所以关于"宜控则控"，说复杂也复杂，说简单也简单，不是要为控而控，而是为了一个战略目标、为了整合市场，也为了在整个产业链上大家可以互利共赢。

"宜独"容易做,"宜控"也容易做,而国企的"宜参"却不大容易做。但"宜参"恰恰是我们混合所有制改革要认真研究的,日本不少大企业在海外合作都是采用参股模式,我们也要学会怎样参股经营。混改不能只搞控股再铺摊子,不是把民企都混到国企中来,而是要把国企的一些中小企业混出去。我们要做更多的参股混合所有制企业,发挥战略协同、技术协同、产业链协同效应,真正做到1+1>2,真正把市场机制引入企业。

关于"宜参则参",这里举个例子。云南白药的混改经历了几个阶段,它最早和红塔集团合作过,后来又和国药集团合作过,每次都不太成功。2015年,云南白药和福建新华都、江苏鱼跃合作,当时按照45%∶45%∶10%设置股权比例结构。经过第二次混改,现在云南白药的股权比例结构变成了云南国资委持股25.14%,新华都持股25.14%,江苏鱼跃持股百分之几,剩下的是散户。混改后云南白药的市值翻了一番,效益很好。云南白药过去是正厅级单位,混改后从董事长开始都解除了原来国企干部的身份。云南白药的混改遵循了高度市场化的原则,为进一步改革,推行员工持股铺平了道路。

总体来看,企业在混合的过程中要分层分类深化混改。对于混合所有制企业不见得国企都要控股,在商业类企业里母公司肯定是全资或控股的,二级公司、上市公司肯定是控股的,但是再下面的很多三、四级公司没有必要一控到底,可以采用参股的方式,利用参股调动民企的积极性。央企近年来推动瘦身健体、减少法人户数,减掉了1.4万家企业,今后可以通过混合所有制,吸引社会资本进入,对于非主业的企业进行混改。这些企业在央企中可能是规模小的，和民企混合了就可能是大企业。我们在处理这些问题的时候，要抓大放小，不能只考虑"独"和"控"，还要学会"参"。

在"合"字上下功夫

中国特色社会主义市场经济是多种所有制高度融合的经济，在大的市场体系里，国企和民企相互依存、互为补充、不可分割。实现国民共进、国民融合，不只是一个良好的愿望，而是国企和民企现实的生存状态，双方的合作是一种互利的经济合作方式。

2019年亚布力中国企业家论坛夏季高峰会在天津开幕，我在论坛上讲了一句话：国企民企一家亲，试看天下谁能敌。在场的民企领导人听了都很高兴。国企是骨干企业、大型企业，而民企和国企是共生协同的。国企的重要任务就是通过产业链和供应链带动民企发展，民企则通过给国企提供外包服务实现共同发展。比如，中国建材有上千家合作的外包民企，没有民企就无法经营。同时，民企也需要国企，它们的关系是"大河有水小河满，大河无水小河干"。

混合所有制有效地解决了国企和民企融合的问题，不能说一混就灵，但不混肯定不灵。搞混合所有制就要合在一起，也必须有合的思想准备。国企有国企的特点，民企有民企的特点，准备做混合，就要彼此接纳对方。经常有人问我，选什么样的国企混合？也有人问我，选什么样的民企混合？国企担心混合所有制会导致国有资产流失，要承担责任；民企担心混合了之后失去话语权，被扫地出门，大家都有顾虑。其实，"混"了之后关键还得"合"，要合在一起，不能互相算计，不是你吃掉我、我吃掉你，而是将各自的优势合在一起发挥协同效应。

民企选择国企的标准有三条：

- 战略上的协同作用，在产业链、供应链之间是有协同效应的，能发挥 1+1>2 的效果，这是前提。
- 选择有包容文化的国企，如果企业文化格格不入，不要轻易去混合。
- 选择开明的领导，这个领导要比较包容，不歧视民企，很愿意和民企合作。

那么，国企怎么选择民企呢？也是三条：一是战略上要有协同效应，合作战略上要共赢，这是共同的；二是能够理解国企的管控文化，体制内和体制外是不一样的，民企要愿意接受国企的文化，如果不接受大可不要混合；三是要接受国企的规范治理，包括董事会建设等。过去民企在体制外比较自由，但混合以后就要接受规范治理。这和两口子结婚一样，结婚之前要谈明白，双方要有思想准备，如果谈不好，不要勉强，因为后边还要成家过日子，"混"了紧接着离婚还不如不"混"。所以混合所有制是好东西，但是同样需要我们认真思考、比较，扎扎实实地做，而不是盲目地做。

混合所有制改革就像水和茶的融合，融合得好就是一杯上好的茶水。"茶水融合"包括目标的融合、产权的融合、文化的融合。

一是目标的融合，双方的战略目标要融合。比如，2002 年，我到中新集团做一把手后明确了发展战略，将企业更名为中国建材，调整了主营业务，对中国建材进行了全面的市场化改革，随后重组水泥行业。我当时认为，如果中国建材在行业里不能做到老大，作为一家央企就没有存在的意义，于是就把目标给锁定了。经过多年的发展，中国建材已经是水泥制造业的全球龙头企业，2019年水泥产销量全国第一，充分达成了当年的战略目标。

二是产权的融合。重组企业按照《公司法》成为规范的股份公司，真真正正地以股权说话，如果是国有控股，那就是国有控股说话，如果是国有参股，那就是民营控股说话。"捆绑不成夫妻"，中国建材重组民企都是建立在自愿基础上的。重组几百家企业从来没有强买强卖，没有让被重组的企业感到有压力。

三是文化的融合。文化的融合，就是在考虑利益的时候，要照顾到甚至首先想到民企，我们应该有利他主义的、包容的思想。中国建材所联合重组的企业能够接受这种包容的文化，把企业文化逐级融入企业的各个管理层面，结合起来不分彼此，大家一起赢，实现真正意义上的混合所有制。

国药集团在积极开展与地方国有及民营优势医药企业的重组整合过程中，同样关注到目标、文化、产权的融合，通过联合重组实现了共生多赢。

在"改"字上下功夫

混合所有制采取交叉持股的方式，形成一个新的公司治理体系，大家按照股权行使权利。其实，我国最早的上市公司就是混合所有制的。以中国建材为例，中国建材总部层面是国有的，但是它作为投资公司，只持股不经营。核心企业中国建材股份有限公司是在香港上市的，国有资本占股 44%，中国建材股份有限公司占其旗下 A 股北新建材的 35%，35%×44% 约等于 15%，所以北新建材里面国有股只占 15% 左右。

可见，今天中国的国企和西方的国企有明显的不同，此国企非彼国企，中国的国企是上市了的国企，是被混合了的国企，是被市场化了的国企，否则，它们不会生存下来并且活得挺好。正是因为国企改革了，去上市，去混合，才有了今天。

现在，混合所有制改革的关键是要把民企的机制引入国企中来，不能只混不改，不然不如不混。关于混合所有制改革，大家的关注点往往在"混"字上，其实，"混"起来容易"改"起来难，重点要落实在"改"字上。

回顾当年国企改革上市时，一些上市公司完全按照和母公司在人员、资产、财务上"三分开"的要求，真正把市场机制引入企业，像中国建材旗下的北新建材和中国巨石，都通过上市建立了现代企业制度，得以快速发展，成为优质的上市公司。但也有公司把上市作为圈钱手段，母公司和上市公司之间完全是原来传统国企的那套做法，上市以后，资金从左口袋挪到右口袋，最后既掏空了上市公司，母公司也一塌糊涂，甚至倒闭了。这些教训今天我依然记忆犹新。

混合所有制不是一混就灵，也不能一混了之，核心是通过混合所有制引入市场化机制，关键是转换经营机制，既要发挥国企的实力，又要真正注入民企的活力，真正提高企业的竞争力。如果没有在引入市场化机制上下功夫，那混合的意义就不大。今天发展混合所有制，不能只图表面上混来混去，应该把市场机制引进来，真正让企业有活力、有动力，这才是做混合所有制的根本目的。

现在有的企业已经"混"起来了，但"混"了以后没有深入改革，也就没有取得成效。这就需要混合所有制企业在推行员工持股、职业经理人制度方面有所突破，把企业打造成让资本所有者、经营者和劳动者共享利益的平台。混合所有制改革应该在确保国有资本保值增值、国企做强做优做大的前提下，实行一企一策，关键是把企业业绩做好，保证企业稳定发展，发挥企业家的作用。

以江苏的徐工集团为例，徐工当前正积极探索加速混合所有制改革。混改后，徐工有限的股东将扩充至17家，其中徐工集团持股34.10%、徐州徐工金帆引领企业管理咨询合伙企业（有限合伙）作为员工持股平台持股2.72%，新进入的3家国有控股企业和12名战略投资者合计持有剩余约63.18%的股份。公司实际控制人徐工集团持有徐工有限的股权从100%降至34.10%，但公司实际控制人不会发生变更，仍为徐工集团。采用这样的股权结构，一是引入了市场机制；二是引入了增量资金，增强了企业竞争力，在国际上参与市场化竞争，改变了过去国企的形象；三是保护和弘扬了企业家精神。这个改革就是我们发展混合所有制的一个方向，不再沿用过去传统国企的那种体制。

在"优"字上下功夫

"优"就是效益。我们做混合所有制不是为混而混，而是要激发企业员工的活力，提高企业的竞争力，最终要获得良好的企业效益，这是我们的出发点。

发展混合所有制，一是要发挥机制的优势，结合国企和民企的优势。我过去插队时做过农业技术员，学习杂交育种，以把两个品种的优势发挥出来。混合所有制是优势互补，不要搞劣势互补。举个例子，在一个家庭里，父母长得一般，但孩子继承了父母的优点，就可能长相很突出。混合所有制也是一样，最要紧的是继承国企和民企的优点，把国企的经济实力、规范管理和民企的市场活力、拼搏精神有机结合起来，促进企业整体水平的提高。但是，如果把传统国企常有的官僚主义、形式主义和民企常有的非规范化管理结合在一起，混合所有制一定是失败的。

我们要发挥机制上的优势，同时还要做好企业，强化经营和管理。任何企业都要做好主业，突出主业，不要轻易分散经营。此外，创新有风险，企业要进行高质量的创新。这些方面都可以结合起来，最终产生良好的经济效益，推动企业高质量发展。

做混合所有制企业，前面"混"了也"改"了，如果经营上做得不够好，企业的情况有可能会变得很糟糕。那么是改得不对，还是混得不对？抑或是经营得不对？上市公司倒下不一定都是因为违法违规。有的企业负责人还是想做好企业的，兢兢业业、勤勤恳恳地工作，但就是因为经营做得不好，偏离了主业，盲目投资，盲目创新，最后企业变得入不敷出进而倒闭了。企业改革是要解决体制、制度、机制上的问题，但除了这些问题，经营的基本功也是企业必须做好的。

总之，深化混合所有制改革，我们既要"混"，又要"合"，还要"改"和"优"，要把混合所有制真正地做好，做到实处，让它切实发挥 1+1>2 的效果。

第 4 章
Chapter 4

理性竞争

―――

　　市场需要竞争，竞争意识的确立是从计划经济走向社会主义市场经济的一个最深刻的变化。但竞争是把双刃剑，有好竞争和坏竞争之分，企业应当秉承达人达己的精神，有组织地参与理性有序的好竞争，杜绝比勇斗狠的坏竞争。市场竞争不是零和博弈，从竞争到竞合是经济进步的产物，体现了一家企业的境界和胸怀。企业要改变传统竞争模式，从"做工厂"到"做市场"，摆脱恶性竞争，走向良性竞合，追求行业整体的共生共赢。

市场需要竞争

从不竞争到竞争的转变

市场需要竞争，市场的本质就是竞争。按照现代经济学理论，市场经济就是要创造一个完全竞争的市场，在这个市场中，企业足够多，产品足够多，企业通过竞争获得市场。改革开放之后，中国逐步从计划经济走向社会主义市场经济，在这一过程中一个最深刻的变化就是竞争意识的确立。

在计划经济体制下，企业是国家的大车间，按上级指令参与社会生产经营活动。那时的员工都是国家的员工，收入、住房、福利均由国家来规定，"大锅饭"和家家户户都相似的生活，使企业里的员工缺乏危机感。后来，社会主义市场经济把企业和员工一同"推下海"。对习惯了计划经济的企业和员工来讲，一切都改变了：员工与企业间的关系变成了契约关系，"大锅饭"体制被打破了，分配按多劳多得的原则进行，员工的一切劳动所得，甚至包括荣誉和耻辱，都和企业更加紧密地联系在了一起。

我本科学的是化学专业，一毕业就进入了北新建材，最初的岗位是技术员。北新建材创建时正赶上计划经济的尾声，产品生产和销售都没被纳入国家计划中，要想生存下来，只能在市场中自行打开销路。对诞生在计划经济时代的国企来说，要去市场上找饭吃，这个弯子转得异常艰难。

1983年，厂里的石膏板卖不出去，仓库里产品堆得满满的，我便自告奋勇做了推销员。那时，很多人看不起销售工作，觉得做这行的都是些没有文化、只会动嘴皮子的人。对我来说，放着技术员不做跑去做销售，并不是因为我多么喜欢销售工作。其实，我读完大学后，一心只想做技术员、工程师，但看到厂里那么多产品卖不出去，工厂一个月里只有一个星期在生产，大家都很着急。联想到自己在瑞典沃尔沃参观的时候，看到推销员的名片上大都写着硕士，这让我很吃惊。沃尔沃都是硕士做销售，现在厂里遇到困难，我觉得我也应该去推销产品，把市场打开。

改革开放初期，我国企业对市场竞争、优胜劣汰很不适应，尤其是国有企业，从不竞争到竞争的转变，这一过程对它们来说刻骨铭心。那时，国有企业面临三大问题：第一，政企不分。国有企业归政府领导，一切管理工作都听从政府的指令。企业干部的思想是"等靠要"，没有主动地融入社会和市场。第二，市场意识薄弱。虽然已经从计划经济迈入社会主义市场经济，但是很多人在思维方式上还停留在计划经济时期，认为自己"生是国有企业的人，死是国有企业的鬼"，不相信国家会不管自己。第三，内部机制不活。员工的想法是"干多干少一个样，干和不干一个样"，所以员工那时很冷漠。什么叫冷漠，举个例子，一个玻璃水箱中间有一道玻璃隔板，一边是吃鱼的鱼，另一边是被吃的鱼。当吃鱼的鱼数次撞击到玻璃板，发现吃不到鱼后就变冷漠了，即使把玻璃隔板拉开也不再试图吃鱼了。类似地，当员工的要求一直不被满足，他就变冷漠了。

1993年年初，我接手北新建材时，企业正面临着非常困难的局面，矛盾重重、效益不好、信用不佳、员工对企业冷漠,所有这些问题纠缠在一起,打成了死结。当时我只有36岁,面对几千名"嗷嗷待哺"的员工,感觉压力很大。当厂长没多久春节就到了,回家过年时,原本健谈的我几乎五六天都没说一句话,每天凌晨4点就会醒来,满脑子都是厂里的难事。问题千头万绪,该从哪里入手呢?

想了很多办法后,我发现问题的关键在于怎样才能使员工热爱企业,怎样才能激发员工的信心。一家企业最怕的就是员工对企业没有信心。如果大家很悲观,对企业很冷漠,企业就毫无希望可言;相反,如果大家认为有希望、有奔头,就会不惜一切代价把工作做好。在激烈的市场竞争中,同样的员工,可能会使企业蒸蒸日上,也可能会使企业江河日下,关键在于企业能不能点燃员工心中之火。员工心中的火也是企业发展的圣火。

企业发展与员工成长唇齿相依

企业既是独立竞争的主体,同时又是承载着员工驶入市场大海的一条船,只有这条船足够结实且不超载,才能够乘风破浪、扬帆远航。过去,国有企业有很多富余的员工,这主要是客观环境造成的:一方面,经济发展缓慢,就业形势严峻,员工的子女只好通过招工到父母的单位工作;另一方面,一家企业效益好一些,人员就会想办法往里拥。事实上,自1987年以来,北新建材的营业额就一直在1亿元左右徘徊,更为糟糕的是,企业的机构越来越臃肿,管理很混乱。

记得北新建材的工厂刚建成时,企业只有1200人,但10多年之后,生产线没有增加，员工却增加了 1000 人。在企业中，如果不控制人员的流入，各分厂都增加人员，全厂一年就会悄无声息地增加几十甚至上百人。比如，我们厂里有个劳动服务公司，是集体性质的，工厂人劳部不管它的用工权，本来应该主要安排转岗员工或员工子弟，它却盲目地铺摊子，扩张到了 200 多人。厂里一些部门还以搞活为名，成立了一些小公司，这些小公司并没有什么经营能力，只能在工厂内部找活儿，实际上是在蚕食企业的效益，而且由此增加了大量的人员，让企业背上了沉重的包袱。

1993 年，我当上北新建材的厂长后不久，就果断地解散了 30 多个子公司，确立了总厂和二级厂（二级公司）的两级领导体制。在新的领导体制中，总厂主抓经营战略、资金运作、供销配套服务等，二级厂的工作重点转向现场管理、成本管理、设备管理、安全管理等具体工作。新的领导体制有效地解决了机构臃肿、人浮于事的问题，一年就初见成效，取得了可喜的成绩。在激烈的市场竞争中，如果企业这条船过分超载，就会船覆人亡。

1997 年，作为"百户试点"企业的北新建材面临着"人往哪里去"的难题，企业中至少有 500 名冗员，看着长长的名单，我好几晚都没睡好。我女儿当时正在读小学，回家后常说，某某同学的父母都下岗了，家里日子过得很苦。有一次，她兴高采烈地带回来几个崭新的笔记本，说是一位同学的母亲所在的工厂倒闭了，拿些剩余的本子给孩子们分着用。我听了很心酸，并下定决心绝不能让北新建材也经历这种痛苦，绝不能让任何一名热爱北新建材的员工失望离去。

于是，我提出了一个不裁员的改革发展规划，即随着企业实力的不断增强，为员工创造更多的就业岗位。这个想法得到了上级领导的理解和支持。事实上，1993年我就提出了关于精干队伍的"2000计划"，即到2000年，员工人数不增加，并且创造出2000个工作岗位。在限制员工数量上，我主张采取刚性措施。按照这一思路，几年下来，北新建材的员工总数一直保持着零增长。

员工总数控制住了，可眼前的冗员怎么办？本着对企业、对员工、对社会高度负责的态度，北新建材开始实施再就业工程，即随着企业规模的扩大和组织结构的调整，对多余的人员进行转岗培训，合格后补充到新增生产线的岗位中去。这样既能降低成本，达到精细生产的目的，也能增强员工技能，更重要的是减轻了社会负担。那时，有企业提出"每减少一名员工就意味着管理前进一大步"。在北新建材，我们把每创造一个饱满的工作岗位，每使一名富余员工转变为一名自食其力的、为企业做出贡献的员工当成企业的进步。那么，企业具体应该怎么做？

- 转变观念，广泛开展岗位技能培训，把提高劳动生产效率和员工素质作为攸关企业生存的大事来看待。
- 提高管理水平，摒弃"老好人"思想，撤掉因人设事的公司或部门，各单位定岗定员，严把进人关。
- 提高生产设备的现代化水平，减少生产线人员。
- 全面开展树立竞争意识、危机意识的教育。从最初转岗的不适应和困惑到主动要求培训，从"临时工干、正式工看"到积极投入工作，从一件事多人干到一个人承担几个人的工作，一专多能，员工自觉适应了岗位变化，精神面貌发生了巨变。

一场原本带有悲剧色彩的下岗风波，在随后大规模推进的再就业工程中化解了。经历了这场艰难而意义深远的变革，员工更加珍视和热爱工作，企业也拥有了一支适应市场、勇于竞争的员工队伍。

市场不相信眼泪

北新建材的石膏板产品，技术并不复杂，但是产品的质量非常好，给北新建材带来了不少收入，让企业因此成功上市。跨国的石膏板企业看到北新建材赚了钱后就蜂拥而至，来中国开工厂，有些企业把产品运到北新建材门口打擂台，逼得北新建材的石膏板每月都降价，从每平方米 12 元降到了每平方米 6 元。几乎每个月销售副厂长都流着汗，急匆匆地到我办公室说："宋总，还得降价。"

我那时压力很大，犹豫是否要跟外资企业合资。起初外资企业是想跟我们合资的，后来一看价格战打成这样，觉得我们不堪一击，于是提出条件要控股。形势每况愈下，我们不得已联系外资企业，提出愿意让它们控股，总之得给企业留一碗饭吃。但从外资企业传回的话是，它们已经不愿意控股了，要等着北新建材熬不住破产。我也不是铁打的，在压力如山的情况下，那段时间患上了一种叫中心性浆液性视网膜炎的疾病，身心俱疲，正如《西厢记》里所言"眼中流血，心内成灰"。想跟外资企业合资，或者让外资企业控股，都行不通，这时只有一条路，就是跟它们打下去，果敢地竞争。

没想到不久后市场上发生了对我们非常有利的变化，因为中国的客户喜欢用硬石膏板，不喜欢用软石膏板，北新建材的石膏板做得很硬、很结实，满足中国人的需求，而外国的石膏板做得很轻、很软。结果，北新建材的石膏板重新夺回了市场。可见，市场如战场，打到最后一分钟，我方身处困境的时候，其实竞争者可能也很艰难。我后来常想，当年如果外资企业和我们合资了，就没有今天世界上最大的石膏板供应商——北新建材了。

电影《至暗时刻》中有一个经典的场景，在第二次世界大战时期，英国在讨论要不要跟德国打的时候，很多人主张投降，但丘吉尔主张要打下去，他那时的名言就是"Never，never，never，never give up"，绝不放弃。市场竞争是惨烈的，北新建材的经历让我对丘吉尔的这句话体会很深，市场不相信眼泪，哭也没用。

竞争是把双刃剑

市场竞争并不完美

一些新自由主义经济学家把市场竞争描绘得过于完美，事实上，竞争是把双刃剑：理智的竞争是好竞争，指的是在理性范围内的有序竞争，能够实现生产效率、产品质量、创新能力等方面的提升，推动企业效益和消费者福利的增长，服务于经济转型大局；比勇斗狠的竞争是坏竞争，指的是无序的、低价的、盲目的恶性竞争。后者是中国小农思想和早期西方一些不成熟的竞争理念相结合的产物，短期内会带来价格的大幅下滑，消费者貌似可以从中受益，但从长期来看会导致假冒伪劣产品泛滥，扰乱市场秩序，破坏行业发展的生态环境，使行业陷入发展陷阱，最终会损害消费者利益。

西方早期崇尚极端的市场竞争，曾发生过大规模的倒闭潮和企业家跳楼的惨剧。经历了若干次大规模的兼并重组后，绝大多数行业的集中度都很高，市场也变成了大企业之间的良性竞争舞台，既保证了竞争的理性化，也保证了投资者、员工和客户的利益平衡。中国已经进入后工业化阶段，建材、钢铁、煤炭等基础原材料行业的产能严重过剩。对于这些高度依赖土地、矿石等资源要素的行业，如果重复西方早期那种恶性竞争、杀价、倒闭的老路，必然会带来资源浪费、环境污染等一系列社会问题，整个社会将为之付出极其惨重的代价。

徐州既是古代兵家必争之地，也是当今水泥企业必争之地。在整个江苏，只有徐州拥有石灰石矿山，且紧邻京杭大运河，因而水泥企业都看好徐州。中国建材在徐州有一个巨龙水泥厂，在我到中国建材任总经理后，巨龙水泥厂建了两条日产5000吨的水泥生产线，经营得不错。同时，由海创公司和台泥公司合作成立的徐州海螺，在距离巨龙水泥厂只有40公里的地方建了一条日产1万吨的水泥生产线。两家企业由此展开了激烈的竞争，原来每吨售价400元的高标号水泥一路降价，很快跌到每吨200元。两家企业都出现了亏损，价格战打到最激烈的时候，巨龙水泥厂的9个商混站客户至少被徐州海螺抢走了6个，情况十分危急。

当时，中国建材要进军水泥行业，而徐州是我们水泥战略的重地，失去徐州就会满盘皆输。怎么办？想来想去只有联合重组。两家企业必须联合成为一家企业，要么巨龙水泥厂收购徐州海螺，要么徐州海螺收购巨龙水泥厂。关键时刻,我们派人和徐州海螺进行谈判,希望能够收购徐州海螺。弱者收购强者?这并不合常理。那时两家企业竞争,徐州海螺的利润也大受影响,但他们觉得巨龙水泥厂不够理想,不愿收购。

对徐州海螺来说,这只是一条生产线该怎么做的问题,而对中国建材来说,则关系到水泥这个事业到底能否做下去。我觉得必须得把徐州海螺收购了。一是能够保住我们在淮海的市场,产生协同效应;二是向行业和市场宣示,中国建材是一家有鸿鹄之志的企业,我们有重组水泥行业的决心。在中国水泥协会的帮助下,中国建材和徐州海螺进行了多轮谈判,最终中国建材出资 9.6 亿元重组徐州海螺。

对于这次重组,有人认为中国建材亏了,多付了钱;也有人认为徐州海螺亏了,输了战略。但事实上,这次重组是双赢的,中国建材赢得了淮海的市场,徐州海螺赢得了丰厚的回报。重组后,中国建材当年就多赚了 3 亿元利润。国务院国资委专家组认为,此次重组有效地提高了行业集中度和企业竞争力,完成了技术升级,避免了恶性竞争,实现了平稳过渡,达到了预期目标。

竞争不是无组织的竞争

企业在竞争上一定要有利己达人精神,盲目杀价是恶性竞争。三聚氰胺奶粉的悲剧源头就是恶性竞争、非理智的低价竞争,最后损害了整个行业,给婴幼儿消费群体造成了健康上的损害,给国家形象带来了损失。民众对国产奶粉失去信赖,就只能买国外品牌的高价奶粉,国内的奶粉行业几乎垮掉。这个教训是惨痛的。当然,最近国内的奶粉行业又好转了，所以千万不要再打价格战，现在消费观念也在改变，价格高一点没关系，但必须保证质量，把质量做好。

经历了这么一个过程，人们现在对竞争的理解越来越全面了，这是很好的一件事。谁都愿意在市场竞争中做英雄，但英雄不应该靠比勇斗狠。我们今天需要的是更大的整合，集合更多的资源，优势互补，能力互补，提高中国企业的整体竞争力，用更多的精力和能力进行创新转型，参与国际市场的竞争。

事实上，今天的竞争方式正在发生重大改变，竞争并不是无组织的竞争，竞争可以是单打、双打，也可以是打团体赛。我们要把市场竞争提到一个新高度，竞争可以在一个团队和另一个团队之间有序、理性地进行，这是从坏竞争演变为好竞争的有效方式。如果这两个团队效益好、技术好，那么它们之间的竞争也必然是高水平的。如果它们进行的是无序、混乱和低效的竞争，那还如何去改善效益、提高质量、推动创新呢？

所以，即使我们要优胜劣汰，也要选择先进的竞争方式，一对一的方式是竞争，团体式的竞争也是竞争，方式是可以改变的。但如果不改变竞争思路，用中世纪的比勇斗狠的方式竞争，那只会杀出一片红海，不符合社会主义市场经济的根本利益。

竞争应该回归理性

改革开放 40 多年来，中国经历了从排斥竞争到参与竞争的历史性转变。时过境迁，随着经济的飞速发展，现在中国已经进入后工业化阶段。在很多行业里，过剩经济代替了短缺经济，过度竞争代替了适度竞争。现在，企业面临的主要问题已不再是竞争与否的问题了，而是如何开展理性竞争，避免一天到晚打价格战，今天你"惩罚"我，明天我"惩罚"你。

世界 500 强企业爱尔兰 CRH 公司的 CEO 阿尔伯特先生和我是好朋友。2015 年 5 月，阿尔伯特先生到访中国建材，我们就中国水泥行业面临的问题聊了很久。当时中国经济进入了新常态，经济增速下降，投资乏力，水泥等基础原材料行业首当其冲，整个行业面临产能严重过剩、市场需求不旺、经济下行压力加大的严峻形势。在这种情况下，部分企业带头打价格战，恶性竞争烽烟四起，行业竞合的"马奇诺防线"彻底崩溃了，水泥价格每吨下降了 50 元。后来我们知道，那一年全国水泥销量 25 年来首次下降，行业利润一下从之前的七八百亿元跌到了 200 亿元，很多企业出现了亏损。

记得当时阿尔伯特先生问我："宋先生，中国的水泥企业领导人都很年轻、很冲动吗？"我说不是的，中国水泥行业多年来一直是打价格战过来的，大家都想赚钱，都想放量抢占市场，面对过剩时很多企业往往比较浮躁，既缺乏信任，又缺乏定力，所以行业里乱仗不断。尤其是在市场下行的时候，就连一些大企业也出现了恐慌性的降价和抛售，从而导致恶性竞争不断，全行业苦不堪言。

阿尔伯特先生说，中国水泥产量过剩已经到了非常糟糕的地步，如果大家朝好的方向努力还有救，否则行业的形势就会不堪设想。要改变现状，只能靠自律与竞合。他还介绍了美国和印度企业的例子，2008 年金融危机爆发后，美国水泥需求量从 1.2 亿吨迅速下降到 5000 万吨，但是大企业的自律水平比较高，水泥价格相对稳定，保持在每吨 95 美元左右，美国水泥企业得以安然渡过难关。印度水泥行业的产能利用率只有 69%，但印度人在竞争中也抱着平和淡定的心态，所以水泥价格也能维持在每吨 100～140 美元，毛利润很高。

后来，《中国建材报》头版头条发表了这次对话实录，引发了水泥界的思考。

从竞争到竞合

市场竞争不应是零和博弈

市场竞合是西方市场经济的前沿理论，从竞争到竞合，是人类文明进化的产物，也是市场经济进步的结果。提到市场竞争，很多人想问题往往是直线型的，认为竞争遵循的就是你死我活的丛林法则。但事实上，市场竞争不是零和博弈。在市场中，竞争者不仅是竞争对手，更应是竞合伙伴，它们的共同利益应大过分歧。竞争，体现在技术创新、精细管理、环境保护、品牌塑造、社会责任等方面；合作，体现在产业政策的执行、市场健康的维护、管理技术的交流学习等方面。

改变竞争者的思维模式，从竞争到竞合，从红海到蓝海，再到"绿海"，做到适可而止、各适其位，是过剩行业必须完成的跨越。如果说市场竞争是对低效的校正，那么市场竞合就是对过度竞争的校正。中国古代军事家孙子讲："百战百胜，非善之善者也；不战而屈人之兵，善之善者也。"我们应从系统和全局的角度出发，把和谐包容的思想引入竞争中，把竞争目标从打败敌人变为和竞争对手一块好起来，齐心协力摆脱恶性竞争，实现共生共赢。

2009年6月，水泥行业在安徽芜湖举行了"海螺论坛"。在论坛上，参会者围绕水泥行业到底该怎么做进行了公开大讨论。水泥是重要的基础原材料，受益于经济建设迅猛发展，市场需求量从改革开放初期的不到1亿吨增加到20多亿吨。但与之形成鲜明对比的是，水泥价格长期低迷。过去，水泥价格是煤炭价格的3倍，而2009年的煤炭价格是水泥价格的3倍，水泥企业一直沿用的都是扩大规模、压低价格的竞争手段。

在那次论坛上，参会的企业负责人各抒己见。有人讲，水泥行业要想过上好日子，就得打恶仗，竞争就是你死我活，这就是市场竞争的本质。我很不认同这样的观点，我在会上主要发表了两个观点：第一，所有企业都应该维护整个行业的利益，行业好大家才能好，行业不好谁都好不了。我提出了"行业利益高于企业利益，企业利益孕育于行业利益之中"，指出覆巢无完卵，一个行业不应该打恶仗。第二，水泥行业一天到晚打恶仗，说明这个行业不成熟，这个行业的企业家也不成熟。

在那次论坛上，我第一次提出了"行业利益"的问题。为什么水泥行业过了那么多年的苦日子？从外部看，水泥行业对上下游产业链、原燃材料成本的反应不敏感，没能实现价值觉醒。这些年楼房价格节节攀升，但水泥基本没赚多少钱。究其根本，是水泥行业在供应商、用户等上下游产业面前没有博弈能力，导致利润被高度挤压。从内部看，水泥企业一直在走规模扩张、压价竞争的路线，动不动就打价格战，产品价格长期低迷。水泥企业之间的恶性低价竞争由来已久，我在北新建材工作时就有所耳闻。因此，尽管为国家经济建设做出了重要贡献，水泥企业却变成了一群"穷困的制造者"，这是很可悲的。这些问题被亮出来后，引起了大家的反思。我常想，我刚做水泥时确实不懂水泥，但无知者无畏，外行有时能跳出一些思维桎梏，看出"皇帝新衣"一类的问题，发现内行习以为常的错误，引入一些新的想法和做法，从而触发行业变革。

从"做工厂"到"做市场"

在传统的发展思路下，企业只要管好工厂、控制好成本、扩大销量、增加品种，就能盈利。但在过剩经济中，企业不能只埋头于在内部提高效率和压缩成本，还要把眼光转向市场，即企业要从"做工厂"转向"做市场"。

所谓"做市场"，一方面是指企业对市场要高度敏感，随时关注市场形势，分析其对自身的影响；另一方面，也是更重要的事，大企业要承担起市场整合的责任，通过整合来提高行业集中度，让过剩产能有序退出，同时推行市场竞合，遏制企业间的恶性竞争和盲目杀价。过去几年，基础原材料等过剩行业基本不挣钱，大多数企业都处于亏损状态，但水泥行业却赚了些钱。这是因为中国建材从"做市场"的角度出发，在水泥行业里进行了大规模的联合重组，有效遏制了恶性竞争，提升了市场议价能力和话语权。

提倡从"做工厂"到"做市场"，是中国建材在管理认识上的一次飞跃。我们认为，企业是一个大系统，企业的管理工作不应局限于企业内部，而要提升、拓展到影响企业效益的整个系统中。广义的企业管理＝外部市场管理＋内部运行管理，简单地说，就是外抓市场，内控成本。这些年来，中国建材按照这个思路，不断进行着探索和尝试。

在外抓市场方面，作为一家大企业，中国建材必须有所作为，把推动市场的健康发展作为企业管理的重要内容。因此，我在管理实践中，始终要求企业紧抓外部市场，开展核心利润区的建设，坚定不移地走市场竞合的道路，大力实施"价本利"的经营模式。这些做法既推动了行业价值体系的重构和产品价格的理性回归，也使企业取得了稳定的经济效益。在内控成本方面，中国建材从采购到生产、从费用支出到人员结构都进行了优化调整。比如，加大对现有企业存量优化改造的投入，重点优化关键生产环节的能源消耗；用有效运转率考核各生产线的运行情况；推行集中采购和对标优化；严控费用开支；精简机构，精简人员。

当很多人还在"做工厂"时，中国建材已经实现了"做市场""做系统"。从我们的实践经验来看，这是大企业的必由之路。只有这样，行业才能健康发展，企业才能稳定盈利。

竞合是一种境界，也是一种胸怀

竞合是一种境界，也是一种胸怀。对于实现市场竞合，我提出了以下"四化"。

- 发展理性化。比如水泥产能绝对过剩，已经没有理由再建新生产线。
- 竞争有序化。市场经济的缺陷之一是过剩经济，我们和西方成熟市场最大的区别是西方竞争有序而我们尚未实现。中国建材正在引导整个行业进行有序竞争。
- 产销平衡化。提高产能利用率，用错峰生产、以销定产、零库存等方式减少积压。
- 市场健康化。要发挥政府和协会的作用，反对不正当竞争和低价倾销，维护市场的健康与稳定。

这些年来，中国建材开展大规模联合重组，带头推行市场竞合"四化"工作，积极探索节能限产、错峰生产、立体竞合、精细竞合、资本融合等多种竞合模式，维护了行业的稳定健康发展。

中国建材是行业的友好者、整合者，但作为企业，对于行业里新建生产线、低价倾销等问题也是无能为力的。当市场形势良好时，大家会避免恶性竞争；当遇到市场下行时，有些企业就绷不住了，又选择压价跑量的老办法来争夺市场。即使是这样，大企业也要奔走呼号，这是对行业应有的责任。多年来，我甘愿做一只"啼血杜鹃"，在行业里苦口婆心、不厌其烦、不遗余力地倡导建立合作共赢的行业价值体系，给大家讲竞合、自律、蓝海战略、全局、共赢，讲行业利益高过企业利益、企业利益孕育于行业利益之中，呼吁早日摆脱打恶战的乱局。我认为，这是我对于行业的一份责任。令人感到欣慰的是，竞合理念已经逐步被行业所熟知和认同。

中国建材的竞合主张和做法就好像撑起了一把大伞，提高了整个行业的价值，伞下的其他企业也因此受益。有人说，宋总打了把伞，但伞下避雨的人可能比你们赚的钱还多。我说，这就是我们的情怀。不同主体的利益诉求是客观存在的，如果只看对立不看统一，认为竞争就是比勇斗狠、打打杀杀，那么结果只能是杀敌一千，自损八百，损人不利己。

改变竞争者的思维模式，从竞争到竞合，是过剩行业必须完成的跨越。过去，我们引入竞争释放了企业活力；现在，我们需要用竞合思想来实现企业之间、企业与客户之间的合作共赢，一起摆脱恶性竞争。

真正实现企业竞合并不容易，我在中国建材提出了"与自然和谐、与社会和谐、与竞争者和谐、与员工和谐"的"四个和谐"理念，其中大家最感兴趣的问题是：如何与竞争者实现和谐共生？

要做到这一点，先得转变观念。首先，不能把同行业的企业看成是纯粹的竞争者，而应该把它们看成利益相关者与合作者。其次，一家企业不能只是致力于打败竞争者，而应和竞争者合作，共同发展。任何成功的事业一定是双赢、多赢和共赢的结果。最后，有了观念，还要有行动。作为行业中的大企业，在执行国家产业政策、走减量化道路方面，要以身作则、坚定不移、不怕牺牲、不计得失，带动行业市场的健康发展。

中国建材的产业规模大，市场健康与否直接关系到自身利益。这些年来，中国建材之所以能够快速重组，主要是因为树立起了一面"合"字的大旗，吸引和影响了行业中越来越多的企业。无论是对水泥行业的整合，还是与行业内企业的互相学习和促进，中国建材都主张联合发展、以和为贵，并因此成了领袖企业，被称为行业里的"蔺相如"。

企业经营的三重境界：利己、互利、利他

中国建材大规模重组水泥企业始于 2006 年。在重组的过程中，我对行业里恶性竞争的红海景象感到很忧虑。2007 年，我有感而发，写了一篇短文《"和"与"合"》。"和"是人心底的理念，包括和谐的思想、和睦的环境、平和的心态；"合"是这种理念的外部效应，是合作共赢、利他主义的经营思路。"和"与"合"是相通的，没有"和"的理念与胸怀，就不可能有"合"的稳定与成功。

市场竞合归根结底体现的是一家企业的价值追求和思想境界，其核心就是树立与竞争者共生共赢的思想，树立行业大局观，弘扬利他主义精神。我认为，企业经营有三重境界：利己、互利、利他。企业的发展以盈利为前提，要求企业完全利他似乎不太容易。市场是大家共处的环境，它不属于哪一家企业，想要在这个统一的市场中共事，就要互利，在考虑自己的同时也要兼顾他人，尊重他人的核心利益，而不是单纯的利己，更不能损人利己。孔子说："己欲立而立人，己欲达而达人。"做企业也是一件达人达己的事情，常常利他才能利己。

中国迈入社会主义市场经济的时间还不长，市场文化还不尽成熟，诚信意识还没有完全建立起来，这是我们要努力补齐的短板。我曾询问新加坡的朋友："你们也根植于中华文化的土壤，你们的市场文化从何而来？"他们说："从儒家思想里来，比如遵从'君子爱财，取之有道'，一切合乎道义，从道义出发。"在西方，也有很多思想是支撑市场文化的。市场经济的发展建立在每一个个体自制自律、平等互爱和诚信的基础之上，要以正确的思想文化为指引。我们应逐渐培养坚持合理价格的定力，

把包容思想和竞合文化,以及"孔融让梨"的谦恭境界真正引入市场竞争之中。

盈利是所有企业共同的目标。"利"从何而来?说到底,要从一个健康有序、共生共赢的生态系统中获得。盈利应建立在互利双赢或互利共赢的基础上,也就是要达人达己。自己获利也要让别人获利,自己富裕也要让别人富裕,做企业要有这种境界和情怀。财富不是固有的,而是创造出来的增量,大家要在增量的基础上分享财富。从利己主义出发,必定会引发恶性竞争;从互利主义出发,就能实现良性竞争;从利他主义出发,则能让更多人通过企业的平台实现共富和小康,这将成为经济社会发展的巨大的内在动力,这也是我们的终极理想。

第 5 章
Chapter 5

合理定价

———

在过剩经济下,价格是影响企业利润的关键因素,企业在市场竞争中要掌握价格主动权,找到价格和销量之间的最佳平衡点。在物美价廉难两全的情境下,企业应该走优质优价路线,遵循"质量上上、价格中上"的八字原则和"技术要优,质量要优,服务要优,价格要优,利润要优"的五优原则。企业可针对行业的关键矛盾将盈利模式从量本利转向价本利,重构合理的行业价格体系,以持续盈利,实现健康运营和发展。

掌握定价权

经营者在价格上的两大认识误区

不少经营者、厂长和经理在价格上的一个认识误区是：把市场竞争理解为扩大市场份额，把牺牲市场份额当成奇耻大辱。他们常常为抢占市场份额而不惜大幅降价。但事实是，在丢市场份额保价格和保市场份额降价格这两种做法之间，保市场份额降价格，采取低价竞争的企业往往都倒闭了。原因很简单，降价竞争会遭到竞争者的反抗，并不能增加实质性的销量，徒然降低价格，企业也会因此亏损。

我经常跟大家讲不能为了销量牺牲价格，但只有我讲不行，有人质疑我讲得不对，违反了市场经济的基本原则。所以，我不得已搬出来一位老师，让他给大家讲，那就是《隐形冠军》的作者赫尔曼·西蒙。他曾给全世界1万家企业制定价格，并写过一本《定价制胜》。他认为，企业在价格上要有主动权，不能被动，如果失去了价格主动权，就变成了在汪洋大海里漂浮的一条船。企业创新是为了什么？答案是价格。企业要并购，做大规模，提高市场占有率，也是为了价格。我们不能离开价格讨论问题，价格是企业的生命线。一个产品如果减量20%，企业利润会下降15%，而如果降价5%，利润则下降60%。所以做企业不能简单地降价，不能打价格战，尽管打价格战恰恰是一些企业最擅长的做法。在金融危机中，西方大企业采取的应对措施通常都是缩量，比如航空公司会很理智地停掉一些航班，而不是杀价、送票。

关于可否用低价策略来赢得竞争，西蒙先生在书中列举了宜家家居和阿尔迪超市的例子，他认为除非拥有像宜家家居这样极特殊的产品特色或拥有像阿尔迪超市这样能取得供应商极低价格的经营方式才能取得低价优势，而现实中能做到低价格、高盈利的企业少之又少。合理、稳定的价格是绝大多数企业盈利的基础。企业的目的应该是持续地盈利，只有盈利的企业才能健康运营和发展。企业长期低价格和低利润不仅会严重影响投资人的信心和员工的情绪，也会影响企业的技术创新投入，影响产品质量和服务质量。现实中，低价恶性竞争给行业带来恶劣影响，甚至导致全行业垮掉，这样例子并不少见。

另一个常见的价格认识误区，就是经营者把定价完全放权给销售员。我以前在北新建材做了10年销售工作，对销售员十分了解。那时，管生产的一味追求超产，管销售的则要保证不能压库，当时销售员为提高业绩采用的办法是降价和赊销，而这两个办法恰恰是企业的死穴。价格越低，企业越没利润，一旦企业报表上没利润了，银行就不再给企业贷款，企业离倒闭就不远了。赊销会导致大量收入变成应收账款，时间一长，欠钱的人破产了，就变成了坏账，这是我们做企业绝对要注意的。所以，无论如何价格一定要稳住。现在不少水泥、商混企业仍把降价和赊销作为销售手段，有的企业甚至因欠款收不回而经营不下去，这是很失败的。行规和商业模式是可以改变的，经营者不能凡事都听销售员的，如果经营者自身没有定力，对市场和客户不了解，那最后一定是价格降得一塌糊涂、应收账款高企，最终把企业拖垮。因此，经营者应该特别关注价格和应收账款这两个指标，树立好行规，保护好价格，不随意赊销，否则经营就无从谈起。

企业应该掌握定价的主动权

企业靠什么盈利？怎样盈利？这是企业每天都要思考的问题。中国建材在长期实践中，积极应对市场环境的不确定性，不断学习实践，探索出了几种有效的盈利方式。

- 技术创新。制造高科技产品，靠产品、技术、服务的领先性来盈利。
- 竞争策略。综合运用成本领先、差异化、集中化等竞争策略，全面提升竞争力。
- 价格策略。把合理、稳定的价格作为盈利的前提。
- 商业模式。用不同于以往的方式，提高价值创造能力。

价格是一个敏感话题。我们做企业要关心什么？要关心价格。我们过去认为价格是由市场客观决定的，经营者对价格是无能为力的。我们只能做两件事：一是增加销量，提高市场占有率；二是降低成本，提高产品质量。这是传统经济模式下的基本盈利思路——根据量本利分析法，通过分析产品数量、生产成本、销售利润这三者之间的关系，研究出企业以最低的成本生产出最多的产品，从而获取最大利润的经营方案。简单地说，通过放量降低单位固定成本，从而取得效益，也就是我们常讲的薄利多销。

实际上，企业不是价格的被动适应者，企业应该掌握定价的主动权，否则只能靠天吃饭，像万顷波涛中的一叶小舟一样，无法左右自己的命运。合理、稳定的价格是绝大多数企业盈利的基础。做企业既要关注销量又要关注价格，两者有一定的矛盾，最理想的状态是量价平稳，做到价稳且份额不丢、量稳且价格不跌。当价格和销量不可兼得时，我们思考问题的出发点应是确保合理的利润，找到价格和销量之间的最佳平衡点，一味牺牲价格去增加销量是行不通的。

我到北新建材工作没多久，全国各地就开始兴建一些高档酒店，为新型建筑材料带来了第一波发展机遇。但因为是"新型"建筑材料，所以在最开始推向市场时，难度也是很大的。

北新建材推广的第一个产品是岩棉，最早叫矿棉，当时北新建材的老厂长王健行认为不能叫矿棉，否则就和当时矿棉厂的矿渣棉相混淆了。此外，当时的矿渣棉每吨只卖几百元，而我们的新产品岩棉每吨成本约 500 元，我们打算卖 2000 元一吨，即采取撇油定价策略。我们必须改名字的理由有两个：一是表明我们的产品和国内质量差的矿渣棉是有区别的；二是重新定价，表明我们的产品是进口装备生产的全新产品，价格也必须是全新价格。老厂长确实很有眼光，1985 年岩棉成了热门货，产品供不应求。当时，工厂的其他产品卖不出去，单靠岩棉就让全厂有吃有喝了，所以那时厂里有句口号叫"全厂保岩棉，岩棉为全厂"。

价格博弈

物美价廉难两全

我从来不认同物美价廉，因为质量是有成本的。大家到商店里想买件衬衫，通常不会和售货员说拿一件最便宜的，一般都是要找一件牌子还可以且做工也挺好的，这样的衬衫价格可能高一些，但穿了觉得心里舒服。但是有时我们的生产者却引导着消费者看谁家的产品最便宜，把整个消费理念给破坏了，这也是非常值得研究的。其实，所有的产品都一样，我们做企业不能一味地降价、拼价格，被价格战这种错误的思维方式所禁锢。要转变为定价制胜的思维方式。

从管理学的角度来看，早年的工业化时代是供不应求的时代，企业推行泰勒式的科学管理，着眼点是提高效率、多生产产品。随着社会经济的发展，在充分竞争时代，企业又提出凭借"质量、服务、价格"三要素进行竞争，希望能够做到物美价廉。这种靠简单地扩大规模来提高效益的思路，成为传统制造业企业的管理思路和管理文化。现在，许多行业产能严重过剩，企业不能再单纯地依靠扩大规模来降低成本和提升企业价值。在这种情况下，我们应该用迈克尔·波特的价值链理论，来研究如何提升行业和企业的价值。

日本企业喜欢拼价格，以捍卫市场占有率。在世界500强企业的名单里，日本企业的利润率普遍较低，这与日本是个岛国有关，日本的国土面积和市场规模都较小，所以日本的企业丢掉任何一寸"土地"都觉得无法接受，它们围绕着市场占有率，你争我夺，导致产品价格偏低。

虽然中国市场体量很大，但企业的数量很多，竞争也十分激烈。在这种情况下，中国的企业应该理性对待价格。盲目降价、恶性竞争会导致质量低下，出现假冒伪劣等问题。

企业要走优质优价路线，而不是低质低价路线

企业一定要研究价格，价格从来不客观，在买卖双方市场中，企业作为卖方，对价格也要进行博弈。任何行业都应该有稳定的价格，赚取合理的利润，从而持续盈利。成本是刚性的，而且是边际递减的，企业不可能永远降低成本，降到一定程度，再降低成本一定是以牺牲质量为代价的。我们应该走优质优价的路线，而不是走低质低价的路线。好的价格和利润从哪里来呢？我主张"质量上上、价格中上"的八字原则和"技术要优，质量要优，服务要优，价格要优，利润要优"的五优原则。

"质量上上"，就是我们的产品要比一般产品有更过硬的质量，把产品做得更好些，虽然这样做会多承担一些成本，却能因此逐渐铸就品牌，赢得长远利益。质量和信誉应是企业永恒的追求。

"价格中上"就是在确保产品质量的前提下，保持产品价格的长期稳定，既不搞价格战，又要给客户适当的实惠，维护客户的利益。如何做到"价格中上"呢？我们靠的是千方百计地进行技术创新，增加产品品种，用新增的效益来平衡质量成本。

北新建材的龙牌石膏板一直贯彻我提出的"质量上上、价格中上"的八字原则，它的价格是比较高的，比普通品牌的石膏板价格高出20%，

但中国所有的大型项目，诸如奥运场馆、世博会场馆、北京世贸、上海金融中心等都采用了龙牌石膏板。为什么？因为产品质量足够好，产品性能指标均超过了外资品牌产品，是我国少有的价格高过外资品牌，却卖得非常好的产品。

到中国建材后，我又提出了五优原则：

- 技术要优。
- 质量要优。
- 服务要优。
- 价格要优，是指要优质优价，而不是要便宜。
- 利润要优。

这样，企业才能存活发展下去。我在企业的40多年中，没有做过一家亏损的企业，任何时候都能盈利。企业要用好的技术、质量和服务赢得好的价格和利润。反之亦然，只有好的价格和好的利润才能支撑好的技术、好的质量和好的服务。

从量本利到价本利

过剩经济下，量本利失效

前面讲到了量本利，核心就是我们常说的薄利多销。自工业革命以来，一直是经济增长的时代，尤其是改革开放40多年来，我国经济实现了快速增长，但很多行业随后也出现了产能过剩的问题，而且这个问题始终没有得到很好的解决。在过剩经济下，产品供过于求，市场从受供给制约转为受需求制约。这时再增加产量，不仅不能降低固定成本，反而增加了变动成本，致使流动资金紧张。更为严重的是，产能过剩引发了企业之间愈演愈烈的低价倾销和恶性竞争，每家企业都想提高市场占有率，就只能实施红海战略，这极大地压缩了企业的利润空间，甚至导致亏损。在这种情况下，问题的关键不再是量，因为量没有了弹性的作用，量本利失效了，价格成为对利润影响最大的因素。例如，企业生产并售卖10万辆汽车会盈利，但生产20万辆汽车就会有10万辆积压在仓库里，这不仅没有降低单位固定成本，反而占用了流动资金。这种情况持续下去的话，企业就可能经营不下去了。

在经济危机和过剩时期，不少企业采取了降价放量的竞争策略。这样的策略往往使企业雪上加霜，因为这个时候市场本来就在萎缩，企业放量销售是完全逆市场操作的。理智的做法是竞争各方尽量合理地减产，在降价上则要慎之又慎，用减产保价的方式渡过难关。

2011年下半年，由于电力供应紧张，再加上节能环保的需要，浙江、江苏等地方政府对工业企业采取了分期分批控制用电的措施，其中也包括水泥企业。一开始，不少水泥企业跑到电力局求情，说千万别拉我们的闸，后来大家发现拉闸限电后，水泥价格竟"因祸得福"，一吨涨了100多元。虽然水泥生产量少了一些，但是利润提高了许多。2011年，整个水泥行业的利润竟破天荒地超过了1000亿元，这种增长确实受益于限电。

这件事提醒我们：过去把竞争焦点放在量上，价格不停地往下降，企业赚不到钱；现在减量了，企业反倒赚了很多钱。可见，行业的主要矛盾是价格，不是量，而且在过剩的情况下，想放量也放不了。通过这一年，大家认识到，影响企业效益的是价格，影响价格的是供需关系，这就把逻辑讲通了。量多不赚钱，量少才赚钱，要想取得好的利润，就不能盲目地靠放量降价，而是要进行产销平衡，以销定产，稳产保价。可以说，限电事件对水泥行业来说既是一场市场教育，也是一场价格教育。

中国水泥价格在20年前就是每吨300多元，现在还是。全世界水泥的平均价格为每吨100美元，而中国是每吨50美元左右，并不高。全世界的钢铁与水泥的比价是3∶1，如果钢铁是每吨3000元，那么水泥就是每吨1000元。在中国，二者的比价则是10∶1，中国钢铁每吨3000元，水泥每吨只要300元。大量廉价的水泥支持了中国建设。新建楼房里每平方米水泥的成本是60元，而房地产商手中一平方米的房子要卖几千甚至上万元，水泥的成本在里面几乎可以忽略不计。万达董事长王健林跟我说："宋总，我做了20年房地产，这么多年来水泥的价格一直很稳定，基本就没变动过。"我说："是的，房地产价格都涨了很多倍，水泥的价格还是那么稳定，房地产行业用了大量的低价水泥，最终赚到了钱，其实，我们做水泥的企业心里在流泪。"因为水泥需求是刚性的，缺乏价格弹性，产量一旦过剩就容易打价格战，导致市场价格降低，进而导致企业亏损，所以，在环保指标下限产反而是水泥企业良性发展的动力。我们讨论和研究的过剩问题是非正常经营的问题，传统理论没有彻底地解决过剩，今天仍然解决不了，这是市场经济的两难问题。但是一家企业必须学会在过剩中生存,要生存下去、活得舒服才行。

价本利并不是对量本利的否定

　　化解产能过剩矛盾需要有大思路、大智慧、大气魄。中国建材创造性地提出了一种全新的盈利模式——价本利,即在产能过剩的大背景下,重构合理的价格体系,不是围绕"增量"压价销售,而是围绕"稳价"以销定产、降本增效,维护区域市场供需平衡。价本利提升了企业的管理思想水平,过去管理企业讲求"眼睛向内看",往往不考虑市场的整体需求,过分主张通过放量降低成本,而现在既要管工厂又要管市场。价本利追求的是稳定价格,不滥用市场支配地位,让市场有序化,不漫天要价也不恶意杀价,在市场、客户、竞争者都能接受的情况下追求价格理性化。

　　价本利并不是对量本利的否定,而是针对行业关键矛盾的转化提出的新模式。当然,在过剩时期,解决问题的根本办法是去产能,也就是我们常讲的供给侧结构性改革。越南、埃及等国家出现水泥产能过剩后,水泥企业大打价格战,每吨水泥的价格从前几年100多美元的高价位,跌到目前只有30美元的低价位,整个行业出现了大规模的亏损。这样的教训,值得我们认真反思。

　　现在,中国水泥行业每年约有35亿吨产能,只能卖出23亿吨,还有12亿吨的过剩产能,产能过剩已是不争的事实。对于去产能的号召,我们终于找到了一个好办法,就是错峰生产。过去水泥企业在冬季停产,但市场仍供过于求,所以现在每年有3～5个月的统一关停期,关停以后保留一定的产量，来稳定价格。我们总讲以销定产，销多少产多少是最合理的，但其实做不到。目前，中国建材实行自律减产，严格执行国家的错峰生产政策。

在这一点上，我理解了欧洲人为什么实行每周 5 天、每天 6 小时的工作制，为什么他们的商店上午 10 点钟开门，下午 5 点钟关门，周末不开门。因为过剩经济下，企业不需要那么多劳动力的工作时间，商店不增加销售时间也不会影响销售。在短缺经济下，工人们春节期间还得生产，工厂领导在除夕会跟工人们一块儿吃饺子过年。现在，煤矿工人春节都放假了，没有必要还像过去那样做。我们要改变，要让车间工人像大学教授一样快乐地生产，一年中寒假放一个月，暑假放一个月。过去，形成了不少短缺经济文化；现在，我们在过剩经济下也得建立新文化。我们的思想必须转变，过去那么多年开工厂是发展生产力，现在关工厂也是发展生产力；开工厂是为了多赚钱，关工厂也是为了多赚钱。

价格是龙头，成本是基础，利润是目标

我曾到中国建材所属单位祁连山水泥集团股份有限公司调研。这家企业在 1996 年进行了改制，我在调研过程中印象最深的是它 20 多年来一直都在盈利。市场环境千变万化，每年都能做到盈利很不容易，说明这家企业拥有盈利文化。相反，有些国企的企业文化是亏损文化、低价文化、赊账文化。产品在销售上打价格战，赊账售出，导致应收账款一大堆，最后企业亏损，亏损了还觉得不在乎，这种情况一定要改正。尤其在经济下行时，企业本能地就要降价，但是经济下行意味着用量少了，降价也没用，只能自律少生产，这种情况下的价格策略应该是减产保价。

在价本利盈利模式中，价格是龙头，成本是基础，利润是目标。推行价本利盈利模式，应从以下四个方面着手。

- 坚持错峰生产，还应在行业内倡导以销定产，因为在过剩环境下，再增加产能已毫无意义。
- 降本增效，控制一切可控成本。
- 抓好营销，稳住价格。按照价格曲线图，认真研判产品价格的上限、下限，以及与之相匹配的制造成本、单位销售费用、单位管理费用等指标，使之成为指导市场营销、贯彻价本利理念的数字化基础。
- 发扬"三不""四千"精神，即"不辞辛苦、不怕委屈、不畏挫折"和"千方百计、千言万语、千山万水、千辛万苦"。一把手要深入市场一线，主动与其他企业协调，维护区域的供销平衡。

中国建材的价本利模式，实行"稳价、保量、降本"的六字方针。其实，就是要维持价格，降低成本，获得利润。如果所有经营者的想法都一样，都要放量，那价格就会不受控制地降低，进而出现价格失衡，导致企业难以生存。正所谓覆巢无完卵，行业就是一个"大鸟窝"，一旦被捅下来，行业里的企业也就活不了了。在中国建材重组水泥行业之前，2005年水泥行业一共有80亿元的利润，重组之后2018年有1600亿元的利润，2019年有1900亿元的利润，这就是整合后稳定价格的好处。要增加行业和企业的整体效益，企业有了效益才能进行环保建设、加大技术创新投入、留住人才，进而提高环保治理效果和产品质量。

第 6 章
Chapter 6

有效创新

———

　　创新是企业经营发展和转型升级的原动力,创新并不神秘,它有规律可循,有方法可依,但也存在一定的不确定性和风险。企业应当重视创新的有效性,进行有目的的、有基础的、熟悉领域的、有组织的创新。企业要善于把握创新机遇,依据企业自身的基础、想法和发展阶段活学活用创新方法。从模仿式创新过渡到集成创新、自主创新,在实践中平衡好持续性创新和颠覆性创新,将技术创新和商业模式创新结合,建立起一套最能实现价值创造和价值增值的创新体系。

有效的创新才是好创新

企业应当重视创新的有效性

企业是创新型经济和创新型社会发展的原动力,怎样提高创新的成功概率?如何开展创新活动?我主张,企业要进行有效的创新。创新活动会带来创造性的破坏,具有很强的不确定性、高投入、高风险、高收益、高外部性的特点常常使创新者陷入窘境。而企业是一个营利组织,受到严格的商业约束,所以应特别重视创新的有效性。简言之,有效创新就是提高创新效率,节约创新成本,降低不必要的风险。

现在,不少创新是盲目的、无效的,还有各种各样的只有噱头的奇怪创新。比如,很多地方都有会做石墨烯的企业,都有制造动力电池的企业,都有研发新能源汽车的企业。这些企业都去申请银行贷款和国家补贴来建设,政府拨给土地修建厂房,但最后不少企业却因为创新难出效益而破产,只留下一堆破铜烂铁,造成了大量的资源浪费。

同样是创新,我们要研究哪一种创新更有效益,因为企业没有效益就会倒闭。我们在研究创新时不是所有的创新都要拿来用,而是要思考创新的效益怎么样,能否赚到钱。对企业而言,赚了钱的创新才是好创新。

摩托罗拉曾是一流的通信设备企业,管理得也非常好,发明了六西格玛管理方式,改善了企业质量流程管理,但它做了一个错误的选择,它研发出了一个创新成果——铱星电话。由66颗环绕地球的低轨卫星网组成的全球卫星移动通信系统，使铱星电话在全世界都能接收到信号。但这是一个过于超前的创新。铱星电话和现在用的手机相比很笨重，无法解决信号屏蔽的问题，在室内使用受限，一定要去室外才行，在山顶、草原上都能打电话，唯独在屋子里不能打。

记得我在 20 世纪 80 年代去印度尼西亚时，当地的有钱人都喜欢穿花衬衫、开奔驰，很多保镖前呼后拥，而且奔驰车上有根很高的天线，那就是铱星电话。后来铱星电话由于创新过于超前，且自身存在穿透力太差的问题，没能竞争过现在的蜂窝电话系统，由此退出了舞台。摩托罗拉因此亏损严重，最终被巨大的创新投入拖垮了。

有效创新一定要有目的

创新是有风险的，德鲁克认为，有目的的创新甚至能降低 90% 的风险。我觉得具体能降低多少风险是难以算出来的，但是我认同他不要漫无目的地创新的逻辑。创新活动开始之前，应明确要解决什么问题，提前分析创新的机遇、目标和路径，细致地谋划组织，这是创新的基本逻辑。但是在企业里，偏离主业或偏离解决问题的正确方法，听了一耳朵，立马就干起来，这种盲目创新的例子也有不少，造成的损失非常大。

做企业需要漫长的过程，急不得，也冲动不得。有时，你会看到一些新事物在发展，该进入时就要进入，不要错失良机，但也不能在条件不成熟时盲目进入或在成功遥遥无期时过早进入，浪费大量的财力和人力，这是创新的经营之道。

中国建材这些年做了很多创新，其中，碳纤维就是一项目的性特别强的创新。碳纤维是高档复合材料的重要原料，因为它在国防工业中的用途，所以一直是美国和日本严加封锁的技术，中国建材一直想攻克它。

碳纤维是很有意思的一种东西，它将丙烯腈拉成化纤，让化纤在碳化炉里碳化，把有机成分都烧掉，经氧化碳化而成。碳原子一个个环构建在一起，居然有很大的强度，且耐高温。这种绝佳的新材料用在哪儿呢？用在火箭和飞机上。以碳纤维 T800 为例，飞机制造会使用大量的复合材料，像美国波音 787、欧洲空客 A380，70% 的结构和部件要用到碳纤维 T800。导弹也要用到碳纤维，因为碳纤维很轻，耐高温，又很结实，而且它的强度还在逐步提高。

因为技术封锁，之前，碳纤维 T800 级别以上在国内做不了，我们只能做 T300、T400，用于制造钓鱼竿等生活用品。通过近 10 年的努力，我们现在可以批量生产碳纤维 T700、T800、T1000。目前，美国人做到 T1000，日本人又弄出来 T1100，中国建材也在尝试做 T1100。

过去，这个东西我们做不了，但是又必须攻克这个技术难题，那是怎么做的呢？2007 年，我到连云港出差，当地政府工作人员跟我说他们市有一个做碳纤维的企业家，我便马上托人约他见个面。第二天早上，我去他的工厂参观，碰巧的是，他正在门口放鞭炮庆祝第一根碳纤维下线。我进去看了，和他交流了很久。这位企业家叫张国良，说起来也是我读 MBA 的学校——武汉理工大学的校友，他是学机械的，曾在连云港化纤机械局任局长，他是从做化纤机械的角度去做碳纤维的。我一听这个逻辑是对的，因为我是学有机化学的，一般学工艺的人怎么做呢？我们先在实验室小试做一点点，但是不会用大型装备做，也就是中试和大生产线上不会做，这是我们很大的坎儿。而张国良是从机械这块去突破的，我觉得有道理，而且他能在车间里连续工作48个小时，有了这种精神什么都能做成。我就问他这个碳纤维在全世界的生产情况，他说日本做到10 000吨，美国做到10 000吨，我国台湾做到3000吨。我跟他说，我来支持你做，因为这是件"烧钱"的事，我们合作也能做到10 000吨。10 000吨的目标把他吓了一跳，他原来的想法是只做几百吨。

12年后，我们真的就做到了10 000吨。前10年都没赚钱，后两年才开始有利润，所以这是很不容易的。现在，中国建材的碳纤维T800和T1000已经实现了量产且运行平稳，产品性能指标达到甚至超过了国外同类产品的水平，填补了我国碳纤维高端技术的空白。这些产品被广泛应用于航空航天、能源装备、交通运输等领域，高性能碳纤维产业化技术还荣获了国家科技进步一等奖。我国不少重大项目都采用了碳纤维产品，中国建材已经成为我国碳纤维市场的领导者。

中国建材在碳纤维领域的创新是在认真分析产业形势、锁定目标、看准市场、发挥自身优势的基础上进行长期技术攻关的结果，是有目的的创新。

创新并非总是从零开始的

在创新领域里，我们应该更多地反思当前已有创新的一些基本情况，有哪些经验是可以学习的。其实，爱迪生发明灯泡之前，前人已针对灯泡做了90%的研究工作，他在此基础上又进行了6000次实验，才把灯泡做出来。也就是说，如果没有别人在前面进行的90%的研究工作，爱迪生也很难把灯泡做出来。所以，企业在创新时要总结前人所做的基础工作，不要去做过多的重复工作。

中国建材的铜铟镓硒，是在收购与整合别人研发了好几十年的技术后做成的。德国研发铜铟镓硒的 AVANCIS 公司曾依次被转让给三家世界 500 强企业——西门子、壳牌石油、圣戈班，最后由同是世界 500 强的中国建材收入囊中。我当时就想中国建材接力的第四棒应是最后一棒，接过来就跑到终点了。果然，中国建材把铜铟镓硒做好了，而且赚钱了。作为企业家并不希望自己的企业先牺牲，理想的情况是前面的人烧 99 度，最后由自己再烧 1 度就开锅了。如果前面的人已经烧开锅了，就没什么机会了，因此把握创新的进入时机也很重要。

企业要在熟悉的领域创新

在创新的过程中，如果我们放着熟悉的业务不做，反而进入一个完全陌生的领域，一切从零开始，那就可能会犯下颠覆性的错误，因此不要盲目去跨界。相对而言，企业在熟悉的领域创新更容易成功。做企业，业务选择很重要，但选对了业务只是一个开头。业务选好后可能需要一二十年或二三十年甚至更长的时间，企业才能做到一流。

中国建材是全球最大的建材制造商，也是全球最大的水泥制造商。有些人可能认为水泥只是普通产品，但大家想一下如果没有水泥，我们的城市和生活会是什么样子。水泥虽然已有 180 年的历史，但其实在这么多年的发展中一直在进行创新。过去，小立窑生产水泥，每条生产线日产规模约几百吨。之后是湿法水泥，每条生产线日产规模约 1000 吨。现在是新型干法水泥，每条生产线日产规模可达万吨。水泥厂也通过大量创新，成为智能化、洁净化的新型工厂。中国建材在蒙古国投资建设的水泥厂就是草原上的工厂，体现了现代工业和自然环境的完美融合。

我同时担任中国建材和国药集团董事长的 5 年间，思考问题经常要在两个不同行业间转换，很多人好奇我在建材和药材两个跨度很大的行业间是如何得心应手地处理问题的。我大学的专业是有机化学，对制药的知识并不生疏，医药理论也容易理解。但即使是这样，2009 年刚到国药集团做董事长时，我还是利用国庆 7 天假期静心读了 8 本厚厚的医药行业书籍，之后一直坚持学习医药行业相关的知识。这些在我进行董事会决策、战略制定和企业创新方面起到了重要作用。

企业要开展有组织的创新

创新不能靠单打独斗，任何创新都要在一个系统中进行，形成功能互补、良性互动、开放共享的创新格局。例如，现阶段不少人热衷于动力电池，跃跃欲试都想投资，其实，这样的做法并不合理，企业之间应该合作，进行联合创新。过去，我国三大电信运营商各有铁塔，现在新组建的铁塔公司把 3 家的铁塔统一起来集中运行，不但节省了巨额投资，还聚集了很多资源。

企业间有组织的创新有以下 3 种方式。

一是大企业创新可以外包给中小企业。大企业和中小企业可以在创新上进行协同，大企业创新不需要所有工作都自己做，可以技术外包给中小企业。作为全球最大的制药企业，美国辉瑞公司的大部分创新都外包给了中小企业，动员更多的人参与大企业的创新平台，它们之中有的是夫妻店，有的是网店。

2020年7月底，我去北汽集团调研了北汽新能源汽车的经营和创新情况。北汽新能源成立于2009年，是我国首家独立运营、首个拥有新能源汽车生产资质、首个登陆A股市场的新能源汽车企业。2018年，北汽新能源为了打造新能源技术创新高地，牵头建设了国家新能源汽车技术创新中心，这里聚集了全球的优质资源。在新能源汽车的核心技术动力电池上，北汽新能源通过与戴姆勒、宁德时代等国内外多家企业建设联合实验室开展协同创新。此外，北汽新能源还与华为、滴滴、百度等企业在大数据应用、智能驾驶以及出行业务产业链上进行深度合作。

二是大企业要搭建技术开放型平台。比如，中国建材有13 000名科研设计人员，虽然做了大量的科研创新工作，但还不够，需要开放建设更大的网络平台，让更多成员加入。有关建材行业的问题都可以在网络平台上发布，让大家共同研发。

再如，药明康德集众智、聚合力，实现了开放性创新。它的创始人李革曾在美国创立普林斯顿组合化学公司并成功上市，2000年，李革放弃在美国的成就，回国成立了药明康德。药明康德于2007年8月在美国纽约证券交易所上市，2015年在纽约证券交易所退市。2018年5月，药明康德在上海证券交易所挂牌上市，同年也在香港联合交易所挂牌上市。目前，该公司市值超过2500亿元。药明康德的创新能力很强，采用的是医药研发外包模式，在全世界有不少的合作点和研发中心，有数以万计的科学家在它的平台上。它为辉瑞公司等全世界大药厂提供医药创新服务，接受新药研发中某一环节或某一周期的外包，在高起点上接触到大药厂的一些医药创新。

过去40多年，我国的廉价劳动力和低成本产品在世界经济舞台上具有一定的竞争力，但今后30年我们靠什么竞争呢？我们不能再简单地依靠廉价劳动力，因为我国劳动力成本现在并不低，低端劳动力成本甚至比美国还要高。我国有14亿人口，其中1.1亿人接受了大学以上的教育。我国拥有强大的研发智力资源，关键是要把各种要素组织起来，这是我国在科技创新领域实现"弯道超车"的捷径。下一轮的竞争，企业要靠团队的智慧、创新能力及搭建的开放型创新平台取胜。

三是科技企业要和大企业联合起来创新。不同规模的企业通过什么方式合作值得探究。中关村的科技企业都想上市，但企业上市后有大量工作要做，需要把技术转变成产品，生产出产品后又想扩大规模，最后变成了一家工业企业。其实，中国的工业企业并不少，也不缺少工业企业，缺的是技术型企业、创新型企业。科技企业应该定位为创新型企业，为大企业提供技术，把生产产品的工作交给擅长的企业去做。2015年，我在拜访英国曼彻斯特大学时，接触了石墨烯研究中心下面刚刚上市的公司，该公司市值并不高，只做技术外包，它希望和中国建材合作，为我们提供印刷铜铟镓硒的技术。

创新不是一个人、一家企业的事，而是一个系统的事。在创新方面，企业应该有效分工，在创新中扮演各自适合的角色。企业家应多思考企业创新的目的是什么，在创新中的上下游是谁，是否熟悉这些领域，能否得到有力支持，从这些角度认真思考，就能在创新过程中降低风险。

企业要善于把握创新机遇

当前，我国正处在转变发展方式、优化经济结构、转换增长动力的攻关期，其中，既有严峻挑战，也蕴藏着大量的创新机遇。结构调整带来的创新机遇，包括供给侧结构性改革、联合重组、技术创新、节能减排、"一带一路"倡议、"走出去"等。中国建材旗下的中国巨石是一家在上海证券交易所上市的优秀企业，主营产品是玻纤及其制品。现在，玻纤产品每吨售价约为5000元，中国巨石通过技术创新研制了E6新配方，新产品使用E6配方每吨可节约成本500元。中国巨石因此在激烈的市场竞争中取胜，成为全球销售第一的玻纤企业，取得了良好的经济效益。

新知识、新技术为创新带来了一些机遇。中国建材成功开发的加能源5.0新型房屋就是一个典型案例。过去房屋是耗费能源的，北方地区的很多农民冬天为节省开支不愿意取暖，殊不知人长期生活在14度以下温度的环境中，身体容易发生器质性病变，以前北方地区农民的很多疾病都和室内温度过低有关。加能源5.0新型房屋是具备地热、光热、光电、家庭风电、沼气等功能的新型房屋，原来一个家庭是一个耗能单位，现在成了生产能量的工厂。目前，新型房屋已在国内大规模推广，全部由工厂智能化完成，消费者可以通过电脑挑选设计，也可以加入自己的创意，只需要输入相应的信息并点击确认下单，工厂就能生产出来。中国建材不仅在国内生产新型房屋，建设绿色小镇，还在英国、西班牙、智利、巴西等地大规模推广，当地人称之为智慧房屋。

市场需求为创新提供了一些机遇。中国建材所属企业生产出了一款新型折叠电动自行车，重量为6千克，工厂还可根据个性化需求适当减轻重量。现在，我国很多城市都有地铁，但有的乘客从出发地到地铁口、从地铁口再到目的地往往还有一段距离，使用这种折叠电动自行车可以解决上述出行遇到的问题，非常便捷。这种折叠电动自行车的一块电池可供体重90千克的人行驶30公里，每公里约花费电费2分钱。

未来能源结构调整为创新带来了很多机遇。2018年10月，全球气候大会在巴黎召开，我作为代表在会上做了三场演讲，谈了中国企业应对气候变化的看法。科学家预测，为了人类的生存，从第一次工业革命到2100年，地球升温不能超过2℃，目前地球升温已超过1℃。各国在巴黎全球气候大会上签署了相关协议，提出未来不能使地球升温再超过1℃，这意味着到2050年人类要取缔50%～70%的化石能源，到2100年要取缔所有的化石能源。这是人类发展史上的重大事件，未来能源结构调整也会产生很多创新机会。现在，人类使用的能源主要是煤炭，之后逐渐会过渡到天然气，再之后会靠核电，最后以太阳能、水能、风能等替代核电，这是未来能源使用的路线图。据此，中国建材的产业发展路径和创新方向就很清晰了，大力发展薄膜太阳能电池产业就是因为认识到了未来太阳能的大量需求。

时尚化也给创新带来了一些机遇。苹果手机很受消费者的青睐，它的创新秘诀究竟是什么？其中，很重要的因素是把时尚概念引入手机，迎合市场的流行趋势和年轻人的喜好。特斯拉的CEO马斯克设计的电动汽车广受欢迎，他公布的旨在向全世界提供电力的"特斯拉能源"计划也备受关注。马斯克改变了人们过去对蓄电池的认识，把蓄电池做成了流线型，外观美观时尚，可以像幅画一样挂在屋内，被称为能量墙家用电池。这确实引发了我们的思考，企业管理者不能简单地把产品当成一般产品，应为产品融入更多时尚元素，以吸引广大消费者的关注。

强化集成创新

从模仿创新到集成创新、自主创新

中国是发展中国家，长期以来采取的是追赶型经济发展模式。改革开放后，我们的创新大部分是模仿创新，模仿了 40 多年，现在想再模仿就比较难了。第一，我们的技术水平提高了，还能模仿的东西不是太多了。第二，和早期工业化阶段不一样，现在知识产权法律法规越来越严格，再模仿很容易"踩雷"。比如美国 301 条款等，触碰了就会惹麻烦。这就鼓励企业用自主创新去创造更多的财富，而不能简单地通过模仿获得这些技术。第三，随着我国经济的发展，企业有了一定的创新能力和资金实力，在许多领域从跟跑者到并跑者，逐渐成了领跑者。我们现在要转变创新方式，应该从模仿创新向集成创新、自主创新发展，不能只是简单地模仿，模仿永远做不出最好的东西，模仿创新的企业永远是二流企业。

自主创新比较难。在医药行业里，一种新药的研发大概需要 10 年的时间、10 亿美元的投入。国外的大型制药企业往往没有琳琅满目的药品，而是只有几种好药，每种药一年都有上百亿美元的收入，当然一旦专利到期，技术解禁后收入就会下降 80%。国内的自制药品大都是专利解禁后的仿制药，这也是国外制药企业保护专利的原因所在，专利是它们的命根子。自主创新不容易，例如，华为现在也在加大投入，加快自主创新的步伐，以防欧美国家的技术封锁。

近年来，我们在自主创新方面发展得很快，在不少领域里培育出了一大批国际一流的有自主知识产权的技术。中国建材在玻璃领域就有过多次自主创新。过去的玻璃都是拉伸出来的，表面不平。20 世纪 50 年代末，英国皮尔金顿玻璃公司研制成功了一种玻璃浮法成型工艺，当时很多国家争相抢购专利，但唯独中国被严防死守，不能购买。这让当时的中国玻璃行业意识到，必须走一条自主创新的道路。于是，我们自主研发出了"洛阳浮法"技术，把锡熔化了以后在锡槽上拉伸玻璃，这样玻璃就会很平。后来，"洛阳浮法"被称为与英国"皮尔金顿浮法"和美国"匹兹堡浮法"并驾齐驱的世界三大浮法工艺之一。1981 年 10 月，"洛阳浮法"玻璃工艺获国家发明二等奖。

在玻璃领域，中国建材自主创新的产品还有超薄玻璃，也叫超薄电子触控玻璃，是电子信息显示产业的核心材料，是用来做手机、电脑、电视显示屏的基础材料。过去，这种玻璃被美国康宁和日本旭硝子垄断，我们起步比较晚，也没有经验可以借鉴，并且连材料都要受制于人。在这种情况下，中国建材所属蚌埠院开始了长达 30 多年的探索，最终凭借完全自主知识产权的成套先进技术及装备，相继拉引出 0.15 毫米、0.12 毫米的超薄玻璃，打破了国外对电子信息显示产业上游关键原材料的长期垄断，也使得超薄玻璃的国际市场价格降低了 2/3。我国台湾地区一家电视台曾播出过关于中国建材电子超薄玻璃的节目，讲到中国建材电子超薄玻璃在全球领先，打破了国内没有超薄玻璃，液晶显示器都得靠从美国进口的困境。

随着5G、互联网+、AI等信息技术的快速发展，人机交互的需求会更多，柔性显示成为引领显示产业新一轮变革的动力引擎。2019年以来，很多终端厂商都在折叠领域加大投资开发新产品。作为可折叠显示器件的核心材料，柔性玻璃研发生产难度极大，成为全球显示产业科技竞争和未来发展的制高点。中国建材旗下的凯盛科技利用自身在柔性触控玻璃领域的科研攻关和产业化能力，充分发挥优势，自主研发出了高强度柔性玻璃配方，以及减薄、强化、切割及成型加工的新技术，能够生产出30～70微米厚度的主流规格的超薄柔性玻璃，而且能够实现玻璃连续20万次弯折不破损，弯折半径小于1.5毫米，这都是行业领先水平，并且形成了国内唯一的、覆盖"高强玻璃—极薄薄化—高精度后加工"的全国产化超薄柔性玻璃产业链，打破了国外垄断，从源头上保障了中国电子信息显示产业链的安全。这种玻璃的研发成功，是中国建材取得的又一项重大创新成就。

此外，中国建材还有一个自主创新的"黑科技"——图像光导识别芯片，可用于手机上的指纹识别。今后，5G手机的照相和指纹识别功能都会在手机的正面。手机屏幕下面只有四片玻璃，其中可以放上中国建材的图像光导识别芯片。它的原理是把上亿根光纤压缩在一起，压成光纤棒，再切成薄片。利用光纤的传导原理，信号可以精准传输而不失真，而且它对光线特别敏感，手指一按，透过液晶屏幕和四片玻璃，就能在手机全屏范围内识别出指纹，简直奇妙极了。

1964年，我们就开始研究这种技术。后来，我们发现这个东西可以用在手机上，今后还可以在 DNA 测序等安全领域推广。图像光导识别芯片确实是中国建材的一个原创产品，现在很多手机的 OLED 屏都要用到。

集成创新就像把做面包的技术用在蒸馒头上

目前，中国建材这样的自主创新还相对较少，绝大多数都是集成创新。20 世纪 70 年代西方人提出了集成创新的概念，就是把各种创新要素结合起来，既有借鉴的又有企业自己的，或者把其他行业的一些创新要素放在本行业里集成起来，就如同"把做面包的技术用在蒸馒头上"，是介于自主创新和模仿创新之间的一种创新模式，是一个知识重组、技术重组、要素重组的创新过程。

过去，我们创新的方式是引进、消化、吸收，再创新。现在，全世界几乎没有什么技术是由某个企业单独开发的，各企业在创新过程中互相借鉴、互相学习，寻找资源配置的最佳方式，来开发新技术，实现各种要素的有效集成和优化组合，这就要运用集成创新。

对集成创新来说，有人仍把它误解为"拿来主义"。其实，集成创新不是模仿、抄袭或简单复制，而是一种新的创新模式。广泛吸纳国内外资源为我所用，把各种单项的技术要素和技术思路有机地集成在一起，取得"1+1>2"的效果，这才是集成创新真正的价值所在。

如今，我们的创新不能仅在中国范围内集成，应该把全世界的技术都集成在一起。能将分散创新的研发效率、大规模创新的协同效应和大规模应用的市场效应高度紧密地结合在一起的企业，才能占据主动权。

某个地区只要有厉害的科学家，能做出有效的创新，就可以专门设立技术研发点。中国建材也是这样做的，投资一个研究团队在国外设立研究所进行技术创新，再把很多新技术移植到国内。

在集成创新方面，中国建材这些年来大胆迈步，重组国内外高科技企业，积极引入先进技术和高层次人才，牢牢控制了行业制高点，真正做到了在相关领域领先一步。在风电叶片领域，我们在 2007 年收购了德国的 NOI 公司，后来更名为 SINOI 公司。NOI 公司位于德国的北豪森市，鼎盛时期曾是欧洲第二大风电叶片供应商。德国风力发电走入低谷的时候，由于股东撤资，这家公司当时进入了破产保护程序。中国建材抓住有利时机，成功收购了这家公司，成立了海外研发中心。这场重组开创了中国本土企业收购国外风电设备公司的先河，成为"中国学生"收购"洋师父"的典型案例。通过重组，中国建材一跃成为全球兆瓦级风电叶片的领导者。

美国第一太阳能公司一直是世界上最好的太阳能公司，纳斯达克上市股价达到 100 美元。这家公司的碲化镉发电做得最好，但是这项技术始终对我们封锁，连碲化镉发电片都不卖给我们。我们在德国收购了一个研究院，集合德国的技术人员研发出了碲化镉发电技术，现在已在成都的生产线投产，也实现了盈利。我给研究团队的每位成员涨了 20% 的工资，并问多久可以超过美国第一太阳能公司。他们说三年时间，我说超过了再涨 50% 的工资，大家欢欣鼓舞。2019 年，中国建材的碲化镉太阳能产品各项指标都超过了美国第一太阳能公司。所以，我们的集成创新视野要更大，不见得只在中国集成，在全世界都可以集成。

过去，我们常说我国处于"缺芯少屏"的状态，意思就是缺少芯片，缺少屏幕。但现在，"缺芯少屏"的说法已经少有人提了，更多的是"缺芯少魂"，其中魂是指操作系统。这一个字的改变，就证明了目前屏的问题我们已经解决了，全球液晶显示屏55%的生产能力都在中国，其中差不多有一半在京东方。

京东方过去是一家电子管厂，电子管被半导体取代以后，这家企业经营业绩一路下滑，尝试过各种业务，后来选择了液晶显示屏，也就是液晶面板业务。当时行业内普遍做的都是CRT，即彩色真空显像管。京东方经过研究后，没走这条路线，而是认定在未来显示技术一定是TFT-LCD走得更远，于是依托自身良好的工业基因和专业人才队伍，将目标瞄准了先进的液晶显示技术和半导体显示产业。1997年京东方上市，之后就一直在谋求更好的新产业发展。

在亚洲金融危机的时候，韩国经济非常困难，全世界的韩国人都给自己的国家捐钱，甚至把黄金等首饰都捐了出来，要帮助韩国渡过困境。韩国当时已有液晶显示技术，日本也有，日本先产业化，韩国后产业化，但是韩国做的规模更大。遇到影响如此之大、持续时间如此之长的金融危机，2003年，韩国现代电子只能选择变卖自己的液晶显示器生产线。京东方抓住这个机会，花了3.8亿美元收购了三条生产线，这是非常有魄力的。当时京东方也在议论，如果3.8亿美元买地的话，能够买一大片地，可能有不少资产，当然如果买地也就没有今天的京东方了。但是，原董事长王东升认为他们是做工业的，还是要把钱用在工业上，不仅收购生产线，还得有核心技术和核心专长，所以派出了120位年轻技术人员去韩国的三条生产线学习，他们回来以后建设了中国第一条五代TFT-LCD面板生产线，解决了我国"缺芯少屏"中"少屏"的问题。

目前，京东方成了全球最大的液晶显示屏供应商之一，产能世界最高，拥有8.5代线、9代线、10代线和10.5代TFT-LCD生产线，并全部实现了量产。这说明它有很大的规模，规模越大、产品越多，损失率就会越低，进而成本就会下降。

在液晶显示屏行业，我们是这样走过来的。现在，我们又在做芯片，芯片是国人心中的痛，如果我们能够发扬当年京东方做"屏"的精神，主动进取，那么亡羊补牢，为时未晚，相信芯片国产化也会很快实现。这些都是集成创新的例子，通过集成海外企业的技术、市场以及人才，消化、吸收、再创新，从而攻破技术壁垒。

向不同国家学习不同的创新理念

近年来，美国在技术引进方面对中国企业进行封锁，因此我们现在需要到别的国家和地区寻求技术合作。我这两年间去了欧洲好几次，重点是去法国。可不要小看法国人和他们的科技。法国在核电、高铁、航空等技术领域都很厉害，国际上能和波音竞争的只有空客，而空客总部就位于法国南部的图卢兹。要想应用法国的一些重大研究成果，就会遇到一个明显的问题，那就是法语，这个很麻烦，中国人大都学的是英语。我们希望有越来越多的人学习法语，进入高科技的法国企业工作。法国是西方大国中第一个承认新中国并与新中国建交的国家。每次美国在经贸上制裁中国时，法国的立场都保持了独立性，所以我们在法国要扎下根，设立技术研发中心，与法国人一起集成创新。

以色列跟中国有传统的友谊，自1992年两国建交以来，中以两国就发展了亲密的合作关系，现在关系仍很友好。以色列是谜一样的国家，在贫瘠而狭小的土地上，850万国民却创造了经济发展的奇迹，2019年，以色列人均GDP达到了4.2万美元，关键是无论在芯片技术、生物技术，还是在国防和智能化等前沿技术上均走在了世界前列。2019年6月，我在访问以色列期间，参观了希伯来大学、以色列理工学院、特拉维夫大学、佩雷斯创新中心，并与《创业的国度》一书的作者索尔·辛格进行了一场座谈，这让我真正地理解了什么是"start up"。

以色列把创业叫"start up"，是指找到创新的种子，并且把它变成小苗的过程。这与国内的创业概念有所不同，我们对创业的理解不仅仅是"start up"，还包括把小苗培养成大树，把小企业和初创企业做大做强等。所以，将以色列的创业企业理解为初创企业可能更加合适。

以色列有大量的初创企业，并把初创企业作为商品出售转让。以色列大学里的老师可能每人都开着五六家公司，大学生到了最后一个学年就开始创办公司，而且可以获得学校的创业资助，可以说是人人都有公司，产品就是公司。包括U盘、胃镜在内的很多技术都出自以色列，他们在生物制药和芯片技术方面也很厉害，美国有很多芯片技术是向以色列购买的。

在巴黎航展上，一家以色列企业展出了一架动力电池飞机，可以搭载9个人，巡航距离能达到1000多公里，是以色列理工大学的几个学生研究制造出来的。展览后，这家以色列初创企业就被美国一家大企业给收购了，现在开始较大规模地生产动力电池飞机，而不仅限于制作概念模型机。

以色列有一个词叫"胡茨巴"，我不太理解它的意思，反复询问翻译和当地人后才知道，它是指以色列人总是不按常理想问题，而且对一定要做成的事非常执着，这就是以色列人的特点。我去希伯来大学参观它的技术孵化中心，发现那些售卖技术的初创企业就位于路边由老旧的学生宿舍改造成的一座小房子里，我都不太敢相信。以色列人确实不重视办公环境，只重视实际的技术交易。

我还去了特拉维夫大学的理工学院、世界第六大私立研究院——威兹曼研究院，以及耐特菲姆滴灌公司。以色列水资源匮乏，但是农蔬、植被却长得很好，这得益于滴灌技术，在节约水资源的同时精准地给植物提供了需要的水分。

以色列的确很值得我们研究。作为"创业的国度"，以色列构建了一个由创业者、投资机构、孵化机构等构成的全方位、运作成熟的创业体系，营造了良好的创业生态，吸引了众多年轻人去创新创业。在与索尔·辛格先生交流的过程中，他提到，犹太人的创新与自身独特的文化和历史是有相关性的，2000年的流浪史让犹太人不能安于现状，需要不断寻找让现实变得更好的解决方案。这样的特质适合创业，但可能并不适合把企业做大。10个犹太人可能就会有10种观点，往往太多的争论和质疑对于把小企业做成大企业也是不利的。

在我看来，以色列和中国的创新创业经济有很强的互补性。以色列人擅长"start up"，但不善于把企业做大，当然这也和以色列的国土狭小以及市场有限有关，而这正是中国的强项。中国有许多大企业，可以跟以色列初创企业的技术对接。如果两者能够结合起来，进行集成创新，让以色列创新的种子，进入中国这片有广阔市场和强大制造业的沃土，应该是一个好的选择，两国可以共创经济的又一个奇迹。

持续性创新与颠覆性创新

做企业不可能一天换一个新产品

企业中大量的创新都属于持续性创新。一个行业里的颠覆性创新大多 15 年左右发生一次，但并不是所有企业都能做成，这主要取决于企业的战略以及资金、人才、技术等资源。所以，大多数企业还是要立足于现有产业，进行持续性创新。比如中国建材的水泥业务排在全球第一，是整个集团的压舱石和稳定器，因此不能动摇，只能搞好。

水泥行业虽然传统但不落后。多年前，我去拜访拉法基总裁乐峰先生，他当时问我："你觉得未来 50 年有没有一种材料能代替水泥？"我想了想说："没有。"他说："我认为也没有。"中国 90% 的铁矿砂靠进口，木材也大多靠进口，而水泥的原料石灰石在中国的贮藏量有 9 万亿吨，中国人又有使用水泥的偏好，因此水泥在中国是一种性价比很高的胶凝材料。从小立窑生产水泥到湿法水泥，再到现在的新型干法水泥，这些年水泥的生产技术一直在创新和进步。今天水泥行业正通过技术创新加快转型，推进节能减排，提升技术，提高附加值，同时也在大力推广"水泥＋"模式。水泥市场空间巨大，要着力开拓细分市场，提高盈利水平，"水泥＋"模式就是基于这种考虑。

其实，企业发展的停滞和失败往往是因为过早离开了核心业务，没有在细分市场上精耕细作。以汽车领域为例，很多汽车企业现在主要制造汽油车，但也想开发电动车。根据估测，2020 年全球电动车有 2000 万辆，但全球汽车保有量是14亿辆。今后，电动车和汽油车将会并行相当长的一段时间，而且主流还是汽油车，把现有汽油车做得更节油、减少排放就是持续性创新。

企业不能总用自己过去成功的经验

企业在做好持续性创新的同时，也应积极尝试颠覆性创新。之前的业务曾让公司业绩持续增长，提供了充足的现金流，但如果一直沿用过去的思维和商业模式，不做颠覆性创新，很容易被新入场者淘汰。事实上，很多大的领先企业之所以会失败，就是因为它们对颠覆性创新不够敏感。

对企业来讲，如果不创新，不研究新的方法、新的模式，就可能会被颠覆。即使像中国建材这样的巨无霸，如果不用新技术、新模式，也会被颠覆。企业有一些惰性、惯性，还有一些很熟悉的东西不愿意放弃，学习新东西的确需要一个过程。我常想，改革其实是倒逼的，创新往往也是倒逼的。企业主动改变是很难的，只有到了崩溃的边缘，或者到了悬崖边上，才可能会迷途知返。这也是我给企业里年青一代的忠告，不创新必然会死亡。

大企业失败，往往是因为它们总用过去成功的经验。在北新建材时我将这句话写进了一个宣传片里，后来到了中国建材也经常讲。过去，我们有些成功的经验要记住，但环境变了，如果不创新、不学新东西，总用自己过去成功的经验，必然会失败。

大家都知道，诺基亚曾经因为在平板手机时代到来时错误的选择而临近破产。其实，诺基亚、摩托罗拉都有平板手机的技术，并不复杂，但它们认为没有必要把电脑功能放到手机上面。一念之差，苹果公司就打破了诺基亚和摩托罗拉的市场格局。苹果公司在做手机时，不光把智能化功能应用到手机上，更重要的是引入了全球时尚的设计和销售理念。这是革命性的改变，它没有把手机作为一个通信工具，而是作为一款奢侈品去销售。

在短短的4年时间里，诺基亚损失了超过90%的价值，收入呈自由落体形态，裁员成为普遍现象。当然，诺基亚最终并没有破产，它在现任董事会主席李思拓的带领下，从一家每况愈下的手机公司，转型成为一家成功的通信网络基础设施公司，得以重生。

另外一个从辉煌走向衰落，又从衰落中重生的案例是日本富士胶片公司。富士胶片在2000年时销售收入达到高峰，它用了40年的时间追赶柯达，在终于超过柯达时，却遭遇数码相机问世，每年业务下降30%，面临着不得不转型的情况。现在富士胶片已经转型成功，其总裁古森重隆是日本继稻盛和夫之后的又一个奇迹，日本国内很推崇他的概念，《灵魂经营》这本书对其做了相关介绍。

企业既要造"矛"又要造"盾"

企业既要有持续性创新，又要关注颠覆性创新，如何既造"矛"又造"盾"呢？按照克里斯坦森的观点，要把颠覆性创新的部分独立出来，成立新部门，和原有业务分开，因为靠原有业务部门搞颠覆性创新是很难的。

让研究汽油车的人去做电动车不太容易，汽车公司要研发电动车，应专门组织一帮技术人员，甚至工作地点也不放在一起。比如，惠普的激光喷射打印技术做得非常成熟，喷墨打印技术出现后，惠普成立了一个完全独立的部门负责喷墨打印机的开发，而且工作地点也不在一起，原有的部门位于爱达荷州的博伊西，新的部门位于华盛顿州的温哥华。因为在不同的部门同时发展了两种业务，惠普在退出高端市场的同时还能赚个盆满钵满。

中国建材在做传统产业的同时，大力发展新材料、新能源、新型房屋等新兴产业，引领了行业技术进步和转型升级。在开展持续性创新和颠覆性创新的过程中，我们按照平台专业化的思路，用不同的专业团队去做创新，打造出了北新建材、中国巨石等世界级隐形冠军。在新型建材领域，北新建材旗下的泰山石膏公司多年来自主研发了上百项先进技术，石膏板发泡技术可降低 10% 的石膏用量，每年节约成本达到了 2 亿元。发泡技术就是石膏板技术的持续性创新。

有水泥企业的一把手曾跟我说，用新型建材造的楼房非常好，可如果大家都用新型建材，水泥就卖不出去了。这正是我们发展新型建材用全新团队的原因：一是传统产业仍大有可为，二是原有团队对传统业务很难割舍。现在，中国建材的传统产业和新兴产业齐头并进，发展得都很好。从这个角度来看，大集团的好处是，只要战略不发生方向性错误，通过多个支点的逐渐转换，鱼与熊掌是可以兼得的，以吃鱼为主和以吃熊掌为主，是可以相互转换的。

技术创新与商业模式创新

企业的创新要和经营密切相关

科学和技术既有联系也有区别。科学是为了认识世界，主要是探究未知的东西；技术是为了改造世界、服务人类，主要是解决我们应用的问题。驱动技术发展的，是市场的需求和资本的欲望；而驱动科学发展的，是科学家的兴趣和人类的好奇心。爱因斯坦曾说："我自己并没有什么特别的，只是充满了好奇心而已。"

科学成果在很大程度上是全人类共享的。科学上的重大发现可以引发创新，带动技术的突破，甚至是颠覆性创新和突破。从近代来看，重大的尤其是颠覆性的技术发明，往往起源于科学的发现和基础研究的突破。所以，尽管技术创新已经越来越和人类的生活密不可分，推动人类走进了现代社会，但是没有什么能够代替基础科学研究的作用。

科学家的贡献主要体现在科学领域，而企业的创新主要体现在技术领域。当然，企业对于基础科学中的原理性问题也是要去关心的。麻省理工学院等都有很多企业来支持它们的基础性研究，因为企业也需要面对不确定性和未来。但就企业本身而言，创新的目的是极其明确的，创新的目的就是要解决某个问题、做某个东西，要和经营、市场变化密切结合。在企业里，我不反对大家研究宇宙奥秘，每个人都有兴趣，其实，我也经常看一看这些新理论。但是，我们不会支持企业里的研究人员去研究黑洞、引力波、人的起源，因为那不是企业创新要聚焦的事情。专业带来效率，创新需要分工，企业就要发挥技术创新的专长。我反复跟企业技术人员讲，要把这个层级分清楚，这样大家的创新才更加有效。

当前，全球新一轮技术革命和产业变革蓄势待发，从中国建材的实践来看，技术创新应更加关注高端化、产业化、集成化、相关化。

第一，坚持高端化。 在建材领域，中国建材已在全球位于中高端水平，各个细分领域都在向着高端化迈进。举个例子，中国建材做的万吨级、5000吨级的大型水泥线和大型玻璃线的设计–采购–施工/交钥匙总承包工程占了全球市场的65%，这是不容易的。30年前，我们买跨国公司装备，现在跨国公司都在买中国建材的装备，中国建材不仅是制造商，还是技术、设备、服务提供商。

中国建材多年来依靠自身力量成功研发出了E8高模量玻璃纤维配方、碳纤维T1000、锂电池隔膜、超薄光伏玻璃、TFT-LCD超薄玻璃基板、高性能防火玻璃、特高压用混合绝缘子、加能源5.0新型房屋、CIGS薄膜太阳能电池等行业顶级技术和产品。对中国建材来说，技术创新就是要朝着高端发展。比如碳纤维，技术水平已处在中高端了，现在就要做T1100级高性能碳纤维。

第二，加快产业化。 创新要确保产品能量产，能结合市场出效益，能与资本市场对接。如果新产品做不到量产，无法转化为现实生产力，企业就很难有效益，更谈不上持续发展，在资本市场上也形不成影响力。中国建材在每一次展览会上，都会被问产量是多少、合格率是多少、赚不赚钱。中国建材实际做的都是千吨级生产线，产品合格率在97%以上。作为制造型企业，中国建材做创新，一定要能产业化，不能量产、没有规模效益的创新坚决不做。

第三，突出集成化。在创新路径上，既要强调自主创新，也要突出集成创新。前面讲到，集成创新是开放式的、平台式的创新，我们要善于把创新的要素和自己的专长结合起来，或者把一些看似不相关的技术移植过来。集成创新能够充分发挥我们的综合优势，中国建材今后的创新方式要以集成创新为主，逐渐加强自主创新。

第四，注重相关化。创新要紧紧围绕企业战略和企业的实际情况，解决企业和行业的生产工艺、环保等问题。同时，基于强大的核心技术和创新能力，技术研发要围绕优势产业，顺着产业链进行延伸升级，规避创新风险。也就是说，创新之间最好是相关的。中国建材发展"玻璃＋智慧农业"就是产业相关化的典型例子。

企业创新的关键在于建立起一套创新体系

企业是技术研究开发投入的主体、技术创新活动的主体、创新成果应用的主体。但创新本身却需要企业、研究院所和学校联合起来，建立产学研合作联盟，充分利用企业产业平台的优势，让科技从成果库里走出来、从象牙塔里走出来，更好地为产业平台服务，真正转化为生产力。

企业创新的关键在于建立起一套创新体系。在这一点上，不同的国家有不同的特色。欧美等国家的创新体系主要源于一些大学，日本、韩国多是依托企业的中央研究院和技术中心，中国则主要靠产学研结合或产研结合。所谓产学研，要以企业为主体，以市场为导向，核心是"产"，"学"要保、"研"要好，最后都要作用于"产"。学校要发挥基础科学的研究作用，研究院所主要解决应用科学的问题，而企业要解决好制造技术的问题，三者结合才能形成资源与优势的互补。产学研结合的目的是促进技术进步和产业升级，而不是让"学"和"研"统统都去做企业。

在产学研结合方面，过去中国的研发与产业长期是两回事，经历这么多年的融合，效果还不错，但产学研结合总体的效果还有待提高。中国建材用产研结合的方式成功开发了特种水泥，应用于三峡工程、青藏铁路、京沪高铁、连云港核电站等重大工程。西南水泥的嘉华水泥依托中国建材总院的科研成果，成为国内最大的水泥基特种功能材料生产企业，能生产 50 余个品种的产品，每年能赚上亿元的净利润。

2019 年 3 月，我到麻省理工学院（MIT）访问时，对那里浓郁的创新精神和独特的创新模式印象颇深。MIT 是全球顶尖的创新基地，校友创建了 3 万余家活跃的企业，共雇用 450 万名员工，这些企业每年总计收入两万多亿美元，号称世界第十大经济体。

回国的路上，我写了一篇《从麻省理工看产学研创新体系》，着重介绍了以下三点内容。

- 教学、研发与市场紧密结合。学生研究课题的方向不设限，而且通过研究经费的赞助和成果的优先使用权，将教学与未来市场和实际应用需求紧密结合，形成一个非常有效的机制。
- 着眼于开放交叉和前沿科技，MIT 的媒体实验室就是一个科技、媒体、艺术和设计融合的跨学科研究室，致力于计算机领域的前沿科技研发。这里诞生了 3D 打印等众多优秀技术，也为英特尔等企业的崛起提供了强劲支持。

- 创新创业与产业界互相融合，MIT 的全球产业联盟联结着 1700 多家创新型初创企业和 260 余家联盟会员企业，架起了创新资源和产业转化间的桥梁，并辅以配套的服务机构，联结各方资源和人员，形成了一个活跃互动的创新平台和融合纽带。

创意、创新、创业的融合，教育、研发、企业的融合，创客、实验室和资本的融合，是创新动力和创业发展的源泉。MIT 这片沃土提供了创新创业的雨露和阳光。

创新不一定必须与技术有关

人类经历的每次工业革命都源于重大的技术进步。第一次工业革命产生了珍妮纺织机、蒸汽机、生铁冶炼技术等一系列发明。第二次工业革命产生了发电机、电灯、内燃机等一系列发明。第三次工业革命产生了克隆技术、生命科学、航天科技、互联网、3D 打印等。现在正经历的第四次工业革命产生了物联网、人工智能等代表性技术。尽管技术革新对推动社会发展和人类进步起到了巨大的作用，但创新却不完全依赖于技术，还要依赖于创意和商业模式创新。

德鲁克认为，创新不一定都靠高科技，中科技、低科技、零科技也可以创新。他在 1985 年出版的《创新与企业家精神》一书中澄清了一个误解——只有高科技才能创新。按经济学里的康德拉季耶夫周期理论分析，欧美经济从第二次世界大战后到 1965 年的 20 年间经历了繁荣发展；1965 ~ 1985 年处于经济结构调整期，欧洲经济开始衰退，但美国却出现了繁荣，新增就业岗位 4000 万个。而在这 4000 万个就业岗位中，高科技只增加了 600 万个岗位。所以，德鲁克说，创新一定要靠高科技的观念是错误的。他用大量的实例证明，创新不一定必须与技术有关，甚至根本就不需要是一个实物。

一个创意、一个新点子、一个独特的商业模式就可以创新，前提是能够"创造出全新且与众不同的价值和满意度，试图将一种物质转换成一种资源，试图将现有的资源结合在一种新型的、更具生产力的结构里"。

我们的民族是很有创意的民族，《西游记》《封神演义》等神话小说就是很好的例子，能写神话的民族一定是有创意、能创新的。我常常想，这些作品里面打斗用的宝贝都是从无到有想象出来的东西，这就是想象力和创意的表现。

在企业里，员工也常有创意迸发，但要把创意转变成创新，甚至由创新走向创业，就要营造开放、自由、民主的文化，不要限制他们。如果掐死了这些创意，让员工循规蹈矩，一切按照领导的要求做，怀疑那些有特别的想法的人，这也不同意，那也不同意，创新就做不成。

商业模式创新就是发现新的价值创造方式

商业模式是什么？学术界给它下过很多定义。近年来，随着商业模式研究和实践的深入，普遍的看法是，商业模式是一个组织创造、传递以及获得价值的基本原理。商业模式创新就是发现新的价值创造方式，淘汰旧的模式，为企业、客户、社会创造价值。环顾各大跨国公司，商业模式创新的成功案例比比皆是。老福特说："我不过是把汽车的技术组合在一起而已。"老福特完成了令人震惊的发明,但他最成功之处还是他天才级的创意:每个人都应该拥有一辆汽车。苹果公司之所以深受年轻人喜爱,不是因为有什么重大技术成果,而是因为它成功地集成了新技术,同时融入了流行元素,让产品变成一种时尚。另外,麦当劳、肯德基、星巴克、家乐福等知名企业,以及淘宝、滴滴等新业态公司,都没有特别高端的技术,但它们通过探索新的商业模式、商业组合取得了成功。

我们身边也有很多商业模式创新的案例,甚至有许多和技术并不搭界。我曾在央视的一个创业大会上遇见一位"米线哥",他做米线没有多少技术含量,却开了很多家连锁店,成了当地知名的创业者。我曾去济南参观的"阳光大姐"家政服务公司也没有太多高科技,但创新点不少,解决了超过 8 万名女性的就业问题,很了不起。生活中也有很多创新的例子。比如现在有些餐馆的筷子,后半截是传统筷子,前半截是一次性筷子,用过后只更换前半截即可。这个看似不起眼的点子,极大地减少了森林砍伐和木材浪费。再如男士的新式三接头皮鞋,外面鞋带是固定的,里面是松紧口,这样就省去了系鞋带的功夫,穿起来很方便。

创新是发现新的价值创造方式的过程,创新的生命力在于价值创造。我们在创新时,不能只盯着高科技创新,而是要紧紧围绕价值创造这个核心进行,着眼于变化和不同,用不同于以往的方式来达到价值创造和增值的目的。诸如老福特、乔布斯、马斯克、马云等,他们真正的贡献并不是创造了什么技术,而是让我们看到了商业模式创新的价值和创意的巨大力量。

"微笑曲线"表明,在现代制造业链条中,制造环节处于中低端,提高附加值更多要靠处在曲线两端的研发设计和销售服务等来实现。发达国家普遍存在"两个70%"现象，即服务业产值占GDP的70%，制造服务业产值占服务业产值的70%。反观我国，近年来服务业飞速发展，但整体水平和发达国家仍有较大差距，尤其是制造业长期处于全球产业链的中低端，制造业服务化发展欠缺。发展制造服务业，推动制造业向价值链高端提升，提高附加值，抢占国际竞争产业制高点，是重塑制造业价值链和建设制造强国的必然要求，也是企业商业模式创新和转型升级的重要方向。

什么是制造服务业？它指的是把制造业和服务业融合在一起，共同经营的新业态。也就是说，围绕制造业，怎么才能接近终端客户，如何由过去单一地在制造业争取附加值，转到为终端客户提供更多服务来争取附加值，或者说提供更多的增值服务，这是商业模式创新的重要课题。《中国制造2025》明确提出，改造提升传统产业，推动生产型制造向服务型制造转变。我认为，制造业服务化具体体现在以下几个方面。

一是满足个性化要求。在新型房屋领域，中国建材推出了"私人定制"服务，利用互联网技术，为用户提供上千种个性化设计。在水泥领域，中国建材可以为桥梁、大坝、核电站提供不同种类的水泥，满足客户的多样化需求。

二是做外包。外包是现代制造服务业的一个重要手段，但外包的并非全是低附加值的东西，高附加值的东西若不是自身的核心专长也可以外包。美国宇航局（NASA）制造航天飞机，就是采用外包配件的方式，自己则成为提供设计和标准的系统集成商。围绕怎样做北新房屋，早年间，日本三泽房屋的三泽社长曾建议我用NASA的外包模式进行集成，我接受了他的建议。今天快速发展的北新房屋事业，有上百个外包企业参与其中，除轻钢龙骨和石膏板之外，其余产品均由外包厂家供应，不少产品还是全球采购的，这既提高了房屋质量，也减少了初始投资，还节约了时间成本。

三是从卖产品到卖服务。传统制造业在卖产品的过程中高度竞争，谁更关注客户的要求，谁能提供客户需要的服务，谁就能赢得市场。以罗尔斯·罗伊斯公司为例，这家公司原来是卖发动机的，现在开始卖发动机服务时间，公司收入的60%来自卖发动机服务时间，40%来自卖发动机。按照这个思路，中国建材所属的瑞泰科技实现了从卖耐火材料到卖窑炉使用时间、提供服务的转变。

四是提供一揽子的系统解决方案。制造服务业应该系统地为客户考虑，而不是只从某个产品去思考。中国建材是一个综合技术服务商，从研发、设计、成套装备、工程总承包（EPC），到代为生产管理，再到标准的制定，最后到产品检验和认证，这一整套业务都在做。

五是深入探索跨界经营。制造业可以与金融、互联网等行业跨界联合，打造更具竞争力的产业集群。在产融结合方面，美国通用电气成功创造了产业与金融的"交叉销售"模式，中国的中石油、国家电网、中粮等企业也涉足金融服务业，形成了初具财团雏形的产融结合模式。

制造业转型为制造服务业是发展的必然。目前，我国制造业面临产能普遍过剩、恶性竞争的现状，大家都应该认真考虑向制造服务业转型，延伸产业链，提高附加值，进而共同促进整个国家工业的转型。等到吃不上饭或明天就会破产的时候再转型，就来不及了。

第 7 章
Chapter 7

互联网 +

互联网经济颠覆了传统企业的商业世界，给企业的生产、管理和营销模式带来了深刻变革。互联网以实体经济为基础，制造业企业要主动拥抱互联网，运用互联网思维开展跨界与融合，用创新推动转型升级，探索推广各行各业的"+"模式。数字经济时代，制造业与互联网的深度融合是大势所趋，产业互联网是下一个风口。作为实体经济的两个翅膀，技术创新和资本市场相辅相成，能够推动有质量的科技行业独角兽的崛起和高速成长。

从互联网到工业互联网

互联网颠覆了传统企业的商业世界

互联网最大的贡献到底是什么？其实，"互联网"一词本身就是个很好的解释。互联网天然具备开放、联通、共享、透明等特征，它最大的意义就是通过先进技术让人类走出封闭的自我空间，进入一个人、机、物全面互联的新世界。从互联网的发展来看，开始是通过计算机实现信息和资源互联，如发电子邮件、在网上看新闻和搜索信息；后来，移动互联网的发展让人人互联成为可能，如阿里巴巴的电商平台、腾讯的社交平台，它们把来自天南海北、毫不相识的人联系到了一起；近年来，随着云计算、大数据、人工智能、物联网、5G、区块链等新技术的发展，以智能化为核心的万物互联时代已经到来。对制造业来说，移动互联网、云计算、大数据、物联网完全颠覆了传统制造业的商业世界，伴随着新技术、新业态、新模式的不断涌现，企业的生产、管理和营销等模式发生了翻天覆地的变化。概括起来，主要变化有三点。

一是个性化。过去，工厂的生产模式是B2C，企业生产产品后，客户选择并使用。比如到商场买鞋，试好以后直接买一双，让客户适应企业的标准化生产，这是企业主导的生产思维。现在由于互联网和大数据技术的普及，可以做到C2B，给每个人量身定做，满足每个客户的个性化需求，这就是今天的生产思维。

互联网对企业来说最大的挑战是观念和模式。例如，过去总讲B2C，思考的是怎样让客户买我们的产品；现在讲的是 C2B、O2O 等，更尊重客户的个性化需求，为客户提供定制化服务。当年，沃尔玛就用这种思路改变了许多供应商的经营模式和结构流程，淘宝网也引发了中国制造业企业的变革，让企业更加市场化和个性化。

二是智能化。现代信息技术与制造技术的深度融合，让智能制造成为主攻方向，中国的很多工厂都出现了"机器换人"的现象。这是怎么做到的呢？通过大数据、互联网和人工智能等技术，就可以做到这一点。我国企业在智能化方面做得非常好，用智能化转型来解决产业因劳动力成本提高而必须迁移的问题。如今美国、日本等一些国家很后悔，它们将很多制造业企业都逐步迁出去了，现在想迁回去却没有相关配套设施了。

2020 年年初，我参观了深圳工业富联的"熄灯工厂"，过去富士康是一个靠人海战术做代工的"血汗工厂"，这种模式历经了从日本到我国台湾，从我国台湾到东莞和昆山，再从东莞、昆山到郑州和成都，现在计划发展到印度和越南。为什么呢？因为人工成本从 600 元/月涨到了 6000 元/月，企业负担不了，这个时候智能化来了。工业富联目前已经有 8 条生产线是"熄灯"模式，这样的工厂过去一个车间用 368 个人，现在只用 38 个人。工厂内关着灯，有几个巡回员打着手电在里边巡回，达沃斯给它命名为"灯塔工厂"。

江中制药的智能化也做得非常好，它的液体制剂生产线从熬药到制成最终产品的全过程 2012 年起就实现了自动化操作，年生产规模可达 1 亿瓶，是全球首条无人化操作中药液体生产线。在中药液体生产车间里，没有预想中浓郁的中草药熬制味道，也没有制剂匠人们忙碌的身影。

传统"智能化"生产都有中央控制室，有很多计算机操作人员；现在连中央控制室都没有了，一切都靠智能化，这就是变化。2016年中央领导在视察江中制药时，评价说："这个车间，给我留下了一个很深刻的印象。"

当然，智能化也不是百利而无一害。2020年10月我在云南白药调研时，一位干部问我："如果企业都实现智能化、无人化了，那么工人做什么？"我说，这确实是一个问题，也是我一直思考的问题，但是这个问题用科学无法回答，只能用哲学来回答。因为人类历史上多次工业和技术革命都提出了同样的问题，当时都觉得无解，但后来人类社会都变得更加美好。所以，从哲学层面来讲，不用惧怕智能化，企业该智能化就智能化，产品被机器生产出来供人类使用就可以了，也就是实现了物质极大丰富，从按劳分配到按需分配。现在劳动是为了有收入买东西，遵循的是按劳分配的思路，随着智能化带来的物质极大丰富，这种方式将会改变，未来人类可能没必要非要劳动。

三是从制造业到制造服务业。这就是从只做制造向服务的产业链延伸、向市场延伸。比如，中国建材过去只卖水泥，现在用水泥做装配式建筑，越来越向用户倾斜。

互联网脱离了实业必定会成为泡沫

在发展互联网经济的过程中，我有两点深刻体会：一是互联网要与实体经济结合。互联网确实能改变商业形态、生活方式，极大地提高生产效率。但互联网只是手段，它本身不制造东西，取代不了衣服、食物、房子和汽车等，只是让我们的衣食住行更加方便。互联网以实体经济为基础，离不开实体经济的根。如果大家一窝蜂地只做互联网，势必会形成2000年那样的全球互联网泡沫。二是实体经济要主动"＋互联网"，否则再大的企业都会被时代淘汰。

在中央电视台2012年和2013年"中国经济年度人物"颁奖仪式上，有两次激辩格外引人关注。一次是万达董事长王健林和阿里巴巴创始人马云，以1亿元打赌"10年内电商能否取代零售商"；另一次是格力董事长董明珠与小米创始人雷军，以10亿元打赌"5年内小米营业额能否超过格力"。归根结底，两次辩论都是关于实体经济与互联网经济孰优孰劣以及谁输谁赢的问题。

制造业要主动拥抱互联网，用创新推动转型升级，除此之外别无他途。我有个比喻，经济好像一架飞机，机身是实体经济，技术创新和资本市场是两个翅膀，互联网应是高高竖起的尾翼，这些都应完美地结合起来。

中国建材所处的基础原材料行业是典型的实体经济。实体经济是我国经济发展的命脉，基础原材料行业是实体经济的根。基础建材行业有两大应遵循的基本规律。

- 规模效益：没有规模就没有效益。
- 市场掌控力：没有市场掌控力就没有话语权和竞争力，也赚不到钱。

随着信息技术的发展和供需关系的急剧变化，传统商业模式正在受到挑战，在坚守实体经济的同时，中国建材也积极探索商业模式创新，发展互联网等新经济。

作为较早"触网"的一家企业,中国建材 20 多年前就在工厂中引入了计算机、ERP,后来成立北新数码公司做起电子商务,现在又在做大数据、智能化、云计算,可以说一路走来与互联网一同成长。中国建材易单网是中国最大的建材电子商务出口平台,也是中国目前唯一一家全流程自营的 B2B 跨境电子商务服务平台。易单网采取"跨境电商+海外仓"的外贸新模式,通过整合银行、中信保、商检等外贸上下游资源,结合海外仓和海外营销网络,可以提供金融、通关、退税、外汇、销售、物流、售后服务、全球营销推广、出口代理等一站式外贸服务,使整个外贸流程变得更加简单、透明、高效。贸易的本质是搭建平台服务,而不是垄断信息,一旦信息对称了,传统的贸易公司就失去了生命力。互联网在电子商务方面解决的最大问题就是去中介化,减少信息不对称带来的高成本,在公共平台上赚取服务效益。

制造业与互联网的深度融合是大势所趋

制造业与互联网的深度融合是大势所趋。从国际上来看,第四次工业革命浪潮正席卷全球,在新工业革命的变局中,美国、德国、日本等国家围绕核心标准、技术、平台等纷纷加快布局。美国 2012 年发布了先进制造国家战略计划,把工业互联网作为先进制造的重要基础,成立了工业互联网联盟,汇聚了全球 200 多家企业。德国 2013 年提出工业 4.0 概念,后来把工业 4.0 上升为国家战略,并启动了跨学科、跨领域的"工业 4.0 共同平台"。日本推出再兴战略,将工业 4.0 作为创新转型的契机,通过发展"互联工业"构建基于机器人、物联网和工业价值链的顶层体系。虽然各国叫法不同，内容也有所区别，但目标都是希望抓住新工业革命的先机提振经济，提高在全球市场中的竞争力。

从国内来看，大家现在都在谈论互联网发展的"下半场"。这是因为在互联网进入中国的 20 多年里，受益于人口红利、通信事业发展、商业模式创新等多重因素，互联网技术在我国消费领域大展拳脚，处于全球领先水平，但在产业领域的发展则相对欠缺，与发达国家还有一定差距。因此，当前任务就是在巩固"上半场"优势的基础上，把"下半场"的重心转向工业互联网。消费互联网服务的主体是人，工业互联网服务的主体是企业，其中又以制造业为主战场。我国是制造大国、互联网大国，制造业与新一代网络信息技术的融合前景广阔、潜力巨大，这也是我国构建制造业竞争新优势、把握未来发展主动权的迫切要求。我国早在 2013 年就提出信息化和工业化"两化"深度融合的行动计划，2015 年推出《中国制造 2025》，其后又就推动制造业与互联网融合发展、深化"互联网＋先进制造业"、实施工业互联网创新发展战略等出台一系列文件及配套政策，布局速度非常快。

对中国企业来说，以前"两化"融合、智能制造说得比较多，现在明确的重点就是工业互联网。工业互联网虽是个新概念，但我们在实践中一直在探索，通俗地说，就是通过大数据、物联网、人工智能等新技术把工业系统中能联结的要素全联结起来，如工人、设备、生产线、供应商、产品和客户等，从而形成覆盖全产业链、全价值链的商业生态。这种全新生态的工业模式，被看成是新工业革命的基石。智能制造的实现实际上依靠的是技术和网络，技术是根本，网络是关键，大数据、云计算、人工智能等新技术都要通过这个载体推动工业生产的资源优化、协同制造和服务延伸。中国建材能知道在全世界安装的水泥线的生产状况，了解每家公司的情况。水泥以前都是线下销售，以后中国建材可以通过线上采购支付，实时掌握动态并提供售后服务。

当然，制造业与互联网的融合需要基础建设和长期深耕。以智能工厂为例，一个工厂只有从基础建设阶段开始数字化设计，才能嵌入信息管理手段；只有经过大数据分析并结合商务智能进行生产控制、决策，才能真正实现智能化。针对工业互联网，中国建材近年来从两个方面加大了攻关力度：

一是建立大数据云平台，"站在云端看世界"，用平台思维创造自己的云生态、云秩序，这是创新驱动的新引擎。华为、腾讯、阿里巴巴等企业都在大力推进云平台建设，借助新一代信息技术向工业互联网发力，公有云、私有云等做得风生水起。中国建材也在加紧研究，现在虽然有ERP系统，但信息仍是碎片化的状态，下一步将要整合资源，加快建设云平台，提升云平台计算能力，持续推进业务数据共享，同时也会借助专业机构的力量做整体规划。

二是提升技术装备智能化水平，以智能制造为主攻方向推动产业技术变革和优化升级，在水泥智能工厂的基础上，加大其他领域技术装备改造提升的力度，重点推进玻纤、碳纤维、高压电瓷、新能源玻璃等国家智能制造项目建设，提升整体智能制造水平。

总之，在互联网发展的"下半场"，制造业要当好主角，任何企业都不能采取"鸵鸟战术"，而要顺应趋势，以变应变，紧抓工业互联网的时代机遇，主动"＋互联网"，把制造业数字化、网络化、智能化作为实现高质量发展的核心驱动力，加快新旧动能转换，提升创新发展能力。

水泥一向被视为传统工业的代表，这样的行业能不能实现智能制造呢？中国建材打造的全球首个工业4.0智能化水泥工厂颠覆了人们的想象，让世人看到在水泥这个传统得不能再传统的行业，也能与先进的生产方式实现完美结合。

被称为世界水泥"梦工厂"的项目位于山东泰安，隶属中联水泥，承包方是中国建材的南京凯盛。经过反复论证，技术人员从智能物流、智能质控、智能生产、智能巡检、智能远程管理五个方面对生产线进行优化完善，应用GPS定位、互联网、大数据处理、无人值守系统等先进设计，使整个工厂生产线管理如"行云流水"。五大智能模块既可独立运行，也可协作运行，通过数据共享，系统如同具备自我学习能力的智慧生物一样，对工厂进行实时监控和决策。另外，智能化系统还具有可拓展和可升级的特性，确保工厂智能制造能贯穿全生命周期。

智能工厂不仅实现了矿山开采智能化、原料处理无均化、生产管理信息化、生产控制自动化、耐火材料无铬化、物料粉磨无球化、生产现场无人化、生产过程可视化，而且还把低碳、节能、环保等理念体现得淋漓尽致。生产线全封闭无尘化，吨产品能耗同比节约20%以上，人均劳动生产率提高约80%，各项经济指标均达到世界先进水平。该项目获评工信部"智能制造试点示范项目"，并入选全球契约组织"中国绿色技术创新成果"。目前，智能工厂还在推动智能物流园区、光伏发电等生态园区项目建设，比如通过余热发电、风力发电、太阳能发电等可以满足全部工厂用电。智能化不仅是智能制造，还要与绿色环保、新能源等结合起来。这才是我心中新一代工厂应有的样子。

引入"+"思维概念

互联网是技术，更是思维方式

互联网带给企业的影响，不只是技术本身的应用，更重要的是它改变了我们的思维方式，后者的意义远远大于前者。互联网思维最大的好处就是，想问题不拘泥于某个点，而是发散思考，发挥特定业务或技术在生产要素配置中的优化和集成作用，拓展服务空间，不断创造新的商机。站在互联网的风口上，任何企业都要顺势而为，从封闭式发展走向基于互联网模式的跨界融合。

"互联网+"和"+互联网"，这两个概念有区别又有联系。"互联网+"指的是以互联网这种先进的生产力去革新生产关系，实现互联网创新成果与社会经济各个领域的深度融合，从而催生新的经济形态，推动技术进步、效率提升和组织变革。互联网金融、互联网交通、互联网教育、互联网农业都是其中的代表。"+互联网"是把互联网作为实体经济发展的手段和工具，推动转型升级，本质还是实业。

互联网的思维本质上就是"+"思维，即从单一封闭的线性思维到开放共享的网状思维，开展跨界与融合。如果企业真正理解了"+"思维概念，生意可能就做活了。做企业的人都想盈利，有了一个业务，就想接着再做第二个、第三个。其实，企业可以先看看已有业务能不能"+"一下，如果能"+"出东西来，可能就会投资少，获利多。

有一次我去西宁参观了几何书店，两万平方米的文化广场里面可以做手工、看展览等，其中有一块区域是书店。当时，我问这家书店的经理：卖书赚钱吗？他说不赚，到这里买书的顾客很少，大都是翻翻看看，看了之后就用手机网上下单，可以便宜几块钱。我说那书店靠什么赚钱呢？他说顾客在这儿看书或游览，累了渴了都得买瓶矿泉水喝，人流量比较大的时候，一人买瓶矿泉水就能收回成本了。这就是"书店+"，说是个书店，实际上并不是靠卖书赚钱。

我在国药的时候开展健康事业，在新乡重组了一家医院，病床的数量在河南的医院中是最多的。我有一次遇到医院的负责人，问他最近药价在下降，医院办得怎么样。那位负责人跟我说医院经营得可好了，虽然卖药不怎么赚钱，但医院有3000多个病床，住了那么多患者及家属，需要在医院里买很多生活用品，医院靠供应这些生活用品一年就能赚几千万。所以，医院里可能卖药不赚钱，诊疗也不赚钱，但在那些"+"业务上赚了不少。这就是"医院+"。

"+"思维并不是只依赖于互联网

当然，提倡"+"思维不是乱加一气。随着新一代信息技术的崛起，各行各业的边界正变得模糊，但互联网思维下的跨界经营绝不是进入完全不同的领域，而是从核心业务出发，进行一些相关扩展，目的是让核心业务跟上时代变化。"互联网+"通过跨界会撬动庞大的共享经济，如共享单车、共享汽车、共享旅店。对制造业企业来说，跨界不是今天做点这，明天做点那，做建材的去做旅游，做医药的去做建材，而是在"+互联网"的同时，借助"+"思维，从专业出发进行适当的延伸。

"+"思维并不只依赖互联网才存在。现在很多"+"模式，其实和互联网毫不沾边。这让我联想到社会上的许多新技术、新模式、新概念，它们可能都非常好，但并不是每一个都适用于自己，关键在于我们能从中学到什么。比如3D打印，这种技术很先进，既能打印塑料和金属，还能打印衣服和鞋子。对建材行业来说，现在用3D打印技术去打印水泥钢筋结构的大楼还很有难度，不过，它的原理可以抽象出来，就是怎么让工作更有效率、更简单，应该朝着这样的方向去思考问题。新事物永远层出不穷，不适合自己的不必非要简单复制，但我们要研究和学习它背后的逻辑与方法，这可能比应用新事物本身还重要。

水泥业务是中国建材的核心业务之一。近年来，我们在做水泥的同时，也在帮助解决一些环境污染问题。现在，中国建材做的主要有三件事。

一是垃圾焚烧。因为垃圾厂的垃圾焚烧温度是800℃，而600℃~800℃是产生二噁英的阶段，所以焚烧垃圾的工厂很容易释放二噁英。二噁英是致癌的剧毒物质，现在空气中二噁英的含量比较高，就是焚烧垃圾带来的。解决这个问题的最好办法，就是用水泥的窑炉把垃圾给烧掉。因为水泥的窑炉温度高达1600℃，二噁英全部能被分解掉。在工业烧垃圾方面，中国建材有几个工厂做得非常好，比如巢湖工厂，把巢湖市整个生活垃圾全部烧掉，因为垃圾是有机的，还为工厂提供了能源，同时生物液产生的菌吸附臭气，能够消除垃圾的臭味，这样排放的气体也没有味道，这些都是最新的装备和技术。国内很多人不明白为什么一定要这么做，这么做主要针对的是二噁英，这种技术和普通焚烧垃圾的根本区别就在于高温可以分解二噁英。

二是处理危险废品。化工行业的危险废品，如医院里用后的药瓶、药剂、纱布等危险废品，都要焚烧。现在我们也都是在水泥厂将这些废品焚烧，因为有1600℃的高温，可以把它们全部分解掉。

三是焚烧被污染的土壤。因为做水泥需要黏土，碳酸钙和黏土一起混着烧，最后形成硅酸钙的水泥。这样的话，水泥窑就可以烧一些被污染的土壤，因为很多地方都有被油或各种化工材料污染的土地，污染的土壤怎么处理？拉到哪儿都是污染，就放在水泥窑煅烧分解掉，这样黏土也可以作为水泥的一部分原料。

山东、江苏的一些化工厂过去有很多固体废弃物、危险废弃物，都没法排放，放在哪里也不行，所以现在都要烧掉。我们在南京的一个工厂，一年仅仅烧这些废弃物就有几千万元的利润。其实，今天日本的很多水泥厂靠水泥赚不到多少钱，都是靠垃圾焚烧处理赚钱，改变了水泥经营的传统逻辑。原来水泥厂就是生产水泥，现在变成了利用窑炉特殊的环境来烧掉城市里的废弃物，同时生产水泥。最终，水泥行业成为一个处理废弃物的出口，逐渐拓展成处理废弃物的产业。

"水泥+"模式

中国建材近年来应用"+"模式，做出了不少亮点。其中，"水泥+"就是很突出的一个。水泥行业进入平台期后，需求量会逐渐下行，那么这个行业要如何盈利呢？这些年来，中国建材探索了很多路子，包括联合重组、市场竞合、技术革新等，总之，都是围绕水泥本身想办法，那还有没有其他盈利方式呢？

尽管中国建材过去也做水泥相关的业务和产品，但是并没有把它当成一种商业模式去运营，只是既做这个也做那个；现在把"+"的思维移植到水泥行业里，视野一下子打开了，我们发现原来只赚水泥这点钱是一种笨做法，即使水泥的潜力还没有挖掘完，也要做另外的更赚钱的"水泥+"业务。

"水泥+"不仅仅是"+商混㊀""+骨料""+制品"，还包含"+焚烧垃圾""+焚烧危废""+焚烧污染"等模式。中国建材运用"+"思维，确立了"做强水泥、做优商混、做大骨料、做好综合利用"的一体化经营思路，即紧密围绕水泥主业，做好产业链延伸，探索发展商混、骨料、砂石等业务，推进水泥窑协同处理城市垃圾、危险废弃物、污泥、受污染土壤等资源综合利用项目。通过这一模式，中国建材既提高了水泥业务的经营能力，拓展了盈利空间，又提高了对资源开发和创新路径的认识，这些都是难得的收获。

中国建材在山东青州有一个中等规模的水泥厂，这个厂有两条水泥生产线，占地700亩㊁，2016年税后利润为6000万元，2017年税后利润为1.6亿元。厂长是一位年轻的小伙子。我问他2018年赚了多少钱，他说赚了4.5亿元。我接着问他做了什么，怎么赚这么多钱，他说光做水泥只能赚1.6亿元，但在水泥的基础上开展了"水泥+商混+骨料+机制砂+干拌砂浆+固废处理"的全产业链经营，打造出了产业一体化的"青州模式"。"+"出来的这些产品收获了约3亿元的利润，相信总利润很快就能超过6亿元。这就是经营的逻辑。

㊀ 商品混凝土。
㊁ 1亩=666.67平方米。

西方大的水泥企业都是水泥、商混、骨料一体化经营，约 30% 的水泥供应自有商混企业，骨料是水泥产量的两三倍。中国建材是全球最大的水泥和商混制造商，下一个增长极就是骨料。其实，做企业不光是要赚高科技业务的钱，还要赚零科技业务的钱。比如石头子，学名叫骨料，由砂子和石头混合制成，是混凝土的重要原料。这些东西看起来不起眼，但是用量很大，在建筑物中能起到骨架和填充作用，北京大兴机场、港珠澳大桥等建设中使用了大量的骨料。在我国，以前骨料砂石多是由小企业做，市场很混乱，而且存在着过度开采、非法开采、环境污染、资源浪费等问题，地方政府对此也很头疼。现在不让随意开采了，谁来做？中国建材来做，帮助政府把很散很乱的市场整理一下，把骨料的生意规模化地做起来。中国建材正在着手市场整合，希望能规范有序地做好骨料开发和应用，推动行业可持续发展。

石灰石、骨料砂石这类材料都是自然科技的成果，经过数亿年演变而成，也就是古人讲的"天工开物"。自然资源有稀缺性，不可再生，所以人类要敬畏自然，善用资源，并发挥它的有效价值。水泥是个好东西，石子和砂子也是好东西，它们不落后，从这个角度来看处处是资源。就像沙漠地带，那里的阳光和风可以用于发电，盐碱地上也可以做温室大棚，进行无土栽培的农业生产。自然科技造出的是原料，而人类科技造出的是材料。做企业要把自然科技与人类科技有机结合起来，学会"两头挣钱"，一方面要做好原料的保护和合理的开发利用，另一方面要用原料挣的钱反哺高科技、新材料的研发。中国建材目前同时在做这两件事。不过，需要注意的是，自然资源是稀缺的，用一点少一点，要合理使用。

"玻璃+"模式

我以前在北新建材的时候满脑子就想着三件事情。

第一，北新房屋，就是工厂化房屋，不再用一砖一瓦去砌。北新就是从新型房屋起家的，这是北新最早的基因，一直致力于这项工作。后来，发展成大型的水泥、建材企业，我们始终没有忘记这颗初心，还是希望能够回归到房屋、装配式建筑、工厂化房屋上来，改变我国"秦砖汉瓦"这种传统的建造方式，让它工业化，带来一场建筑业的革命。

第二，太阳能屋顶发电，实现绿色环保。太阳能电池要用到很多的玻璃，这跟中国建材联系在一起。比如发电玻璃这样的新能源材料，被广泛应用于偏远农村地区，实现基础设施的电气化，加速农村的现代化。

第三，智慧农业，就是玻璃大棚。房子是给人住的，大棚是给植物住的。智慧农业相当于给植物盖房子。做一个几百亩、几千亩的农业大棚，要用很多白玻璃，而且也采用金属架构。这些都是跟中国建材现有业务联系在一起的，也是相关的业务。尽管种地、无土栽培不是中国建材的领域，但可以通过混合所有制找一些农业公司经营，自己并不经营，只是参与这个产业。

在玻璃行业中，建筑玻璃目前几乎都不赚钱。现在，中国建材还做光伏玻璃、电子玻璃、铜铟镓硒薄膜太阳能电池、碲化镉发电玻璃等。中国建材所属的成都发电玻璃厂开业不久，第一条生产线规模虽不大，2018年却有几千万元的利润，还计划在全国拓展，未来将取代多晶硅、单晶硅。

我们都知道，以色列的农业发展得益于滴灌技术的发明和推广。滴灌种植有它的精准和科学之处，尤其适合缺水的以色列，因此被全面应用到了农业上。现在，中国建材也在发展智慧农业，建材企业做农业有点跨界，但我们依托玻璃领域的技术优势做的是光伏农业，是"玻璃+现代农业"。很多人纳闷中国建材为什么要发展农业？因为中国建材的光伏玻璃产品透光性很强，但却没有足够的用量，所以借鉴了荷兰建玻璃大棚的做法。从荷兰的高速公路上驶过，两边遍地都是种植农作物的玻璃大棚，我想如果在中国推广这种玻璃大棚就可以把光伏玻璃都卖出去了。我先后去了荷兰三次，引进了荷兰的玻璃大棚种植技术。

中国建材在德州规划建设8个100亩的国际最先进的玻璃连栋温室，总投资约11亿元，第一期7公顷（约105亩）已经投入运营。大棚采用的是获得国家科技进步奖的高透无影玻璃，同时做了薄膜光伏发电和绿色创意小镇及农业休闲旅游开发。

其中，每个玻璃大棚占地100亩，主要种植西红柿。普通的塑料大棚比较窄，里面比较热，植株上会长蜜虫，要喷农药杀虫，多数人不太愿意吃喷过农药的蔬菜。中国建材引进的玻璃大棚有7米高，里面汽车都可以通过，内部通风，没有蜜虫，不需要打农药，而且是无土栽培。西红柿的种子也来自荷兰，种子成本占整个西红柿造价成本的17%，这点暂时没办法，种子是被垄断的，它的种子长出的西红柿是一串一串的。现在，我们吃的西红柿通常比较水，感觉跟小时候地里长的味道不一样，是因为没有蜜蜂授粉。我们专门进口了荷兰的大黑蜂放在大棚里，协助从事农业生产，昆虫类中只有蜜蜂允许进口到中国。这种大黑蜂很厉害，有记忆力，它给这朵花授了粉，下一次就不会再给同一朵花重复授粉，保证每一朵花都能被授粉，这样经蜜蜂授粉过的西红柿会有籽，吃起来会特别香，这种西红柿在京津冀市场上供不应求。

种西红柿这件事有很大的学问，西红柿大棚里一定要放二氧化碳，里面的二氧化碳浓度是普通空气里二氧化碳浓度的4倍。植株吸收二氧化碳后释放氢气，只有释放氧气才能固碳，所以大棚里负氧离子浓度也会比较高，工人进入大棚内会感觉很清醒，精神振奋，还能提高工作效率。晚上没有自然光线了怎么办？用LED灯照着西红柿，照样生长。有助于植物生长的是红光和蓝光这两种光线，红光和蓝光的比例最好是5∶3，而LED灯可以保证要么发出红光，要么发出蓝光，充分地利用好能源。西红柿是生长没有限制的植物，植株底部会不停地转成圈生长，工人会在它长到25米的时候砍掉，重新植苗，因为四个月到半年的生长期内，无土栽培的培养皿里很多养料都被茎秆吸收了。

这就是"玻璃+"衍生出的智慧农业。用塑料大棚种的西红柿，每平方米的产量是20千克，而德州的玻璃大棚每平方米产量是120千克，这项技术很不简单，将来大有可为。中国人多，农产品需求非常大，仅北京一年大概需要60万吨西红柿，西红柿里含丰富的维生素，大家可以多多食用。

现在，我们正在全国推广这种玻璃大棚。玻璃大棚一般建在农村里，蔬菜种植是一个劳动密集型行业，得雇用当地农民，这会帮助解决部分农民的收入问题，有利于中国的农村脱贫事业。中国至少需要上万个大棚，建一个100亩的玻璃大棚的投资是1.2亿元，一年大概收入5000万~6000万元，成本大概是3000万元，也就是说一年有2000万~3000万元的毛利，五六年就能收回成本。也许将来智慧农业也能做成世界500强。

"管理+"模式

现在,中国建材的很多工厂在推广"+"模式,包括"光伏+",在工厂里布置了太阳能,院子里、空地上全部是太阳能,最近又装了风能,变成了新能源工厂。这样不需再用电厂的电能,因为这些新能源就可供整个工厂使用了。

除此之外,在国际化过程中,中国建材还在积极推进"智慧工业"模式,也就是"管理+"模式。"智慧工业"模式的核心就是外包管理,外包管理是现代制造服务业的一个重要手段。这有点像香格里拉酒店管理集团,酒店本身不是自己的,但是它们负责管理。

中国建材在海外"一带一路"沿线的一些国家建了三四百家大型工厂,都是工程总承包(EPC)的。这些工厂需要一流的技术人员和管理人员,发达国家人员不愿意去,当地人又做不好,这该怎么办呢?大都是印度和巴基斯坦人做管理,他们的英语好,而且他们愿意给别人搞管理,全世界很多饭店就是印度人在管理。现在,我觉得我们也能做,很多中国企业人员富余后没事干,可以组织起来参与竞争,向"一带一路"沿线国家输出一大批有技术水平和管理能力的人员,从事外包管理,提供技术支持和管理服务,不进行重资产的投入,但效益很可观。中国建材成立了一家管理公司——智慧工业公司,目前在"一带一路"沿线国家管理了70多家企业,未来计划管理100家。不光管理水泥厂,将来还有钢铁厂、化肥厂,只要是中国建设的我们都要管,因为中国拥有这样的人力资源。国内产能过剩,不少工厂关闭了,有厂长,也有技术人员,这些人经过组织和培训就可以被外派。对于一个水泥厂,中国建材只派驻了50人,其他的都是当地人。

在埃塞俄比亚,中国建材掌管着9条生产线,派驻了500名技术人员和管理人员,当地的员工有1万人。中国建材利用在生产管理、备品备件服务、海外维修、培训、质量检验等方面的专长,开展了一揽子业务合作,效果非常好。同时,中国建材也为当地培养了技术人员和管理人员,因此很受欢迎。

未来,中国建材将通过全球工厂管理的招投标来扩大业务范围,派出优秀员工,投身到"一带一路"沿线国家的企业管理中去,从产品的"走出去",转变为人才的"走出去"、管理的"走出去";从硬件的"走出去",转变为软件与硬件同时"走出去"。我们的目标是,把集团建成制造服务型、外包型、管理型的产业集团。

数字经济时代的商业创新

数字创新的意义

数字创新为什么很重要?我们在工业革命那一轮落后了,通过改革开放追赶了上来。过去10年,我国在数字消费应用领域走在世界的前列。面对下一个10年,我们希望在数字化产业方面依然走在前面。现在,我们有5G这样一个大的引擎、先决条件,大数据、云计算、工业互联网、人工智能等一系列数字化产业齐头并进,这对我们来说至关重要。

过去，大家认为互联网是手段、数字化也是手段，但其实数字化不仅仅是手段，它已经改变了我们传统的思维方式，改变了所有的行业、所有的技术、所有的领域，我们必须看到这个深刻的改变。我是学高分子专业的，记得以前有位老师曾说过："我们写了这么多的分子，结构这么复杂，难道说这些物质是这样的吗？其实，这只是一种表达方式而已，我们现阶段表达它是用这样的方式。"由此，我想到了数字，数字是最新、最深刻的表达方式，它可以表达化学、物理以及所有的技术。过去，我们常讲创意、创新、创业，在数字化时代，它们是以数字为基础连在一起的，没必要再去细分了。所以，现在做企业还需要"数商"。什么是"数商"？"数商"就是对数字学习、理解和应用的能力。

我近一年来先后到联想、海康威视、工业富联、用友、雅戈尔等企业调研，我看到这些企业都在进行数字化的变革，它们进行创新的最大特点就是数字化。中国的数字化创新产业走在了前沿，这又改变了企业发展的方式和经营的模式。过去企业间是竞争关系，现在企业间可以把产能互相利用起来，就像通过云平台把各自的空间互相利用起来一样。

技术、互联网、资本是企业发展的三维空间

企业的逻辑是成长的逻辑，就如种下一粒种子，它是需要成长的，我们也要思考如何让企业健康成长。企业成长往往面临两大问题，要么长不大，要么长大以后就崩盘。如何破解这个怪圈，如何解决好企业健康成长的问题，这是我们要认真思考和面对的事情。

"技术+互联网+资本"是企业发展的三维空间，三者缺一不可。我们既要有技术，也要有互联网，技术解决核心竞争力的问题，互联网解决市场的问题；同时我们还要有资本，资本解决发展基础的问题。技术、互联网、资本三者合力，共同带动企业实现创新转型和经济发展。

第一，技术。说到技术，我们往往想到的是科技。科技包括科学和技术，科学是发现未知的事情，而技术是发明，是科学知识的应用。企业的创新绝大部分是在技术层面，解决产品开发和制造的问题。在激烈的市场竞争中，企业要面对国际和国内的竞争，能否随着市场的需求和变化，不断研发市场需要的新技术、新产品，是企业在竞争中求生存、求发展的关键。企业之间的竞争不仅仅是规模上的竞争，更重要的是企业间技术创新实力的较量。

企业最核心的竞争力是技术。对企业来讲，首先应该思考有没有技术，没有技术应该考虑技术的来源在哪儿，要切实解决好技术的问题，没有技术就很难生存发展，例如经营一家餐馆需要炒菜的技术。再如华为已经走在了行业的最前端，无人可跟随或模仿，正如任正非所说，"我前面已经空无一人，我很孤独"。所以，华为每年要投入1300多亿元的巨资进行高科技研发以掌控核心技术，不受制于人。

第二，互联网。互联网对企业来说，不仅是一种技术，更是一种商业模式，其商业模式的作用比技术更重要。互联网的商业应用包括消费互联网和工业互联网，像淘宝等电商公司属于消费互联网，目前中国在消费互联网领域位居全球第一，在美国课堂上讲消费互联网相关课程，如果抛开中国消费互联网的案例，老师是没法讲课的，因为中国的市场足够大，中国的消费互联网做得很突出。

我国的互联网发展正在由消费互联网进入工业互联网，比如海尔卡奥斯工业互联网平台聚集了 390 多万家生态服务商。疫情期间，青岛的 4 个女职员用 4 天时间帮助山西一家企业转型生产口罩，每天产能达 10 万只，这些都是在互联网平台上完成的。消费互联网是面向个人的，我国有 14 亿消费者；而工业互联网是 B2B 模式的，我国有 3000 多万家公司，拥有充足的市场需求，这些都是我国互联网产业发展的坚实基础。中国企业必须将互联网引入企业中来解决市场问题。

第三，资本。有些人认为美国的创新发展得好是因为制度，费尔普斯在《大繁荣》一书中提出制度对创新不是最重要的，价值观、文化对创新才是最重要的。我认为除价值观和文化之外，资本的力量其实也很重要。资本是创新的工具，是创新的引擎，是创新的动力。1912 年，熊彼特在《经济发展理论》中讲到了创新、资本、企业家精神，并提出了"资本是企业家用来创新的杠杆"这一观点。再优秀的企业家，如果没有资本的支持，也做不成事。

在爱迪生那个时代，美国基金就很发达，爱迪生研制出灯泡之后，在基金的支持下，成立了自己的公司，也就是今天 GE 公司的前身。爱迪生的成功可以说是"技术 + 资本"的结果，是资本支持了创新。现在美国的高科技公司，比如谷歌、微软、Facebook、特斯拉等科技巨头，都是靠纳斯达克等资本市场的培育发展壮大的。同样，阿里巴巴、百度、腾讯也都是靠资本市场的支持做起来的，今天我国企业的创新速度能够加快，也是源于资本市场的支持。我国私募股权和风投基金的总量 10 年间涨了 10 倍，现有 14 万亿元资金在支持企业的创新。同时，这些企业快速成长的高市值也支持了资本市场的发展，并为投资者创造了巨大的财富。创新和资本市场是并驾齐驱、相辅相成的。

京东方就是在资本市场支持下发展起来的,因为投资屏幕领域需要大量资金,甚至上百亿元的投入。于是,京东方向地方政府定向增发股票,2元一股,地方政府花钱购买这些股票,然后京东方就拿着筹到的资金去投资。随着各地新工厂的陆续建设,京东方的股票价格也在持续上涨,地方政府再出售这些股票,从而获得收益。除了成都、重庆,合肥、武汉、北京等地方政府也通过这种形式跟京东方合作,解决了京东方的资本来源问题,从而使京东方把液晶显示屏做了出来。这个过程非常巧妙,几个方面的力量都被综合利用起来了。

如果5年前用同样的办法去做芯片会怎么样?当时,荷兰的光刻机开放销售,如果我们做些像京东方那样的资本市场创新,把芯片也做出来,我们就不至于像今天这么被动。现在,资本市场对国产芯片也给予了巨大支持。中芯国际这次回归A股的时候很轰动,募集资金500亿元,市值超过6000亿元。资本市场是支持创新的土壤,而创新也提高了上市公司的市值,我主张"业绩+创新",市值高的上市公司都是有创新技术的公司。企业有业绩、有创新、有贡献、有未来,这是资本市场最欢迎的。

资本市场创新对经济和企业的创新至关重要。2019年,科创板在上海设立,2020年创业板注册制落地,国务院印发的《国务院关于进一步提高上市公司质量的意见》提出要更大范围地推广注册制,也就是进一步市场化。这都是资本市场的重大制度创新,这必将迎来创新创业的大发展。资本市场创新迈出一小步,企业的创新就会迈出一大步。大家都很期盼资本市场的继续创新,沿着科创板、创业板的路继续走下去,坚定不移地走下去，让资本市场进一步市场化。

我国是一个高储蓄国家，全球的平均储蓄率在过去 10 年、20 年中，平均是 26.5%，而中国大大高于这一水平。2008～2019 年年末，中国的储蓄率占 GDP 的比重从 51.8% 降至 44.6%，预计未来还会进一步下降。有人说这和我们的民族属性有关。记得有一年接待摩根士丹利首席经济学家史蒂芬·罗奇，他认为储蓄不应该是具有基因性的，存款是可以拿出来做投资和消费的，关键要改变资本的一些制度和运行方法。

我国的存款总额现在已达到 192 万亿元，约合 27.8 万亿美元，而美国仅有 13 万亿美元。据统计，截至 2020 年 7 月，已登记备案的私募基金管理人数量为 24 000 多家，对应资金规模为 14.9 万亿元。但这个数字与发达资本市场相比，在体量上仍有差距。根据美国证券交易委员会的相关报告，截至 2019 年第四季度，美国登记注册的私募基金管理人仅 3200 多家，但对应的股权投资金额却有 15.03 万亿美元，约合 100 万亿元。美国储蓄额不高，而是进行了大量的股权投资。这给了我们很好的启示，提醒我们要从高储蓄社会转向投资社会，多层次吸引资本，加大资本市场的建设力度。

资本市场不只是针对上市公司而言，也要加大对民间投资机构的支持，上市公司和民间投资机构共存于一个生态系统。美国当前有近 2 万亿美元市值的公司都是由基金投资公司培育的。过去，中小企业的资本来源主要是靠银行贷款，但是过多依赖银行贷款会带来两个问题：一是企业的杠杆越来越高，利息负担越来越重，恶性循环；二是增加了银行的风险。今后中小企业在发展过程中要加大股权融资等直接融资力度，减少间接融资，这会有效降低企业的负债率，不让利润主要用于支付利息。我国目前利润率最高的仍是几大银行，要改变这种现象，这并不是说银行不好，缺了银行肯定不行，但是要强化资本市场的发展和培育，而不能全靠贷款等间接融资方式，单纯依靠推高杠杆，企业的发展难以持续，这是过去很多年的经验教训。

独角兽企业的崛起

2020年8月4日，胡润研究院发表的《2020胡润全球独角兽榜》中，美国有233家上榜，中国有227家，两国仅相差6家，但我国独角兽企业的市值总额远远超过美国独角兽企业。中美两国的独角兽企业占全球的80%。从全球范围来看，中国和美国是两个创新大国。中国的独角兽企业主要分布在北京、上海、杭州、深圳，说明这4个城市在创新与资本的结合上非常活跃。

"独角兽"这个名词出现的时间还不长，它是指创办时间在10年以内，在资本市场上估值超过10亿美元的一些创新型企业。它有一个特质，就是把创新和资本这两项结合在一起。独角兽企业和隐形冠军企业并不同，隐形冠军企业是有规模、有市场、知名度不高的公司，如德国的一些家族公司，而独角兽企业是被资本市场高度认同的创新型企业，创新是其重要的本质特征，是以市场估值来衡量的。在整个创新型经济里，我们要有"尖刀班"，要有"敢死队"，它们就是独角兽企业。所以，独角兽企业对于创新型经济和创新型社会具有巨大的意义。

独角兽企业的出现和成长离不开资本市场，它们是靠资本市场的土壤培育起来的。这些企业发展前期的高投入靠资本市场支持，同时它们又反哺资本市场,资本市场中支持独角兽企业的基金、风投机构在投资的独角兽企业成功上市后,通常都获得了丰厚的回报。比如,2020 年 7 月上市的寒武纪是做 AI 芯片的独角兽企业,企业上市后给资本市场带来了很大的贡献。

独角兽企业诞生并进入资本市场,将改变资本市场的结构,也将改变资本市场中投资者的投资理念。现在,中国 A 股市值排名前 10 的公司中,有 2 家酒企、6 家银行、1 家石油,这和美国股市有很大不同,美国股市市值排在前列的是苹果、亚马逊、微软、谷歌等高科技企业,两者对于价值投资的认识和取向是不同的,也能看出资本对企业发展驱动力的差异。随着我国独角兽企业的发展,上市公司的资本结构和价值投资的理念都会发生重大的变化。

独角兽企业对于我们战胜疫情、恢复经济也非常有意义。疫情之后,我国经济结构发生了变化,很多传统的、实体的经济受到很大影响,而独角兽企业所代表的新产业、新业态,大多在蓬勃发展、逆势发展。现在是打造独角兽最好的时间窗口,疫情虽然给企业带来很多压力,但国家和地方出台了很多利好政策,这个时刻是创新型经济和独角兽企业成长的绝佳时期。

前不久,我和几位年轻人交流创新创业方面的话题,我问他们:"你们的目标是什么呢?"他们回答:"我们的目标是,第一步先进入独角兽行列,第二步要上市,成为中国上市公司协会的会员。"我听了他们的创业故事很感动,他们为了事业奋斗,努力打造独角兽企业,有人在遇到困难时甚至把自己的住房都抵押了,以给员工发工资,度过最困难的时期。熊彼特在《经济发展理论》一书中指出,企业家就是对成功充满渴望的人。这些要做独角兽企业的年轻人,正是对成功充满了渴望。这是当今社会所需要的,是创新所需要的。

做有质量的独角兽企业

中国上市公司协会的一项主要工作就是在中国证券监督管理委员会的领导下,推动上市公司质量的提升。在做独角兽企业的过程中,我们更要重视质量。这里面包括以下几点。

一是把创新和高质量发展结合起来。创新有风险,我们要进行有质量、有目的、有效的创新,研究创新,学习创新,扎扎实实地去做,提高企业的治理质量、运营质量和创新质量,逐渐成为有质量的独角兽企业。

二是把高速成长和规范经营结合起来。独角兽企业都是高速成长的公司,在成长过程中要强化规范经营和治理。证监会易会满主席提出的"四个敬畏",对独角兽企业来讲就是原则和立场,也应是初心。从第一天立志要做独角兽企业开始,就要做到规范经营,做正确的事,正确地做事,不犯原则性错误,因为有些错误一旦犯了就再也没有改正的机会。所以,快速成长的前提是规范经营。

三是把创新的故事和创造价值的故事结合起来。独角兽都有创新的故事,这个故事要讲好。记得2019年年初"CCTV中国创业榜样"颁奖典礼上有很多机构投资者出席,当时一些创业者就请我出主意,怎么才能让这些机构投资者愿意投资?我说,首先要把企业的故事厘清,把企业的故事讲好、讲通、讲准确,讲得让这些投资者脑门发热,他们才愿意投资。当然，光会讲故事也不行，企业既要讲好自己的故事，也要做好实际的事情，要创造价值、回报投资者，这两点要结合起来。不会讲故事没人愿意投资，但如果只会讲故事，即便投资者投了效果也不一定好，有些独角兽企业正是因为这样而没能实现成长。我希望独角兽企业既要快速，也要稳健，能够扎扎实实地提高公司质量。

第 8 章
Chapter 8

三精管理

———

　　企业在成长中容易膨胀臃肿，需要通过管理反向推动，控制规模，有节制地发展。优秀的管理是持续经营的基础，"三精管理"是一套适合企业实际的工法，组织精健化的重点在于减机构、减层级和减冗员，管理精细化聚焦降成本、提质量和增品种，经营精益化注重价本利、零库存和集采集销。通过推行"三精管理"，企业可构建起精干高效的组织体系、成本领先的生产管理体系和效益优先的经营管理体系，实现从数量到质量、从速度到效益的转变。

组织精健化

大企业病是企业发展中绕不过的坎

大企业病是企业发展中绕不过的坎。我把大企业病的特征概括为"机构臃肿、人浮于事、效率低下、士气低沉、投资混乱、管理失控",有大企业病的企业或兼而有之或全部有之。企业一旦得了大企业病,就会像"帕金森定律"描述的那样,层级不断增多,组织不断膨胀,运作程序越来越复杂,组织效率越来越低,员工越来越没有进取心。大企业病正是许多大企业轰然倒下的内因。

时任嘉里集团董事长的郭鹤年老先生曾在中国经济年度人物颁奖会上给了年轻创业者4个忠告:一是专注;二是有耐心;三是有了成绩后要格外当心,成功也是失败之母;四是有了财富要回馈社会,而且越多越好。我对第三点的印象尤为深刻,因为我们过去常讲失败是成功之母,却鲜少说成功是失败之母。正如郭老所言,企业获得成功后容易犯错误,一不小心就会陷入危险的境地。

怎么防范大企业病呢?就是要通过管理,向相反的方向推动,企业要学会做除法、做减法,有意识地去控制膨胀、缩小规模,使企业向组织精健化不断推进。企业的成长是有周期的,总会经历由小到大的过程,长到一定阶段就会成熟,成熟是件好事,但成熟之后,却很容易衰老得病。大企业必须始终保持清醒认识,时时提防大企业病,做到事事责任到人,用数字说话,学会有节制地发展。

中国建材以"机构精简、人员精干、效率优先"为原则,开展减应收账款、减存货、减法人、减杠杆、减机构、减层级、减冗员、减公车"双四减"工作。其中,重点是减机构、减层级、减冗员。

减机构:机构精简、人员精干。2016 年 8 月,原中建材集团和原中材集团(以下简称原"两材")合并后,以此为契机,大规模地减机构,高度压缩,从总部、二级公司到基层企业都进行了机构精简。

- 优化精简总部机构。集团总部机构由原"两材"的 27 个整合为 12 个,集团总部人员由 269 人调整为不到 150 人,保持了机构精简、人员精干。周到稳妥地安排精简下来的干部充实到二级、三级企业中,努力做到职务有升不降、薪酬有增不减,精简工作繁而有序,稳定了队伍,激发了干劲。
- 优化精干二级平台。经过多次整合,所属二级企业由原"两材"的 32 家减到 10 家,为业务整合和打造大利润平台奠定了坚实的基础。
- 各级企业尽量合并机构。严格定岗定编,同一层级上的机构设置,能合并的尽量合并。

减层级:瘦身健体、提质增效。过去,央企层级最多的达到了 17 级。比如传话游戏,一句话传到第 10 个人那里就完全不是原来那句话了,17 个层级意味着领导讲的话传到基层,意思可能就被颠覆了,所以得减层级。这几年,国务院国资委要求央企进行瘦身健体、提质增效,提出三年内把层级压缩到四级以内,企业户数压减 20%。中国建材从原先的七级减到了四级,以"准四级"为限,压缩企业层级,除了股份公司因下设南方水泥等特大型企业可以宽限至四级外，其他所有子企业均以三级为限，不得再向下延伸。2018年，中国建材提前一年圆满完成国务院国资委下达的三年压减总目标，累计减少法人444户，压减比例达20%，未来要在此基础上，继续压减20%，进一步提高发展质量，实现轻装上阵。

减冗员：提高技术，减少用工，降低成本。集团总部以下采取"五三三"定员，即业务平台公司定编50人，区域运营中心定编30人，日产5000吨水泥熟料的生产线定编300人。近年来，集团总部采用信息化、智能化方式推动传统产业转型升级，精简劳动密集型用工岗位。以水泥智能工厂为例，基本实现"无人工厂"，人均劳动生产率提高了80%。从整个集团来看，2016年"两材"重组到2018年年底，中国建材陆续减少了冗员，使得集团轻装上阵。

企业领寻人一定要清楚企业发展的自发过程是不断扩张的过程，要有意识地持续"瘦身健体"。最近两年，在金融去杠杆、经济增幅放缓的大背景下，中国建材等央企安然无恙并取得良好业绩，这与持续"瘦身健体"是分不开的。反观一些民营企业借助影子银行和银行表外业务举债发展，最终遭遇了资金难题。究其原因，主要问题就在于发展速度超过了自身可承受能力。这样的教训对企业来说是极其深刻的。

大企业要能小，小企业要能大

今天，多数大企业都是通过重组合并发展起来的。合并不仅做大了规模，还减少了恶性竞争，但合并起来的企业在文化融合、管理效率上往往存在问题，合并失败的案例也不在少数。20世纪80年代，我读过日本企业家酒井邦恭写的《我的企业分家》，主张企业要想有活力就要无限分家，尽量缩小核算单位。现在，合并与分家也时常困扰着我们，有一句老话：合久必分，分久必合。做企业也是如此。

大企业要能小，小企业要能大。就像生命的延续方式和大家庭的解体过程一样，生命不能通过单独的个体而持久，而是通过一代代繁衍而延续的，从这个意义上看，生命才是永恒的。企业也一样，投资新公司、发展新业务就是延续生命的方法，而老公司和老业务该退出时就要退出，这就叫吐故纳新。如果谁都不退出，产生一大堆僵尸企业，企业怎么会好起来呢？像《家》《春》《秋》里写的那样，中国旧式大家庭到了民国完全失去了活力，大家总想拢在一起过，年轻的小夫妻总想分开各过各的，但最终家还是要分的。

中国建材就是一家一路重组合并成长起来的公司。我们把合与分进行了有机处理，在一体化管控的基础上，把所属企业按业务领域分置于不同的专业化平台上，确保每家子公司都极其专业，像水泥业务就按区域划分成了9家完全独立的公司。

现在国务院国资委正进行投资公司试点，这是个企业分家的好机会，最好的模式是投资公司分别投入不同的专业公司，这些专业公司独立经营，但规模不宜过大，过大就会增加成本并丧失市场活力。其实，大多数央企已进行了企业分家，比如中国建筑就有8个局，每个局都是独立的竞争体。我曾和中国建筑的领导讨论过分家后的协同问题，他认为正是这种分灶吃饭甚至不惜内部竞争的做法，才使中国建筑的企业获得了竞争力和快速发展。总之，历史已经证明，吃大锅饭大家是没有积极性的。

管理精细化

管理要精细到每一个过程和工作岗位

精细管理是围绕降低成本、提高利润形成的一套管理理念。"精"针对质量,"细"针对成本,管理要精细到每一个过程和工作岗位,这是精细管理的核心内容。

在企业管理中,日本人的管理工法是非常重要的。不同于西方系统的管理学理论,日本人不太讲理论,而是在实践中总结了一些具体的工法。比如为了实现文明生产的"5S"现场管理法,即整理(seiri)、整顿(seiton)、清扫(seiso)、清洁(seiketsu)、素养(shitsuke),这5个词在日语中都带"s"这个音,所以叫"5S"。又如零库存,准时制生产(just in time)和零库存实际上是一个概念,只是不同的叫法,还有看板管理、全面质量控制(TQC)等。

实现管理精细化,一要用好工法,做好对标管理;二要全员参与,持续改进,两者缺一不可。日本丰田公司几十年如一日地进行现场精细管理,汽车在工厂安装完成后,工人们会拿小锤轻轻敲打每一个螺栓,根据声音辨别其松紧度,他们精益求精的工匠精神让我印象深刻。

管理精细化聚焦降成本、提质量、增品种。管理精细化的第一个体现是降成本,中国建材所属各企业深入推广并实施"格子化管控""八大工法""六星企业""增节降工作法"等特色管理"组合拳",全面落实成本费用节约计划和安全生产责任制,持续降本增效,管理水平实现了大幅提升。

以中国巨石为例，过去十几年间，它的产业规模从几十万吨提高到110万吨。与之形成鲜明对比的是，它大力开展成本控制和技术创新，员工人数从12 000人降至8000人，生产成本更是降低了1/3。近几年来，尽管能源价格、劳动力成本上升，反倾销影响加剧，但它的经营业绩却逆势增长，每年节约成本超过2亿元。公司高端产品比重超过50%，国内市场占有率近40%，全球市场占有率超过20%。自主研发的高性能玻璃纤维配方E6、E7、E8等系列产品，均属于全球玻纤领域的重大技术突破。中国巨石还大力推进智能化，生产线上的不少环节都使用了机器人作业。我曾陪同一位国外同行企业的CEO参观巨石，他对巨石生产线的先进水平感到十分震惊。

在降成本上，下面介绍两种管理工法：对标优化和辅导员制。

对标优化：变"相马"为"赛马"

对标优化包括对外对标、对内优化，核心内容是以行业和内部优秀企业为标杆，以KPI为核心，定期对主要经济技术指标做对比、找差距，学人之长，补己之短，不断提升改进。

对外对标，是指在日常经营中选择海内外一流的相关企业，定期对比同类数据，进行管理方面的学习。在水泥行业，我们坚持与海螺水泥、拉法基等优秀企业对标。以海螺水泥为例，这家企业是全球最高效的水泥企业，资产负债率低、装备精良、管理水平高。在向海螺水泥学习的过程中，我们确立了吨煤耗、吨电耗、吨修理费、吨油耗、吨球耗、吨砖耗"六大对标"。通过对照这些关键指标，找差距，定措施，抓落实，我们的成本、消耗、管理费用、销售费用等不断下降，各项经营指标持续优化。

对内优化，是指在内部成员企业之间开展对标，逐步优化业务指标。就像袁隆平选种一样，从大量的稻种中选一颗好的稻种。集团也会在众多企业中优中选优，不断发现并推广优秀的管理经验与方法，并迅速在同类企业内推广复制，从而实现整个系统的不断改善和优化。当众多管理方法放在一起的时候，你会发现哪个更优秀，这就是集团的优势。在对标优化机制的带动下，伯乐相马变成了赛场赛马。在大的参照系下，在集团外部，哪家企业有好的经营管理方法，我们就主动交流学习；在集团内部，哪家企业有节支降耗的好做法，其他成员企业就会快速借鉴并复制，哪家企业做得不好，就会成为"帮扶对象"。互相参照，既是一种激励，又是一种鞭策，你追我赶，互相学习和借鉴，形成比学赶帮超、先进带后进的良好氛围。

在对标优化的实施过程中，我们还梳理了流程上的四大关键点，便于大家学习应用：

- 在全集团范围内培育绩效文化。
- 寻找表现突出的内外部标杆企业。
- 定期讨论、总结经验、形成模板、迅速推广。
- 落实提高，把经验与实际工作相结合。

辅导员制："点石成金"

丰田的辅导员制是个很好的管理方法。在全球各大汽车公司中，只有日本的丰田公司在全世界生产的汽车质量都是一样的，原因就是丰田有 3000 多个辅导员。每当新建一个汽车厂，丰田就会从总部派来 300 个辅导员。比如建立天津汽车厂时，丰田就派人来辅导中国公司的工人操作标准工艺流程，直到工人们学会了才离开。

在联合重组的发展模式下，中国建材最大的管理难点在于成员企业众多且成长背景、管理基础、企业文化各不相同，要实现规范、高效、统一的管理实属不易。为此，中国建材也推行了这种便捷实用的管理工法——辅导员制。所谓辅导员制，就是充分发挥集团的人才优势、技术优势和规模优势，向新进入企业派驻辅导员，将先进的技术工艺、管理理念和企业文化通过直接有效的渠道复制到重组企业中，使重组企业在最短的时间内补齐短板，及早发挥潜力，产出效益。这就像学开车，辅导员相当于坐在副驾驶座上的教练，手把手教你怎么做。

辅导员制的实施有一整套机制。

- 选拔和任用。辅导员都是技能高超的"管理高手、市场能手、成本杀手"，大多选自标杆企业。
- 培训。通过培训，辅导员们会系统了解自身的工作任务和权责界限，提高解决实际问题的能力。
- 组成辅导员小组，派驻企业。辅导员小组一般由 5 位专家组成，分别负责工艺、控制室（主控室）、采购、市场、现场管理等。针对不同的重组企业，辅导员小组的构成也会相应调整。

值得注意的是，这些辅导员被派驻企业之后，不是要取代原有企业人员开展日常生产经营工作，而是帮助企业分析和解决重点难点问题，建立长效机制，在企业实现提升后就会有序撤出。

辅导员制之所以能发挥作用，是因为辅导员不单是进行技术辅导，而且在进驻重组企业后，通过系统的文化、制度和业务整合，让重组企业导入中国建材的核心价值观和经营管理理念，优化组织管理，建立、运行与业务协同体系相融合的经营管理制度体系，建立起一体化、制度化、模式化的管理秩序，实现由"单一企业管理整合"到"公司业务协同"再到"三五"管理[1]的上升过程。实际上，技术是好学的，最难的是复制这套统一的管理模式，而联合重组的关键正是所有的重组企业能够达到管理有序、步调一致。

有人问：这些辅导员每个月能额外拿多少钱呢？其实，他们除了日常工资外，每月只有两三百元象征性的津贴。辅导员制之所以能够成功，并不是因为辅导员有多高的待遇，而是我们给了辅导员实现自我价值的平台。一些本来可能要在车间干一辈子的普通员工，因为做了辅导员，就可以跨越大半个中国，到另一个工厂传道授业，获得尊重，这本身就是一种自我价值的实现。所以在企业管理中，收入待遇固然重要，但能激发兴趣更重要，要让大家活学管理，乐在其中，而不是成为额外负担。我们过去总说交流经验，辅导员制比交流经验更重要，这种制度让辅导员更有责任感、荣誉感、成就感，也是管理兴趣化的一种实践。

---

[1] 第一个"五"是五化运行模式（5N），即一体化、模式化、制度化、流程化、数字化；第二个"五"是五集中管理模式（5C），即市场营销集中、采购集中、财务集中、投资决策集中、技术集中；第三个"五"是五类关键经营指标（5I），即净利润、产品价格、成本费用、现金流与资产负债率。

这样的做法所产生的效果非常好，很多被辅导企业的管理水平迅速提高。比如原来的泰山水泥厂，收购前还是亏损的，收购后则通过中国建材辅导员的指导赚了钱。内蒙古乌兰察布水泥厂也是如此，派驻辅导员之后，通过迅速止血、造血，一家连年亏损的企业迅速转变为盈利企业。

实践证明，辅导员制是非常成功的。它首先是一套管理模式，通过派驻辅导员，优化管理方法，传播文化理念，提升经济效益。同时，它也是一套严谨的人才培养体系，为企业员工量身定制培养方案，通过有针对性的辅导，加速员工综合能力或技能的提升，一大批优秀人才脱颖而出，成为企业的管理骨干。

质量上上、价格中上、服务至上

管理精细化的另一个体现是提质量，质量问题是重中之重。企业到底靠什么生存？那就是靠质量。我是个特别严格地看待产品质量的人。2019 年 8 月 28 日，"全面质量管理推进暨中国质量协会成立 40 周年纪念大会"在京召开，北新建材获评"全国质量奖"。在大会上，我也获评"全面质量管理推进 40 周年卓越企业家奖"，并和出席会议的董明珠、雷军等企业家依次发表了演讲。我的演讲主题是"做企业要树立正确的质量观"，主要讲了三层意思。

第一，质量是一个国家发展水平的象征。现在，德国产品和日本产品在全球被公认为是高质量的象征。殊不知，当年德国制造和日本制造都曾被视为劣质货，是质量水平差的代表。1887 年，英国政府下令把所有德国产品都标上"德国制造",以示和英国产品的区别。德国人为此卧薪尝胆,用了上百年时间一雪前耻,实现了质量和技术的腾飞。

20世纪50年代,丰田车在行驶过程中经常抛锚,美国在报纸上刊登了一幅几个人在费力推着抛锚的丰田车的漫画,底下的题目是"Made in Japan",借此嘲讽日本汽车质量差。后来日本人决心要雪耻,聘请了美国质量专家戴明,并在石川馨等人的领导下开始在日本企业中推行全面质量管理。通过质量变革,日本用十几年的时间将产品质量做成了世界一流。我于20世纪80年代去美国,到商场想看看中国的产品在哪儿,服务员说在地上的筐里,上不了架。现在,国外商场的货架上琳琅满目的都是"Made in China",说明中国制造的产品质量也提高了。

衡量产品质量最后还得回到品牌上,如果产品质量做不好,就会败坏品牌声誉;如果质量一贯很好,加上品牌宣传,就能产生很多国际品牌。瑞士只有800万人口,人均GDP居然是7.2万美元,而且有很多知名品牌。2019年1月,我去达沃斯参加会议,利用两天时间专门深入瑞士企业参观考察,了解它们的品牌到底为什么能做这么好。这些企业的负责人告诉我:"在瑞士公司,品牌计划、品牌战略是由企业的一把手负责的,一把手亲自管理品牌。"确实,一把手必须亲自抓好品牌设计和推广宣传。北新建材龙牌的卡通龙设计、中国建材的Logo设计和宣传语都是我亲自安排与制定的,北新建材的宣传语是"质量和信誉是我们永远的追求",中国建材的是"善用资源,服务建设"。

第二,质量是企业的生命。中国建材下的所有企业都有质量意识,在质量上疏忽就等于砸企业的饭碗,只有严格的质量要求才能做好产品。

我刚去北新建材当厂长的时候,有一次出口到韩国的一箱岩棉吸音板被提出退货，因为其中一块板上面踩了个脚印。我们干部说韩国客户有点小题大做，一箱板好几千块，就这一块踩了脚印，又不影响装修。我却认为这是个大问题，迅速召开经理办公会议，做出了向货主道歉、赔偿、退换产品的决定，还亲手写了一份通报，对责任人进行罚款以示警醒。从身为厂长的我罚起，1993年时我一个月的工资500元，就罚了500元，主管、生产厂长罚300元，车间主任罚200元，依此类推，工人不罚，因为无法查清是谁踩的。回家之后我跟爱人说，这个月工资没有了，被一个脚印罚没了。脚印踩在我们的产品上，就是踩在我们的金字招牌上。

这件事后，北新建材的质量意识迅速树立起来了。围绕质量管理，北新建材开展了"TQC管理活动"，车间班组都成立了"TQC小组"，并且主动加压率先推进ISO 9000质量体系认证，近年来又引入卓越绩效模式。通过持之以恒的努力，北新建材的产品质量技术性能指标均超过外资品牌产品，成为行业里质量管理的标兵。2016年，北新建材荣获"中国工业大奖"，2019年获得"全国质量奖"。

第三，讲求质量是企业家基本的人生态度。做企业、做产品、做服务，从根本上讲做的是质量，应该专注地把产品质量做好，不要粗制滥造。我主张在质量上要有过剩成本，即把产品做得更好些。企业领导在质量问题上的态度，关系到企业的生存和发展。从短期来看，可能一个新产品、新广告、新的促销手段就能赢得一时的市场。但从长期来看，一家企业的生存和发展就是靠质量，要做到质量一贯的好，服务一贯的好。

现在正处于中国制造向中国创造发展的阶段，中国要从制造大国向制造强国转变，从"有没有"向"好不好"转变，从高速增长向高质量发展转变。但宏观的转变需要从微观上打好基础，这就需要每家企业都贡献力量，只有每家企业都做出改变，宏观层面的转变才能实现。

从质量时代到品牌时代

双循环新发展格局是我们开展品牌工作的重要契机。改革开放以来，我国经济快速发展，已成为世界第二大经济体。回过头来看，我们在整个发展过程中，用市场换技术、用市场换资金确实换来了大踏步的发展。然而从产业界来讲，我们在品牌方面其实是有所牺牲的。现在到了一个新的时代，尤其在以国内大循环为主体、国内国际双循环相互促进的新发展格局下，我们市场的需求并没有太大问题。我国有14亿人口的大市场，全世界都看好中国的消费水平和消费能力。我们的企业足够多，不少产品都过剩，产品质量也没有问题。

40年前，质量曾是我国企业的一个短板，这些年来，我国的企业扎扎实实进行管理，质量越做越好了。过去，我国的制造业企业很多都采用代工模式，全世界知名品牌的箱包等产品大部分是在中国生产的，所以我国企业的做工质量没有问题。包括跨国公司在中国设工厂，而产品出口到全球，这对我们企业的质量提升起到很大作用。今天，我们的关注重点不再是质量问题，而是品牌问题。

质量是品牌的基础，但并不是说有质量就一定有品牌。现在，我们已经进入一个由质量跨越到品牌的时代。以前讲"酒香不怕巷子深"，现在看来酒香也怕巷子深，产品质量再好也要树立产品品牌。酒业是品牌做得非常成功的行业，其他行业应该向酒业学习。企业家应该有这样的意识，不能只是一味地制造产品，还要围绕品牌工作下点功夫，有工匠精神、提高产品质量是前提，但是做到了这些，不见得产品在市场上就一定能够赢得客户，这种片面的认识需要转变。

我国目前是制造大国，但还不是品牌强国。现在摆在大家面前的问题，就是要组织国内的评级机构对我们自己的品牌价值进行评价。《福布斯》公布的 2020 年全球品牌价值排行榜里，前 100 家只有华为一家中国企业，这是有所偏颇的。我们要有一定的话语权，就必须有自己的品牌评价系统。尤其在国内国际双循环的大背景下，我们首先要考虑国内的 14 亿消费者，然后再面向全世界，这一点也值得深入思考。我曾多次去日本调研考察，日本把最好的产品用于国内的消费者，日本企业认为，国内消费者是日本企业长期的消费者，国内市场才是它们长期的市场。而我们过去往往把最好的产品出口，把普通的产品留给国内，出口转内销的产品质量都意味着很好，现在必须改变这些认识。

品牌的问题包含质量问题、设计问题、技术问题，还有观念问题，现在最重要的是要增强对自己产品的自信。"21 世纪的组织只能依靠品牌竞争了，因为除此之外，它们一无所有。"德鲁克先生这句话说得非常好，这里的它们是谁呢？就是企业。企业如果没有品牌就一无所有，因为在这个时代，各种产品和制造技术的迭代都发生得很快，一家企业能做的其他企业很快也能学会。茅台的酱香酒大家都可以做，但是茅台只有一个。2014 年 5 月 10 日，习近平总书记在河南考察中铁工程装备集团时提出了"三个转变"，即"推动中国制造向中国创造转变、中国速度向中国质量转变、中国产品向中国品牌转变"㊀。在这样一个转型时代，

㊀ 中国日报中文网.中国品牌日，习近平"三个转变"重要指示指明方向 [EB/OL].（2020-05-10）[2020-11-19].http://cn.chinadaily.com.cn/a/202005/10/WS5eb7b8b1a310eec9c72b7eaf.html.

我们要从制造大国迈向品牌强国。

在品牌建设方面，我国企业要认真研究瑞士、日本、韩国等国家的品牌经验。品牌来之不易，要倍加珍惜，培育优秀品牌要有全民意识，形成热爱、使用、维护、宣传国产品牌的风气。品牌战略既是企业战略，又是国家战略，我国产业界在打造民族自主品牌上已经形成共识，中国人的品牌时代正在来临。近年来，有一个热词叫"国潮"，这个提法非常好。中国的品牌在快速崛起，比如飞鹤奶粉已发展成为中国奶粉的知名品牌。企业应该抓住中国品牌的这个风口，过去我们关注比较多的是产品和质量，但现在我们要把更多的心思放在品牌上。

2020年7月23日，习近平总书记在中国一汽集团研发总院考察时指出：一定要把关键核心技术掌握在自己手里，我们要立这个志向，把民族汽车品牌搞上去。[1] 作为新中国汽车工业的摇篮，中国一汽集团将创新精神凝聚在企业文化中，坚持以自主创新体系作为发展基础，在产品、技术、品牌文化上等方面做了很多优化创新。一汽生产线上诞生了"解放""东风""红旗"等知名品牌，为中国制造工业做出了重要贡献。

企业要推动国内的品牌向高端化发展，为打造国际品牌不懈努力，让世界爱上"中国造"，推动中国成为品牌强国，增强在国际市场的影响力，我觉得有几项工作至关重要。

- 认真研究国际品牌形成的内在原因，提高我们对品牌的认知水平。我个人认为品牌其实是一种精神崇拜。
- 制定品牌战略，把品牌工作作为企业重中之重的工作。

---

[1] 光明网．习近平：一定要把民族汽车品牌搞上去[EB/OL]．(2020-07-24) [2020-11-19]. https://politics.gmw.cn/2020-07/24/content_34026768.htm.

- 大力弘扬创新精神和工匠精神，用硬核科技和完美质量树立中国制造的良好形象。
- 树立创造自主品牌的自信心，整体设计，协调联动，由优秀企业带头，让更多企业跟进，积极宣传和维护自主品牌，讲好中国品牌的故事，提高全球市场对中国企业和产品品牌的认可度。
- 加大品牌的投入。品牌塑造是个长期过程，也是个需要大量投入的大工程，企业要重视品牌工作，要下得了决心加大品牌投入，当然也要进行精心设计，好钢用在刀刃上。

增品种，细分市场，提高盈利

管理精细化的第三个体现是增品种，企业要在细分市场精耕细作，多做品种。《雪球为什么滚不大》一书通过大量案例分析发现：大公司发展到一定程度后，增长往往会陷入停滞，一旦成长止步了就会衰败，所以做企业应考虑如何稳定增长。书中特别提到，企业增长停滞的一个重要原因是早早放弃了核心业务：没有充分挖掘核心业务的增长能力，也没能调整商业模式以适应新的竞争需求。但事实证明，即便在不太景气的大型市场中，企业通过关注增长较快的细分市场，仍能获得较高增长，在一个有空间的大行业里，即使行业出现下行，也不应轻易离开。像当年沃尔沃公司认为汽车行业衰退了就跑去搞航空业务，结果航空业务没有做成，汽车业务也严重萎缩，后来被吉利收购了。而丰田汽车一直坚守汽车业务，如今是世界上最赚钱的汽车公司。

法国的面包闻名于世，其原材料里仅面粉的品种就有100多种。日本的水泥行业有100多种特种水泥，每种水泥都有不一样的用途，产品附加值自然也会不一样。

中国建材依托雄厚的科技实力，大力开发特种水泥，满足了我国国防、石油、水电、冶金、化工、建筑、机械、交通等行业工程建设的需要。近年来，水泥产品还出现了艺术化倾向，就是让厂房设施和水泥产品成为艺术品。在荷兰、日本等国家，很多建筑及室内用品都是用清水混凝土做的，漂亮极了。所以说，水泥企业不能只围着窑炉转圈，要想办法把水泥做出花样来。举例来说，面粉厂不仅要磨面粉，还要做包子、馒头、花卷等，要增加附加值，实现产业链的延伸和产品的升级。

经营精益化

企业要将盈利和效益作为经营核心

经营精益化，精益就是注重效益，具体来讲是指价本利、零库存、集采集销。让企业有更多盈利，这是企业经营的真正目的。创造良好效益是做企业的出发点，也是最重要的目标，更是企业必须承担的责任。被称为日本"经营之神"的松下幸之助先生曾说，"盈利是企业最基本的社会责任""企业不赚钱就是犯罪"。对企业经营者来说，利润永远是要放在首位的。

零库存是日本丰田管理工法的核心，也叫准时制生产。早在20世纪六七十年代，丰田就全面实行了零库存管理，开展按需生产、准时制生产，杜绝超量生产，消除无效劳动与浪费，有效利用资源，降低成本，改善质量，达到用最少的投入实现最大产出的目的。

2018年，我专门去丰田做了一次调研，回来后写了一篇文章《吃惊之后看日本》，成为我对日本看法的一个转折。前些年，大家觉得日本经历了失去的20年，已不复辉煌，其实不然，我到了丰田工厂，发现工厂现在的管理方法还与我20年前看到的一样，比如还在坚持实行零库存的方法。

丰田工厂内没有备件库，生产线之间有大概三四米的间距，把零件堆在中间暂存一下，两个小时内立即使用完，汽车组装完成后立即运到港口发出，做到产品零库存、备件零库存。在这个过程中，有一个操作方法叫看板管理，零件放在小车上传递，小车上安装一个红灯、一个绿灯，拿下一个零件就按一下灯，说明一个零件被安装使用了，提醒工人别落下工序，这是流水线上简单却能有效保证质量的方法。20年前丰田这样做，今天还这样做。丰田汽车是部件集成商，它有很多零件供应商，做到零库存是可行的，所以能够坚持几十年。

建材制造是一个把原料做成产品的复杂过程，这个过程中可能会有一些备品备件的存放，一放就是半年或一年，比如润滑油要存一点，做不到像丰田那样精细。但是，它的原则是对的，我们尽量做到不要存放太久，或者不存放很多没用的东西。以前也发生过个别企业采购的润滑油够用30年，有的企业采购的耐火砖够用6年，这样就是盲目采购。如果有了零库存的要求，大家脑子里就有了这根弦，生产到底需要多少润滑油、需要多少耐火砖，就会定出一个标准。

企业宁可少赚一些钱，也不能库存过大

在管理整合中，中国建材按照零库存理念，通过将原燃材料、备品备件、产成品库存降至最低，并加快周转速度，从而减少资金占用、避免资源浪费、降低生产成本。具体做法有两个：

- 发布库存指引，各基层企业严格执行，原燃材料、备品备件按需采购。产成品随行就市、以销定产。
- 加大监督检查力度，将库存作为一项重要考核指标，专职人员对库存量实行监管和监控。此外，我们的零库存不仅聚焦准时制生产，也聚焦资金层面应收账款的合理控制，力争实现零应收账款。

零库存管理理念的导入带来经营方式的极大改变。以煤炭采购为例，过去，部分水泥企业趁价格低位盲目采购大量原燃材料来节约成本，造成大量库存，占用庞大资金，由于原燃材料市场价格涨跌难料，给企业带来了较大的经营风险。因此，我们确定了煤炭实时采购的做法，要求各企业根据生产经营所需确定最小库存量，即买即用，使采购成本和库存管理成本降低，资金占用量减少，资金周转速度加快。

零库存非常重要，尤其是在经济下行的时候，企业容易在库存和应收账款方面出问题，最终影响现金流。所以，企业宁可少赚一些钱，也不能库存过大。

在中国建材的零库存管理实践中,北方水泥变"冬储"为"冬销"的做法很有代表性。东北三省冬季气候寒冷,是施工淡季,水泥需求骤降,水泥企业以前普遍"冬储",即在冬季依然生产,导致产品大量囤积,再以低价赊销产品。这样做的后果,一是生产占用大量资金、产品库存费用高,导致成本费用增加;二是供需脱节导致产品价格低、市场环境差;三是由于储存时间长导致水泥产品质量下降。

北方水泥按照"零库存"理念,改变传统经营方式,以"冬销"替代"冬储",即根据市场需求,以销定产,冬季没有需求时停产进行设备检修维护,旺季到来再开启生产。这样既减少了生产和库存资金占用,降低了财务费用,又维护了市场秩序,保证了产品的合理价格,还减少了产品质量降低带来的浪费和质量隐患。

"三精管理"并不复杂,贵在坚持

"三精管理"是针对中国建材变强变优、迈入高质量发展提出的管理理念,荣获全国企业管理现代化创新成果一等奖。组织精健化解决的是组织竞争力问题,管理精细化解决的是成本竞争力问题,经营精益化解决的是可持续盈利能力的问题。"三精管理"一共9个要点,并不复杂,如果能按部就班落实好,就能增加利润。丰田的管理工法也很简单,但能把简单的东西一直做下去,不含糊,就会产生很多效益。

"三精管理"说起来简单,中国建材所有员工都知道"三精管理"的内涵,但是既要控制成本,又要创造效益,还需要长期摸索实践。"三精管理"相当于企业管理的工法，没有什么理论，只是一些具体方法。日本企业凭借各种工法对标优秀企业，不断改进，全员参与，达到了登峰造极的管理水平。我们在学管理理论的同时，更多地要与实际相结合，要知行合一，在实践中管理好企业。

第 9 章
Chapter 9

格子化管控

———

　　企业的坍塌不在于其规模大小，而在于管控不足。管控混乱的原因往往在于"行权乱""投资乱"。强化管控是企业发展的客观要求，必须找到一套适合企业的管控模式。格子化管控通过治理规范化、职能层级化、平台专业化、管理数字化和文化一体化五点解决了大企业纵向管控的问题，结合横向沟通协作，破除谷仓效应，使企业能行权顺畅、步调一致、有序经营，进而持续强大。当然，企业的规模和寿命存在极限，超越规模、活出质量才是企业存在的真正意义。

企业要用好制度，抓住关键点

企业坍塌不在规模大小，而在管控

在企业里，大家往往对企业的规模化发展很重视，但对管控尤其是内控、内审等则本能地排斥，甚至认为管控过严会影响企业的发展速度。虽然企业的快速发展要求有一定的规模，但管控也是必不可少的，不重视管控的企业是很危险的。大家知道，自然界中的各种动物和植物都有免疫力，在第一次受到侵害后会产生抗体，形成防御系统以抵御今后的类似侵害。但企业天生缺乏免疫力，靠一次次失败形成免疫力太难，而且只要人一换，就可能重复犯错误。归根结底，免疫力的形成还是要建立管控制度，完善管控措施和风险应对措施。企业有强大的管控体系，在面临大风险时，才有能力转危为安。

什么叫管控？我的理解是，所谓"管"就是用好制度，所谓"控"就是抓住关键点，不出大纰漏、不失控。管控是一整套体系，降成本、增效益、控风险都包含其中。企业在各个发展阶段都有必要进行管控，管控做得好，不仅不会抑制创新精神，还会提高企业自身的免疫力。

纵观中国改革开放的历程，许多企业曾辉煌至极，但很快就消失了。研究这些企业的兴衰史，就会发现：除了战略选择上的错误外，一部分企业出问题，就在于企业内部管控不到位。

企业管控混乱往往体现为"两乱"：一是"行权乱"，政出多门，不知道该听谁的；二是"投资乱"，每天都有新投资的下属公司，却不清楚是谁批准的投资，投资决策不能高度集中，这样一定会生乱。所以，管控说复杂也复杂，说简单也简单，管住了"两乱"，企业就能实现行权顺畅、步调一致、有序经营。从企业内部来看，日常经营活动也需要管控。除了创新、发展所创造的效益外，通过管控严防"跑、冒、滴、漏"等方面的问题，也能间接地产生效益。

从外部环境来看，强化管控是企业发展的客观要求。中国发展市场经济存在着一些天生的短板，缺少市场的诚信文化和法制环境，在经营遇到问题时，经常出现诚信缺失的现象。在当前新常态下，我国经济发展的条件和环境发生了重大转变，经营形势非常严峻，企业若没有严格的管控，一切都很容易失控，后果不堪设想。"自行车理论"告诉我们，骑快易稳，骑慢易倒。但当不具备骑快车的条件时，就应该做到慢而不倒、稳中求进，这需要管控来发挥作用。在经济下行时，不犯错或少犯错至关重要，能做到严控风险和远离危机也是一种成功。毕竟，经济下行压力这么大，不用好制度，不处理好关键点，企业随时可能出问题。就像每次坐飞机时空乘人员都会事先讲解安全常识，企业也是一样的，一定要绷紧风险这根弦，所有人都要自觉接受管控。

风险要可控、可承受

2008年金融危机发生后，一家投行把欧洲一家水泥巨头的资料翻译成中文放到我的办公桌上，希望中国建材能去收购它。当时只需要出20亿美元，我们就能成为这家企业的控股股东。我将几本厚厚的资料抱回家，研究了一个晚上。一开始我很兴奋，如果成功收购，中国建材就能一步成为大型跨国公司，但后来有一个问题让我冷静了下来——风险。这家企业在全球有400家子公司，以我们当时的管控能力实在难以驾驭，硬吃下去，只会拖垮整个公司。快天亮的时候，我终于做出决定：放弃这项收购。

在企业经营过程中，我们经常会遇到这样的艰难抉择，艰难之处就在于，能否对项目的风险点以及如何规避和应对风险做出精准的判断。一些企业正是因为对风险判断不足或处理不当而轰然倒塌。所以，企业领导人不能只想着"鸡生蛋、蛋生鸡"式的发展，还应想清楚怎样防范风险，以及发生风险后该怎样应对。

事实上，对企业来说，风险是客观的。但丁的《神曲》序言里有一句话："我们看那犁地的农民，死神一直在跟着他。"其实，企业也是这样，在企业发展过程中，"死神"也一直尾随其后。企业的每个决策、每场博弈都有风险，风险会紧跟企业的脚步，零风险的情况从来都不存在。正因为风险无处不在，所以西方经济学里讲的大多是如何管理风险，而不是预防风险。

因此，上市公司的海外招股说明书会用很大篇幅来披露风险。如果一家企业连自己的风险都说不清，或者干脆说"我的企业没有风险"，那就没人敢买你的股票。对风险的认识越深刻，披露的风险越全面，越可能得到成熟投资者的信任。在应对风险时，首先要评估风险是否可控、可承受，能否进行有效的切割和规避，把损失降到最低，也就是我们常说的要建立"防火墙"，而不是一遇到风险就任其"火烧连营"。风险发生了，不能逃避，不能掩盖，要正视并投注力量来降低风险造成的损失，绝不能投入过多资源盲目补救，否则只会越陷越深，损失越来越大。

"风险可控、可承受"一直是我经营企业的重要原则。尽管中国建材的重组看上去风驰电掣、势如破竹，但始终都是在防范风险的基础上谨慎理智、规范有序地推进。就国内重组来说，中国建材坚持以下几个原则：不是主业坚决不涉足；有强有力竞争者的区域市场坚决不进入；不在战略区域内的企业，再赚钱也坚决不收购。

在海外重组中，我判断可不可以做的一个基本逻辑是：这个业务中有没有中国要素，比如能否将对方的技术引进中国，或将中国低成本的因素输入海外收购的企业；国内的管控模式能否嫁接并恰当应用于海外的企业等。如果没有中国要素，再好的项目，我们也不会贸然进入，否则只会"引火烧身"。

那么，"防火墙"在哪里？如何实现风险可控、可承受？这个问题不能一概而论，要具体情况具体分析。企业风险可分为三类：

- 战略性风险，如投资决策风险等。这类风险的规避和防范要靠科学化的决策，避免"一言堂"和盲目决策。
- 战术性风险，如企业运营过程中的风险。其中影响较大的是某一环节或某一干部的失误造成大的系统性风险，这类风险往往需要规范管理来防范。
- 偶发性风险，如火灾、地震等突发事故。这类风险往往不可预测，但可以通过购买商业保险来应对。

可以看出，除了偶发性风险外，企业的其他风险都能找到相应的"防火墙"。如果再往深层次探究就会发现，尽管不同风险的规避方法不同，但都要以两个原则为前提：一是制度规范，二是慎重决策。

从源头上说，任何风险的防范和应对都有赖于制度，用制度来发现风险、防范风险、化解风险，将风险预设在安全可控的范围之内。企业规模大了，层级多了，风险有时会防不胜防，只靠口头提醒或简单的惩罚来增强风险意识还不够，关键要靠内部机制的规范和约束，建立健全组织的各项制度，这样才能提高效率，减少随意性和盲目性。所以，应对风险最好的"防火墙"和"灭火器"是制度。例如，把风险管理纳入企业经营的全过程，把全面风险管理和战略规划、项目发展、日常经营结合起来；建立一套完善的管控体系，提高企业的运行质量；建立规范的治理结构，形成真正权责明确的制衡机制；建立强大的内审机构，定时定点进行审计，确保企业合法合规经营。

规避和防范风险还有赖于慎重决策，决策正确是规避企业风险尤其是堵住重大风险的重要基础。在这个方面，我多年来一直遵循的一个重要决策原则就是"见人见物"。

俗话说，百闻不如一见。在中国建材和国药集团时，对于很多大型项目、重要的合资与收购项目，我都要和外部董事一起深入企业，进行实地调研和考察，对项目进行充分评估。通过对文本材料的研读，加上现场的直接观察和感受，以及决策讨论中的头脑风暴，我们才能做出正确的判断。

其实，"见人见物"的原则是受日本企业家的启发。10多年前，北新建材与日本三菱商事、新日铁和丰田三家日资公司合资设立北新房屋。为了这个项目，日方专门安排我在东京新日铁总部拜会了当时的社长千速先生。千速先生是日本著名的实业家，进了他的办公室，我发现他桌上放着一份我的简历。千速先生语速很慢地说："宋先生工作这样忙，听说还在读管理博士，这很不容易。我的部下都认为宋先生很不错，我想当面验证一下，现在见到你本人，我决定投资了。"

同样为了这个项目，丰田的副社长立花先生，带着十几个人的代表团在北新建材整整考察了一天，还与我进行了长谈。在这个项目中，日方出资并不多，作为小股东还这样细致入微，他们认真的态度给我留下了很深刻的印象。后来，我才知道丰田在做出任何合资决策前，都要"见人见物"，他们的出发点正是规避风险，避免重大投资失误。

实践证明，全世界任何一家大企业如果在风险问题上出了纰漏，一定会险象丛生，甚至是瞬间崩塌。因此，所谓企业家能力，核心应是判断决策风险的能力、防止企业发生系统性风险的能力，以及出现风险后减少损失的能力。

母子公司的关系要厘清

母子公司的关系是目前困扰许多企业集团的问题，而处理好这个问题的关键在于，让母子公司各司其职，厘清战略目标和管控模式。

母公司主要行使出资人职责，是决策中心，以资本管控为核心，通过对子公司的战略决策、董监事选聘考核和财务监督进行管理，从而实现资产的保值增值。母公司不能直接插手子公司的产品经营活动，不能像管理车间那样管理子公司。战略管理是母公司重中之重的职责，除了集团整体的战略目标外，还要通盘考虑各子公司的战略规划。母公司应认真考察子公司的资源情况、外部环境、竞争对手情况，以及企业设定的目标是否切合实际，并确保各子公司的战略互相支持。子公司的战略一经批准，母公司就应全力给予支持。当然，战略管理应当是动态的，若遇环境的重大变化，母公司要引导和督促子公司迅速调整自己的战略规划。

作为经营主体，子公司必须在母公司规定的战略范围内进行经营，突出专业化，明确主营业务、核心专长、市场占有率、品牌知名度等经营性目标，不能盲目多元化，更不能越权乱担保、乱投资。子公司不能向下层层延伸，公司结构要尽量扁平化，以提高市场反应能力并便于母公司控制。在涉及投资时，子公司必须明白，超越授权范围的投资决策最终都要由母公司确定。

在中国建材，决策项下、资本项下的重大决策权都归集团公司总部所有，所属公司只有投资建议权，而没有投资决策权。如果所属公司的管理者认为自己擅长做投资，那我们欢迎他到集团总部工作，但留在子公司就只能扎扎实实地做经营。我对这方面的要求向来非常严格，因为一旦投资和行权的点位上出了问题，企业就会彻底乱套。以前有人给我讲过一件事，说国内一家日资公司买辆二手车还要总部派人来看，感觉很低效。可后来认真想想，他们为什么要这么做？虽然效率低了些，但从整个企业的投资决策来看，这样做是符合规则和章法的，会使公司的运作更稳健。

在大型企业集团里，不同层次的企业所承担的任务和职能是不同的。母子公司要各负其责、各司其职、各适其位，只有把思路厘清，把规则定好，才能形成一个有机整体，做到分层管理、不打乱仗、有序发展。一个强大的有控制力的集团是子公司发展的重要支撑，而一个"集而不团"的企业必定危机四伏。

格子化管控的内涵

用格子化管住了大企业

中国建材是联合重组而来的企业,其所属独立核算的单位有上千家。我常被问到的一个问题就是:"这么大的企业,管得井井有条,是怎么管的?用什么办法控制住'行权乱'和'投资乱'?"这倒不难回答,只要找到一套适合企业经营发展的管控模式就可以了。管控模式多种多样,而我的一套方法是格子化管控。

所谓格子化管控,就是把集团里的众多企业划分到不同的格子里,每家企业只能在自己的格子里活动,给多大的空间,就干多大的事。就像盒装的巧克力一般会用隔板隔开,防止巧克力粘到一起,企业也是如此。格子化管控包含治理规范化、职能层级化、平台专业化、管理数字化和文化一体化,这五点解决了企业的治理结构、职能分工、业务模式等问题,平衡了结构关系,并对实施科学管理和集团式企业文化融合提供了具体方法。

治理规范化,指的是按照《公司法》建立规范的法人治理结构,包括董事会、监事会、管理层在内的一整套规范的治理体系。公司治理的核心是规范的董事会建设,要让董事会在战略规划、重组整合、风险控制等重大事项上发挥重要作用,真正成为公司决胜市场的战略性力量。

职能层级化,指的是实施分层次的目标管理,把决策中心、利润中心、成本中心分开,明晰各层级的重点工作与任务,确保行权顺畅、工作有序。集团公司总部是投资中心、决策中心，不从事生产经营，只负责战略管理、资源管理和投资决策。集团总部下的板块公司是利润中心，任务是把握市场，集采集销，及时掌握产品的变化、价格的走向，积极促进市场稳定，提高在市场上的话语权和控制力，推动产品更新换代，协调公共关系，实现利润最大化。板块公司下面的工厂是成本中心，任务是研究在生产过程中如何把成本降到最低。水泥厂的生产经营规模虽然很大，但是它的角色是成本中心，不得做任何投资决策，只有运营权，以防投资失控。决策中心、利润中心、成本中心，按照相应的职能定位，三个层级分别需要的是"投资高手""市场能手""成本杀手"。这样的层次分级其实是很经典的一种做法，中国建材一直严格照此实行。

平台专业化，指的是集团的业务公司都应该是专业化的平台公司，控制业务幅度，而集团的整体业务可以适度多元化，形成对冲机制。中国建材下设各种各样的业务平台，如水泥、玻璃、石膏、新型建材、玻璃纤维、新材料、工程公司等，每个平台只能做一种业务，做水泥的只做水泥，做玻璃的只做玻璃，要把水泥和玻璃产品做得更加多元化，打败竞争对手，但不能有南方建材之类的综合性业务部门。如果将中国建材看成体委，各平台公司就是专业队，要么打篮球，要么踢足球，不允许有多面手，这么多年始终贯彻这个原则。当今的市场竞争异常激烈，我们的人才、知识和能力都是有限的，只有专注做专业，才能形成更强的竞争力。

管理数字化，指的是强化精细管理，要让管理者习惯用数字思考问题，用数字说话。如果管理者的数字化、定量化不过关，管理就不会尽如人意。一些企业家对数字不够敏感，多用"大概、可能、也许、差不多"等模糊的表达，这也是许多中国人的习惯，定性不定量。不少人认为，跟数字打交道是财务人员的工作，企业领导不一定要对企业的经营数字了如指掌。但是，一家企业的经营业绩、成本等都是由数字体现的，如果不关注数字，如何经营企业呢？靠"大概""也许"是做不好企业的。

我一直要求管理人员必须看得懂财务报表，紧盯经营数字。中国建材在管理数字化上持之以恒地锻炼我们的干部，从总部到业务板块到区域公司，开的大多是对标会，年初制定KPI，月月对标、按季滚动、逐步优化。每次开会，各单位负责人上来不用多说，一个接着一个地先汇报KPI，要熟练到倒背如流的程度。大家经过多年训练，已经习惯用经营数字说话了，数字硬碰硬，做得好不好一目了然。

有了这个办法，各个层级的管理者都对自己公司的指标了然于胸，你追我赶，唯恐落后。中国建材重组的水泥厂、商品混凝土厂大都是民营企业，机制虽灵活，但管理上并不完全到位，重组后集团通过推广一系列先进的管理方法，统一市场、降低成本、改善内控、稳定价格，帮助它们逐步实现效益最大化。所以，机制不能代替管理，管理还要靠学习、实践、反复对标、数字化训练、经验积累、制度等。

文化一体化，指的是一家企业必须有上下一致的文化和统一的价值观。如果集团内各企业，各唱各的调、各吹各的号，随着集团的规模越来越大、加盟的企业越来越多，集团就会越发危险。

实践证明，格子化管控是一套行之有效的管控方法。如果一家企业有一套严谨规范的管控模式、一面指引企业发展方向的战略旗帜、一种能够凝聚全体员工的企业文化，这样的企业基本上不会出什么大乱子。

破除谷仓效应，分工而不分家

格子化管控解决了大企业集团纵向管控的问题，那横向沟通协作如何开展呢？怎样杜绝企业部门之间相互掣肘和所属企业恶性竞争的问题呢？美国《金融时报》专栏作家吉莲·邰蒂在《谷仓效应》一书中将社会组织中的一些各自为政、缺乏协调的小组织称为谷仓，把这些小组织之间的不合作行为称为谷仓效应。我国正进入大企业时代，如何避免谷仓林立，如何破除谷仓效应，对我国企业提高内部协同能力和外部市场竞争力来说十分重要。

现代社会是个专业细分的社会，在企业里也是如此，企业中有各个不同的部门，又有不同的分公司、子公司和下属工厂。这些分工带来了巨大的效率，但分工是以协调成本的增加为代价的。组织内由此形成了一个个小单元，这些小单元往往自成体系，对外比较封闭，也就是所谓谷仓，而谷仓之间的鸿沟和纷争就是谷仓效应。

谷仓效应有点像我们常讲的山头主义和本位主义，后者更关注传统的行为动机和权力平衡，而谷仓效应则是从现代信息经济学角度对大企业病的诊治提出了新的问题。比如谷仓只有垂直性管理，而没有水平性协同。即使垂直性管理，也常因看不清谷仓内部情况而忽视了一些问题，等到打开谷仓时，则发现已为时晚矣。试想，如果一个大型企业集团的各个组织单元都是在一个个封闭的谷仓里运作，坚固高耸的谷仓隔离了内外联系，大家彼此看不到，也不知道别人在做什么，这样各自为政往往会造成资源的巨大浪费和巨大的风险。

谷仓效应会影响人们的全局观，削弱企业的整体效益，甚至引发组织溃散。日本索尼公司曾在行业中独占鳌头,但后来因为分工过于精细,部门协调性和技术横向应用性下降,在随身听等产品开发上,几个独立的开发部门推出了互不相关的创新产品,引起了市场认知混乱,再加上其他大企业病和外部竞争,逐渐被其他企业赶超。我国一些企业集团下面也有不少谷仓企业,不但在国内市场上自相残杀,还在国际市场上互相压价、恶性竞争,带来了很不好的影响,给国家和企业也带来了巨大的经济损失。

谷仓效应有其形成的客观性,就是细致的分工。现代大型企业的规模使我们很难想象,如果不进行深入细致的分工,如何才能运转得稳定和高效。由于制度上缺乏协调性,跨部门问题无人负责,人们存在"人人自扫门前雪,岂管他人瓦上霜"的心理,以致出现分工易、合作难的现象。既然分工无法避免,我们的问题就是如何处理好科学分工与良好合作的关系,做到分工而不分家。

第一,破除谷仓效应,要解决认识问题。要从战略层面认识谷仓存在的客观性和谷仓效应的危害性。在企业工作中既要看到部门的局部利益,又要看到企业的整体利益,树立为全局利益甘愿牺牲局部利益的大局观。

第二,防范谷仓效应要在企业制度层面精心设计。在战略布局和组织设计中,要取得集团统一管控与所属单元自治活力的最佳平衡,并通过强化垂直纽带与关键部位确保集团必要的战略控制和信息掌握。各单元间要归并并联合相关业务,减少部门间过度分工,通过部门业务适度交叉和分工合作体制建设来降低复杂度,提高协同性,还要通过加强横向协同机制和信息共享平台建设,减少信息壁垒和消极竞争。

第三，破除谷仓效应的最佳办法是建立强大的企业合作文化。Facebook采用开放式办公和开放式网上沟通，使内部融合度大大增强。大型企业集团要重点加强管理层的团队意识，通过团队学习、人员交流、机制建设，强化各单元的文化纽带。我在中国建材每年推动举办所属企业干部培训班，这增加了集团企业间干部们的交流和友谊，沟通网络的建立对破除谷仓效应十分有效。另外，人员适当流动，更换谷仓，也有利于大家转换角度，增强企业协同。

在企业协同上，中国建材这些年进行了积极的整合优化。比如中国建材有9家水泥公司，我们内部有一个C9（Cement 9）会议，目的就是打破谷仓、横向协同，各水泥公司内部也有协同会，商讨达成有关价格、采购等方面的协同。特别说明一下，一个法人体系内协同价格是可以的，并不是市场上的价格串通。再比如，我们还有11家国际工程公司，内部也经常开会沟通，以期实现内部协同，不要"出去打架"。此外，工程公司和工厂也要一起开会，解决工程公司对工厂的服务等问题。各业务单元通过这些内部协同或整合优化，实现合作发展。中国建材的管控规范了管理，也规定了非常清晰的界限，对大家不能做的事情明确限制，然后再进一步通过内部整合优化，破除谷仓效应。

协同效应，就要避免优势被闲置或成为包袱

中国建材是一路联合重组发展起来的企业，高速的集团化发展产生了不少谷仓。近年来，我们加大整合优化力度，破除谷仓效应，增加协同效应，取得了很好的效果，国际工程业务就是个典型例子。

中国建材原有十几家涉及工程服务的企业，分别来自重组之前的原中建材集团和原中材集团。这些企业多年在境外实施EPC项目，建设完成了一大批世界一流的水泥和玻璃工程，但由于业务同质化，企业之间经常打仗，内耗较大，从而损失了收益。"两材"重组后，我们召开工程业务专题工作会，成立协调工作组，明确精耕市场、精准服务、精化技术、精细管理的要求，提出减少企业、划分市场、集中协调、适当补偿、加快转型的思路，确定统一经营理念、统一竞合、统一对标体系、统一协调机构的"四统一"原则，要求各企业相互借鉴、深入交流，以"优势互补，互利双赢"为宗旨，发挥各自优势，扎实有效地展开合作。

针对"一带一路"倡议，我们加大了资源整合力度。

- 采用"切西瓜模式"，在全球划出重点市场区域，避免相互杀价，化解竞争冲突，使企业更专注于市场和长期稳定的经营，利用品牌优势深耕重点区域市场。
- 加强境外投资项目合作，把集团内的工程公司、设计院、大型装备企业等上下游纵向联合起来形成产业链，实现优势互补，协同作战。比如南京凯盛联合中建材进出口所属企业，成功中标并签署了土耳其日产7500吨水泥的工程项目合同。
- 突出核心专长、相关多元化经营，深化属地化经营，引导各工程公司逐渐从单纯的水泥或玻璃工程公司发展成为以水泥、玻璃为主，开展相关工程领域业务的综合类工程公司。

协同效应不仅发生在水泥企业之间、国际工程业务之间，实际上在集团各业务板块之间都产生了巨大的协同效应。比如，中国建材的光伏业务，如果要建新的工厂，工厂的立面、屋顶都可以用到集团内的铜铟镓硒和碲化镉薄膜太阳能电池，同时，很多工厂要建设成为新能源水泥厂，工厂的院子里就要用到光伏组件。这都是巨大的协同效应。包括在海外也是这样，如果要去海外建造水泥厂，也可以把光伏业务带过去；要做国际工程，也可以把新型房屋带过去。因此，整个集团善用协同，就会产生巨大的力量，这也是大集团相对于单一的专业型公司的最大优势。对一个集团来讲，要特别重视协同效应，否则这种优势就闲置了，甚至会成为包袱。

超越规模，活出质量

企业规模不是越大越好，终有生存极限

有人会问企业规模是不是越大越好？我认为不是，企业做到一定的规模就没法继续做大了，再做大就不好、不健康了。企业要想健康发展就要对发展规模有所节制。

我每次假期都会选一本特别难读的书，2019年春节我选择了英国物理学家韦斯特的《规模》一书。韦斯特在这本书里讲到自然界中植物和动物的生长不是线性的，而是亚线性的，植物不可能无限制地长高，动物也不可能无限制地长大。科幻片里的那些"巨无霸"动物在自然界中是不可能存在的，因为体积过大的动物，它的腿骨承受不了自身那么大

的体重，容易骨折。

我还记得以前读过的郭士纳的《谁说大象不能跳舞》中，他讲到曾经对效率低下的巨无霸企业——IBM进行改革，这的确是一个能让大象跳舞的精彩故事。但我也认真观察过大象的舞姿，在聪明的驯兽师指导下大象虽然十分努力，但形态和体重太大，难免会有几分笨拙。《规模》这本书指出，动物的体积越大，其承载的能力反而会越小，一只蚂蚁可以拖动多只蚂蚁，一个人只能背动一个人，而一匹马很难驮动另一匹马，一头大象则根本不可能背起另一头大象。

这就是规模的代价，随着规模的扩大，承载能力会降低。可见，规模大了并不一定好，商界和自然界的规律是一样的，企业不能一直保持线性增长，也不能无限制扩大，规模过大会导致能力下降。关于企业的规模极限，韦斯特计算得出企业的最大资产额是5000亿美元，也就是相当于3万亿元。而我认为企业收入能做到5000亿元就可以了，做到3万亿元有点太大。

做企业不要一味追求规模，不要追求那些不切实际的目标，要活出质量，活得舒服。中小企业可以选择做隐形冠军，像中国建材这样大一点的企业也不要超过三个业务，以一个业务为主，另两个业务为辅即可。千万不要盲目扩张，因为人的能力、精力和企业的财力是有限的，疯狂扩张的结果往往是最后倒下了。通用电气巅峰的时候做到了6000亿美元的市值，而现在也在走下坡路。有人说是因为继任者选得不好，我不完全赞同，企业走到顶峰后就得往下走，这是规律。

从工业革命到现在，我们一直崇拜企业规模，也坚信规模效益。改革开放初期，我们总是对西方大企业的营业额着迷，世界500强也一直是中国企业追求的目标。但现在世界500强排行榜中，中国企业数量已经超过美国，成为世界第一。这时，我们会觉得有些茫然，中国本身就是一个巨大无比的市场，再加上中国产品在国际上的成本优势，今天对中国的优秀企业来讲，做大并非难事，但规模是把双刃剑，规模越大代价越高。所以，做企业要完成从大到优的转变，得心应手、规模适度，才最好。隐形冠军展现的小而美的生存优势就很耐人寻味。

不论是小老鼠还是大象，一生的心跳次数都约为15亿次，折合到人的年龄是123岁，到了123岁就算没生病心脏也跳不动了，当然，我们绝大多数人都活不到这个岁数。企业和自然界中的动物一样，也有生存极限。我们总希望看到企业基业长青，做成百年老店，但韦斯特算得百年老店存活的概率只有不到0.0045%，也就是说，全世界1亿家企业中只有不到4500家能生存百年以上，两百年以上的概率几乎是十亿分之一，这种可能性微乎其微。目前，所谓两三百年的老店，中间可能倒闭过，而不是一直存续的。

企业终有生存极限，这既挑战了"大到不会倒"的逻辑，也挑战了人们期盼基业长青的愿望，这让我们认识到，企业的衰落实际上和人一样，经历了美好的少年、青年时代，最终一定会步入老年。十几年前，我们很难预料像摩托罗拉这样的公司会黯然倒下。华为享誉全球，令国人为之骄傲，但它的领袖任正非也坚持认为华为总有一天要倒下。这并不是任正非的谦虚，也不是一种未雨绸缪的警觉，而是他对企业有生有死的洞悉。总之，企业的成长是有周期的，总会经历由小到大的过程，成长到一定阶段就会成熟，成熟是件好事，但成熟之后，也很容易衰老得病。大企业必须始终保持清醒认识，时时提防大企业病，做到事事责任到人，用数字说话，学会有节制地发展。

企业衰落与再造卓越

管理大师柯林斯有三部管理经典：《基业长青》讲的是如何建造百年老店，《从优秀到卓越》讲的是如何从平庸企业发展成为卓越企业，《再造卓越》则是一部研究失败的书，讲的是大企业为什么会倒下，为什么有的企业倒下了就销声匿迹，而有的企业却能东山再起、再创辉煌。尽管书中讲述的是企业失败的"黑暗史"，但柯林斯告诉我们，失败有规律可循，及早有效应对问题，仍有可能扭转乾坤，再造卓越。

企业衰落一般有五个阶段：一是狂妄自大。一家企业获得成功后变得目空一切，甚至放弃了最初的价值观和管理准则。二是盲目扩张。之前的成功让企业觉得自己无所不能，在资本市场或者个人英雄主义的推动下，开始不停地扩张业务，什么都想试一把。三是漠视危机。由于盲目扩张、摊子铺得过大，潜在危机逐步显现，但企业领导采取鸵鸟政策，把困难和问题归因于客观环境而不是自身，使得事态一步步恶化。四是寻求救命稻草。危机出现后企业在慌乱中抱佛脚，采取了聘请"空降兵"紧急救场、做重大重组、修正财务报表等不切实际的招数。五是被人遗忘或濒临死亡。

公司衰落可以避免，可以翻盘，只要没有深陷第五阶段，仍可以起死回生。企业要想避免衰落、再造卓越，需要采取以下措施：

- 规模做大以后要有忧患意识，不能沾沾自喜、妄自尊大、被暂时的胜利冲昏头脑。
- 在扩张时要突出主业，有所取舍，不做与企业战略和自身能力不匹配的业务。
- 出现危机时，不能掉以轻心，要全力应对，防止风险点和出血点扩大。
- 解决问题时，不能有"病急乱投医"的侥幸心理，要对症下药，解决问题，千万不能盲目补救，一个项目做不成再做另一个，一个目标实现不了再定下一个，这样只会拖垮企业。

世界上没有"强者恒强"的道理，即便是最好的企业也有可能倒下，所以做企业要保持清醒认识，尽早察觉问题，找到避免衰落的"自救药"和"工具箱"，并要避免重蹈覆辙。《再造卓越》里有句话：爬一座高山可能需要 10 天，掉下来却只需要 10 秒。这是给所有企业家的醒世箴言。企业的命运掌握在企业自己手中，面对失败和困难，企业绝不能丢弃理想和激情，用柯林斯的话说就是：即便受挫，也要再次昂起高贵的头颅，永不低头，这就是成功。

企业要超越规模最大和基业长青，活出质量

事实上，我们这些年对企业的认识也在不断深化，从最初的做大做强，到后来的做强做大，再到做大做强做优，再到今天的做强做优做大，这些看似颠来倒去的说法，不仅展示了中国文字的博大精深，更体现了我们对企业目标的深度思考。过去，企业家相见总是问有多少员工、多少销售收入、多少产量,而今天问得比较多的是赚了多少钱、负债率是多少,关注点的转变表明了中国企业发展理念的进步。

企业和人一样在一天天变老,理性目标应该是在有生之年活出质量,健健康康地走向百年,反倒能安然面对死亡,把心放平,活出精彩。企业不一定真能做到永续发展,也不一定非要做成巨无霸,而是要在生命过程中活好自己。今后,我们不一定再刻意追求企业规模了,或者说那个追求规模的时代已经过去了。"大而不倒"和"大到不倒"的逻辑可能有根本性的错误,企业应该追求适当规模,我们也不应该继续将规模作为攀比的指标。其实,大型企业的营业额有三五千亿元,中等企业的有三五百亿元就可以了,不见得都要把目标锁定在超万亿元上。企业越大,管理成本越高,风险也越多,一旦倒下对社会的危害就会更大。超越规模最大和基业长青,活出质量,才是企业存在的真正意义。

我国著名学者刘俏在《从大到伟大》一书中讲到,中国大企业已有不少,但堪称伟大的企业还不多。伟大的企业有三个特征:一是规模大,即具有足够的体量,对行业乃至全球经济具有显著影响力;二是效益好,即不断创造不俗业绩并保持行业领袖地位;三是可持续,能够经历市场变幻、风吹雨打,做到基业长青,积累长盛不衰的国际名声。从大到伟大,是企业的终极目标,也就是我们所讲的,企业要从高速增长迈入高质量发展。

中共十九大做出了"中国经济已由高速增长阶段转向高质量发展阶段"的重要论断,之后召开的中央经济工作会议,全面论述了高质量发展阶段的内涵。经济高速增长解决的是"有没有"的问题,而高质量发展解决的是"好不好"的问题。与宏观经济相同,我国企业尤其是众多大企业也正从高速增长阶段转入高质量发展阶段，高速增长解决的是企业规模的问题，即"大"的问题，而高质量发展解决的是"伟大"的问题，即"强'和"优"的问题。

高质量发展不是对高速增长的否定，而是从"量的积累"向"质的飞跃"的跨越。增长与发展不同，熊彼特1912年在《经济发展理论》一书中对此有过精彩的描述。他说一万辆马车还是马车，这叫增长，而由马车变成蒸汽机车，发生了质的变化，这才叫发展，由此提出了著名的创新理论和企业家精神。他认为只有创新才能带来经济的发展，而企业家是引领创新的灵魂。我国已解决了马车增量的问题，目前要解决的是怎么造出汽车来，这是质的变化。

高质量发展的企业，是一贯用改革创新思想引领的企业，是面对环境变化、技术更新，有着源于改革创新的强大动力的企业。企业高质量发展的内涵主要包括以下四点：

- 结构和运行高质量，即企业在组织架构、投入产出比、资产回报率、社会贡献率等方面表现优异。
- 技术素质和创新能力高质量，即持续强化创新驱动，推动产品向供应链高端发展。
- 产品和服务的高质量，即把最优的产品和服务提供给客户、分享给社会，这是做企业的最根本态度。
- 组织和团队的高质量，即通过建立学习型组织，强化文化建设和人才的培养引进，切实提高人才质量，激发创新活力。

高质量发展突出解决质量、效率和动力问题。从国家层面来看，凡是在高速增长达到一定水平就迅速转向高质量发展的国家，经济就可持续，就能跃升至发达国家，反之就会陷入"中等收入陷阱"。企业也一样，凡是高速增长到一定水平就迅速转向高质量发展的，就能实现从优秀到卓越、从"大"到"伟大"的跨越，成为百年老店；而凡是一味追求速度和规模的，就会遇到种种危机，最终失败甚至会轰然倒下。

中国建材的成长紧扣时代脉搏。在中国经济高速增长阶段，我们紧抓历史机遇，迅速发展壮大，成为全球最大的综合性建材产业集团。进入高质量发展阶段，我们重新思考企业的发展战略，在做大的基础上，更加重视提升自身运行质量和持续发展能力，开始从"大"到"伟大"的第二次长征，力争实现从优秀到卓越的跨越，打造材料领域具有全球竞争力的世界一流产业投资集团。按照实现高质量发展和建设世界一流企业的目标要求，我们对发展战略重新思考规划，制定了"三方针"和"五措施"。

三方针：稳健中求进步，发展中求质量，变革中求创新。第一，"稳健中求进步"的原话出自李嘉诚90岁时写给长江集团的离职告别信。每家企业都想进步，但前提是稳健，要在把握风险和实现发展之间求得平衡。中国建材过去一路披荆斩棘，快速成长，今后不再追求"大"，而是把技术竞争力的"强"和经营业绩的"优"摆在更突出位置，保持稳健经营。第二，"发展中求质量"。不能只满足于制造出产品，还要把产品做到最好，不能只求速度、规模，还要求质量、效益。第三，"变革中求创新"。全球正经历新一轮科技和产业革命，互联网、大数据、基因工程、新材料等领域的创新层出不穷，我们要抢抓发展机遇，求新求变，筑牢企业核心竞争力的基石，努力实现赶超。

五措施：第一，做强主业。在业务方向上，按照归核化原则，要逐渐剥离非核心业务，加强利润平台建设，提升核心竞争力和盈利能力。第二，瘦身健体。在总体体量上，调整优化业务结构、组织结构和人员结构，在企业数量已经压减20%的基础上，未来3年还要继续压减20%。第三，强化管理。在运行质量上，要坚持不懈练好管理基本功，持续提高效益，降低成本。第四，创新转型。在发展动力上，强化创新驱动，培育新的发展动能，增强企业核心竞争力，实现高端化、智能化、绿色化和服务化。第五，机制改革。在企业内部开展机制改革，让企业成为社会、股东、员工的利益共享平台，构建经营者利益、员工利益和企业效益之间正相关的关系。

世界一流企业不以规模大小而论

培育具有全球竞争力的世界一流企业，是适应新时代高质量发展的必然要求。2020年6月13日，国务院国资委正式印发《关于开展对标世界一流管理提升行动的通知》（简称《通知》），对国有重点企业开展对标提升行动做出部署安排。《通知》明确提出，到2022年，国有重点企业管理理念、管理文化更加先进，管理制度、管理流程更加完善，管理方法、管理手段更加有效，管理基础不断夯实，创新成果不断涌现，基本形成系统完备、科学规范、运行高效的中国特色现代国有企业管理体系，企业总体管理能力明显增强，部分国有重点企业管理达到或接近世界一流水平。

为实现这一目标，国务院国资委提出，要综合分析世界一流企业的优秀实践，深入查找企业管理的薄弱环节，持续加强企业管理的制度体系、组织体系、责任体系、执行体系、评价体系等建设，全面提升管理能力和水平，具体包括战略管理、组织管理、运营管理、财务管理、科技管理、风险管理、人力资源管理、信息化管理 8 个方面。

国企改革三年行动中也强调了要大力推进管理体系和管理能力现代化，在国有重点企业开展对标世界一流企业管理提升行动，充分运用现代企业管理理念，积极采用信息化智能化方式，推进流程再造，优化资源配置。

世界一流企业并不一定是世界 500 强企业，世界 500 强企业是以销售收入作为衡量标准的，而世界一流企业聚焦发展质量，不以企业大小而论，中等企业和小企业如果把产品或服务做到极致也可以成为世界一流。什么是世界一流？怎样才算世界一流企业？我认为至少要具备以下几点。

一是创新能力世界一流。创新是引领发展的第一动力，企业能不能长远发展，关键在于能不能不断创新，有没有一流技术作为支撑。我国企业经历了引进、消化、吸收的创新过程，现在进入集成创新和自主创新相结合的阶段，而世界一流企业大都是以自主创新为主要创新方式的企业，要做到这一步，我们还有一大段路要走。

二是盈利能力世界一流。创造良好利润是做企业的出发点，也是重要目标。经营是企业的看家本领。如果一家企业管理得很好，技术也很棒，但就是没效益，那么这家企业也称不上优秀。我国企业的盈利水平普遍偏低，这其中既有发展路径的原因，也有客观环境的原因。我国企业大多底子薄、基础差，企业的税负、财务费用和社会开支偏高，而绝大多数产品又处于中低端，附加值很低，还有些行业产能过剩十分严重，这些都需要进行认真调整。因此，国家层面要关注各国加强制度竞争的新趋势，补充企业资本金，为企业降费减税，企业自身也要聚精会神做强主业，"瘦身健体"，以创新为本，以绩效为本，加快向微笑曲线两端攀登，夯实实现世界一流目标的基础。

三是管控能力世界一流。管理是企业永恒的主题，企业要扎实做好各项基础工作，把顾客利益和产品质量永远摆在首位，同时要持续提升治理水平，加强风险管控防范，确保企业健康运营，不能"按下葫芦浮起瓢"。做企业有"三大法宝"：管理、机制和企业家精神。管理要持之以恒，一刻也不能放松。机制能调动人的积极性和创造热情，这要靠深化改革取得。企业家精神是说企业要有好的带头人，企业家要有英雄情结和牺牲精神，能经得住各种考验。

四是全球竞争力世界一流。企业要逐步提高国际市场占有率，主打产品在专业领域中应进入世界前三位。我国企业正在经历加速全球化过程，越来越多的企业正"走出去"，尤其是当下，沿着"一带一路"，中国企业正以投资为导向进行长远布局。我们要把出口导向型的"中国是世界的工厂"转变为投资导向型的"世界是中国的工厂"，使更多的中国企业成为跨国公司，进入配置全球资源、服务全球消费者、改善全球发展环境的更高境界。除此之外，企业全球化还可以促进全球贸易平衡，减少贸易摩擦，改善中国经济发展的宏观环境。

五是品牌知名度世界一流。品牌一流有三个前提：质量一流、服务一流、人才一流。质量一流不仅是对生产中某个环节的要求，而是生产全过程、全链条的质量一流。服务一流就是能快速便捷地为客户提供多样化服务。人才一流就是有一流的管理人员、技术人员和一线工人，这是产品质量的根本保证。比如在德国，受益于双轨制职业教育，奔驰等公司的技术人才非常充裕，甚至小孩子从小就开始培养做工意识。

六是企业美誉度世界一流。一流的企业是积极履行社会责任的企业，是在绿色环保、公益事业、员工全面发展、成为世界公民等方面做出表率的有品格的企业。

有专家指出，不少企业兴也勃焉，亡也忽焉，而世界一流的企业大多有50年以上的历史。西方发达国家的一流企业有不少都是百年老店，缺少时间磨炼的企业很难成为世界一流企业。培育一大批具有全球竞争力的世界一流企业是个长远的战略性目标，除了少数已经或基本具备世界一流水平的企业外，大多数国内一流企业要培育成为世界一流企业还需要5～10年或更长时间的努力，而不是一朝一夕能完成的。对此，我们既要有埋头苦干、长期奋斗的心理准备，也要有转变竞争模式、迎接新挑战的信心和决心。

第 10 章
Chapter10

共享机制

人力资本是今天企业成败和发展的关键，改革再出发，其动力就是要平衡所有者、经营者和劳动者三者之间的财富，让企业成为共享平台。机制改革是实现效率和公平结合、激发企业微观活力、提升企业竞争力的好方法。"新三样"——员工持股、管理层股票计划和超额利润分红权，是机制改革的方向，成效明显，成为企业创新发展的强劲动力。机制改革考验所有者的选择，需要开明的"东家"才能构建起真正高效的共享机制。

企业应是共享平台

人力资本是今天企业成败和发展的关键

关于企业财富,有两种不同的看法:一种是企业财富是资本的升值,另一种是企业财富来源于劳动者创造的剩余价值。资本作为前期劳动的积累,维系着企业的运作,所以首先所有者要有利润分配。但是,所有者不能拿走全部的财富,经营者对企业成败也至关重要,好的经营者会让企业盈利,差的经营者则会让企业亏损甚至破产,因此应该把财富分给经营者一部分。当然,没有广大技术人员和劳动者也不行,员工不仅是劳动者,也是财富的创造者。

我认为,企业的目的应包含社会进步、股东回报和员工幸福三个方面的内容,而在这三者之中,维护员工利益、提升员工幸福至关重要。企业只有让员工充分受益,才能激发他们的积极性和创造热情,推动企业走向繁荣昌盛,这是提高股东回报、推动社会进步的基础。

这些年,许多企业尤其是上市公司,把股东利益最大化作为不二法则。由于过分强调股东至上,一些股东把董事会当成橡皮图章,董事也唯股东马首是瞻,股东通过董事会和管理层掏空公司的事情屡有发生。还有一些股东,以短期套利为目标谋求上市公司的控制权,进而以短期市值为目标,诱使公司董事会和管理层减少技术创新等长期投资,再利用短期高利润拉升股价,最后高位减持获利。在这个过程中,管理层也能拿到高薪和奖励,而员工利益却遭受损害,这使一些上市公司沦为反复套利的工具，损害了公司的健康发展。我们应该认识到，公司是社会的，股东可以通过分红和买卖股票获利，也可以通过股东会行使相应权利，但公司并不属于股东，股东权利应有限度。片面强调股东利益只会让企业发展短期化，使企业失去社会基础和员工支持，丧失活力。

员工是企业的主体，员工利益在公司的目标序列中应处于相对优先的位置，理应得到充分保护。德国为企业员工设定了14级工资制，按年功和技术水平评定，这种工资体系保证了工匠精神的培养和员工的忠诚度。以前，我国国有企业员工采用8级工资制。后来，这一工资体系被打破了，而新的体系又没有很好地确立起来，一些企业为了股东和管理层的短期利益而不惜损害员工利益，无端裁减员工，蓄意压低薪资，更谈不上给员工一些利润分红权了。

正确对待员工利益，不是所有者和经营者的恩施，而是企业进化的重要标志，也是对企业财富创造者的一种尊重。我们今天要认识到，企业财富既离不开资本的投入，也离不开经营者的努力和员工的创造。

机制是企业微观搞活最根本的因素

十九届四中全会强调"坚持多劳多得，着重保护劳动所得，增加劳动者特别是一线劳动者劳动报酬，提高劳动报酬在初次分配中的比重。健全劳动、资本、土地、知识、技术、管理、数据等生产要素由市场评价贡献、按贡献决定报酬的机制"。劳动、资本、土地作为传统的生产三要素，随着人类文明的发展，特别是随着生产方式的演进，已经不能涵盖生产要素的内涵。随着高科技时代的到来，公司的资本形态发生了重要变化，我们对生产要素构成有了新的理解，并增加了技术创新和人力资本的概念。对公司而言，重要的不再是机器和厂房，而是有创造力的员工，即我们的人力，人的经验、智慧、能力都成了资本。虽然公司那张资产负债表上没有记载企业的人力资本，但员工能力已经成为企业创造财富的原动力。

过去只能是有形资产的要素参与分配，现在全要素都可以进行分配，也就是说分配的逻辑发生了重大的改变。十九届四中全会强调了"知识、技术、管理"作为生产要素，强化了以知识价值为导向的收入分配政策，充分尊重科研、技术、管理人才，要在分配中体现这些要素的价值。这为机制改革打开了"天窗"。

我 2019 年写了一篇文章《机制革命：推开国企改革最后一扇门》。国企改革确立了现代企业制度和由国资委管资本的体制，分别解决了制度和体制问题，但最终要解决的是机制问题。企业改革的动力来自内部机制。什么叫机制？我理解为，企业机制是调动企业各要素向企业目标前进的内在过程，指的是企业效益与经营者、员工利益之间的正相关的关系。企业效益增加了，经营者和员工的财富收入就会增加，这样的关系就是机制。

机制属于治理范畴，是企业重要的分配制度。任何企业都存在机制问题。机制和所有制之间有联系，比如发展混合所有制为引入市场机制铺平道路，但所有制并不决定机制。机制不是国有企业的独有问题，民营企业、家族企业同样存在机制问题。体制和制度是机制的必要条件，但不是充分条件，不是有了体制和制度就一定有好的机制。

"资本＋经营者＋劳动者"是企业机制的基础，是做企业的"三宝"。

机制研究的是在所有者、经营者和员工之间如何分配利益。当下，创新正在推动企业生产函数的变化，人的知识与智慧、经验与能力对企业的贡献越来越大，企业应予以充分承认和加大激励。机制是企业微观搞活最根本的因素，如果没有机制，就无法调动人力资本的积极性和创造性，资产资本就会成为"废铜烂铁"。

改革开放以后，一直有一个问题困扰着我们，就是如何缩小贫富差距。西方国家也一样，在20世纪50年代，1%的人占有财富的20%；到了60年代、70年代，中产阶层的崛起使1%的人占有的财富降到13%左右；到了90年代又恢复了，1%的人大约占有财富的20%。法国经济学家皮凯蒂写了一本书，叫《21世纪资本论》，里面讲述了资产的增值速度高于劳动的增值速度，这就造成了两极分化，我们必须解决这个问题。目前，我国已经进入高质量发展阶段，人们的生活逐渐富裕，社会的主要矛盾发生了变化，我们改革的动力是什么，我们的目标是什么，这些都是需要回答的问题。答案就是满足员工对美好生活的向往。国有企业经过改革要和民营企业一样，都要成为共享平台。

企业在进行财富分配时，必须充分维护员工利益，让员工的人力资本参与分配，不能把员工当成会说话的机器来役使。我们必须理性看待财富，兼顾公平，把公平放到重要位置，劳动者要分享财富，建立经营者、劳动者、所有者的正相关关系，将财富让渡一部分。虽然我们后来讲效率优先、兼顾公平，但始终找不到一种办法使之既有效率又有公平。可以说机制就是一种能把公平和效率结合到一起的方法，有了机制大家都愿意好好干，就能创造出更多效益，这就有了效率；如果大家都能分一点效益，这就有了公平。这就是既有效率又有公平。

在 2018 年春季的莫干山改革论坛上，我讲到"国企改革得让员工买得起房子"，这句话很多媒体都转载了。企业要建立共享机制，让员工与企业结成荣辱与共的命运共同体，让大家通过辛勤努力的工作，共享企业财富。大家有了一定的财富，才能在社会上体面地、受人尊重地生活。现在的生活成本很高，怎样让员工有能力偿付买房、孩子读书、老人赡养、大病风险等费用，这是改革中要解决的大问题。不解决这些问题，企业里的骨干就很难留住，上一轮改革的红利就会丧失，企业就会失去竞争力，所有者利益也就无从保证，这是摆在我们面前非常迫切和严峻的问题。

现在做企业，要解决共享的问题。共享也是"创新、协调、绿色、开放、共享"五大发展理念之一，全世界都在研究这个问题。任正非的成功靠什么？马化腾的成功靠什么？他们都是靠共享机制。实际上，建设共享平台已经成为今天优秀企业的自觉选择。在追求高质量发展的今天，企业必须开明，把企业创造的财富分配给员工一部分，让企业成为社会、股东、员工的利益共享平台。

有机制的企业不需要神仙，没有机制的企业神仙也做不好

做企业一定要把所有者、经营者和劳动者这三者之间的分配关系处理好。怎么处理？清代的晋商之所以能大行其道，就是因为他们的机制很先进，他们对年底红利的分法是各取 1/3，一份归东家，一份归账房先生和掌柜，一份归伙计。我当年在北新建材当厂长时，能带领北新建材发展起来，就是因为我的一句话："工资年年涨，房子年年盖。"这样一

个机制能充分发挥出激励作用。我总讲，有机制的企业不需要神仙，没有机制的企业神仙也做不好。

2018年6月，习近平总书记到万华工业园考察时发表的重要讲话非常发人深省，"谁说国企搞不好？要搞好就一定要改革，抱残守缺不行，改革能成功，就能变成现代企业"①。这段话虽不长，但是特别精辟，这段话里面指出了：

- 国企一定能搞好。
- 搞好国企要靠改革，不改革是搞不好的。
- 抱残守缺不行，什么是残和缺呢？我觉得就是条条框框，是不愿意改革的种种顾虑和落后的观念。
- 改革能成功，改革成功了就成为现代企业。

万华工业园原来是个做聚氨酯、合成革的小工厂，现在变成了效益突出的跨国化学公司，被称为中国的"巴斯夫"。这其中，机制改革发挥了重大作用。万华工业园是怎么做的？主要有两大改革举措：一是员工持股，万华工业园的股本结构是20%员工股、21.6%国有股，剩下的则是散户，国有股和员工股联合起来一致行动，很巧妙。二是科技分红，技术人员只要有所发明，就可以从创造的效益中提成15%，一共提5年，这是真金白银的奖励。受益于这个机制，企业做得非常好，2018年大概实现了600多亿元的收入，产生了160亿元的利润，2019年由于产品价格下降，利润小幅减少，但也有100亿元以上的利润。

---

① 央广网. 习近平：国企一定要改革，抱残守缺不行 [EB/OL].（2018-06-13）[2020-11-22].http://china.cnr.cn/gdgg/20180613/t20180613_524269510.shtml.

我到万华工业园调研时，董事长廖增太接待了我，陪着我参观。临走的时候，廖董事长告诉我科技人员技术提成的奖励，万华工业园的共享机制不是虚的，而是真刀真枪地干。万华工业园的研发楼晚上灯火通明，员工愿意加班工作，为公司奉献。

华为也靠机制。不少人因华为没上市而误以为华为是任正非的家族企业，事实上，任正非在华为只有1.01%的股权，华为的工会股份公司持有98.99%的股权。华为是近乎全员持股的公司，但它把股权和能力、贡献和年功很好地结合了起来，增强了企业的向心力和亲和力，提高了企业的创新力和竞争力。在华为创造的财富中，所有者只占有一份，技术骨干、业务骨干和员工占五份，而且必须是技术骨干、业务骨干和员工的五份都拿完了，所有者才拿那最后一份，也就是所谓的"财散人聚"，把财富更多地分给员工，从而增强了企业的凝聚力。可以说，任正非的企业家精神加机制造就了华为的巨大成功。

企业财富既离不开资本的投入，也离不开经营者的努力和员工的创造。所以企业在进行财富分配的时候，要在三者之间进行平衡，既要考虑所有者，让所有者获得远高于社会平均利润的回报，所有者才会增加投资，扩大再生产；又要奖励优秀的经营者，让他们尽心尽力做好经营工作，把握市场机遇，做出正确决策，把企业经营好；还要考虑广大员工，因为企业财富都是通过他们的劳动创造出来的。这三者之间要达到很好的平衡，就要有共享机制。

我讲的机制是一种分配方式，就是经营者和员工既有固定的收入，又能分享一些多创造的财富，这应是一种混合分配方式，对双方都比较好。对于超额利润的分配，所有者拿大头，员工拿一部分，这就是超额利润分红。中国建材正在探索中，采取过股票增值权、员工持股、超额利润分红等方式，并取得了一定的效果。不过，中长期激励的方式和效果从总体上是有限的，从长远来看，通过改革激励制度，建立多层次的现代激励体系，激发企业家、科技人员和广大员工工作的热情，是确保企业可持续发展的百年大计。激励机制不建立起来，不利于企业的发展。

从"老三样"到"新三样"

点燃员工心中的火

我刚在北新建材做厂长时，企业正处于非常困难的时期，员工好多年没上调过工资，住房相当紧张，大家对企业也很冷漠。1993年春节过后，北新建材石膏板厂经过大修后让我为热烟炉点火。当我将熊熊火把投入炉中后，我转身对大家说了一句让我自己终生难忘的话："其实，我最想点燃的是员工心中的火！"

为了唤起员工的信心和热情，我挨个车间座谈，针对当时国有企业分配机制与管理方式中存在的问题逐一解答，目的就是让大家知道企业效益和员工利益之间的关系。有的车间没有会议室，我就在车间的空地上站着做动员。慢慢地，员工被我的真诚打动了。紧接着要解决的是资金问题，当时，由于企业过往信用差，银行不给我们提供贷款。我号召员工把家里的存款拿出来，集资400万元买来第一批原料，让工厂运转起来。一年后借款到期了，我把本钱和利息如数归还给大家。企业活过来了，接下来还要发展壮大。

当时很多员工问我，没有房子住、收入很低，怎么办？我告诉大家，房子的钥匙就在大家手上。我提出"工资年年涨，房子年年盖"，员工的热情一下子被调动起来了，企业重新焕发出生机。10年中，我兑现了承诺，员工的人均年收入提高了10倍，宿舍楼盖了十几栋。

"新三样"是机制改革的方向

困难的时候需要改革，往往也是改革的好机会。中国共产党中央全面深化改革委员会第14次会议通过了包括《国企改革三年行动方案（2020–2022年）》等多个改革方案，意味着国企改革三年行动计划即将落地，今后三年是国企改革关键阶段。

国企改革三年行动提出要改三项制度，在"三能"上下功夫，即"能上能下、能进能出、能多能少"。三项制度的改革是为了解决效率问题，比如"能多能少"是指在工资奖金上下功夫，提高员工的积极性，从而提高效率。今天我们处在一个科技时代、新经济时代，光有效率不行，还要有公平。这也是传统经济与创新经济最大的不同之处。在传统经济时代，劳动力是成本；而在创新经济时代，人力是资本。我们要承认人力资本。这次国企改革三年行动提出了超额利润分红权和跟投计划，这些都是非常好的政策，但是在整个改革里，只进行三项制度改革是不够的。经过多年的实践和试点，中国建材摸索出几种有效的企业激励机制，比如推进员工持股、管理层股票计划和超额利润分红权，我称之为"新三样"。"新三样"是相对"老三样"而言的,"老三样"是指劳动制度、人事制度、分配制度,改革针对的是"平均主义大锅饭",解决"干多干少一个样,干和不干一个样"的问题。"新三样"改革旨在让人力资本参与分红,解决企业的财富分配问题,目的是提高员工的获得感和幸福感。

一是员工持股。依照《公司法》,员工持股主要是让骨干员工、科技人员来持股。实践表明,通过员工持股,公司平台能够很好地运营,在平台里员工股份是流动的,持有的股份是激励股而非继承股。一般来说,员工股份不上市流通,而是分享红利和净资产升值部分,员工退休时由公司回购其股份,再派分给新的员工。这样,一方面能保持员工的稳定性,另一方面能保持员工持股的延续性。

2008年金融危机以来,世界各国股票一直处于不稳定状态。如果将员工持股量化为股票,实际上也是不稳定的。如果员工拿了股票,从股市中退出,也就失去了员工持股的真正意义,会减少员工持股的总量,带有不确定性,不利于企业的稳定经营。目前,员工都希望能够得到更加实际的现金奖励,这也是公司激励的一个新趋向。西方跨国公司一般都有分红权,差不多员工收入的一半来自年终分红。发展中国家也是如此,埃及规定,企业必须依法拿出不低于10%的利润分给员工。中国虽然情况有所不同,但可以选择进一步放权让利,让改革再进一步。我们希望每年进行分红,并和当期效益结合起来,这样更实际一些,主张员工持有的股份不流通,员工不享受股票溢价,由员工持股公司享受溢价,而员工享受分红权、净资产收益权,这样就不受股票下跌的影响。坦率地说,这些年股价大幅波动,这种方法对员工来讲可能更安稳,对企业而言也等于给员工戴了"金手铐",使员工能够更加稳定地工作。

2015年，习近平总书记在调研中科院下属的西安光机所后指出，"看了西光所后，我反复强调的创新驱动发展战略有了依据""转方式调结构，首先是创新驱动，创新有很多种，但科技创新是根本"①。2020年8月我去西安，专门到西安光机所参观学习。西安光机所坚持"拆除围墙、开放办所"的理念，鼓励科研人员带着科研成果走出"围墙"，通过创办企业或许可转让将技术成果与市场有效结合，同时研究所与企业共建多个工程中心、联合实验室，促进研究所与企业、研究所与市场的深度融合，让研究所从理念上和实际管理上成为真正开放的国家科研创新平台。同时西安光机所坚持参股而不控股的产业化原则，孵化企业但不办企业，让企业成为创新主体，通过"科研人员持股、技术团队和管理团队持大股"的激励方式，充分调动科研人员的积极性，建立利益共享机制，带动科研人员增收。

此外，西安光机所为科研人员提供全链条、全方位的创业服务，形成了"人才+技术+资本+服务"四位一体的科技成果产业化及服务模式、"人才聚集—资金投入—企业规模化发展—反哺科研"的良性价值链，打造了完善的科技创新创业生态环境；把责、权、利捆绑在一起，让企业充分发挥经营自主权，最终实现按照市场需求安排部署研发计划，彻底改变科技成果转化的传统路径。在管理上，西安光机所让企业运作市场化、社会化、规范化，在此基础上实现国有资产的保值增值。

截至目前，西安光机所累计引进80多个海外创新创业团队，培育孵化298家"硬科技"企业，总市值超过400亿元，纳税超过2亿元，新

---

① 新华网陕西频道. 科技成果产业化助推陕西崛起 科技创新将成陕西新标签[EB/OL]. （2017-01-17）[2020-11-19].http://sn.xinhuanet.com/snnews2/20170117/3625266_c.html.

增就业超过 7000 人，营造了浓郁的创新创业氛围。

二是管理层股票计划。它一般包括期权、增值权、限制性股票等，各家公司都在做。中国建材采用的是股票增值权，西方人称之为影子股票。股票增值权简便易行，把管理层收益和股价结合起来，进而将管理层的积极性与企业的市值结合在一起。管理层不出现金，也不真正拥有股票，但享受股票的增值，对管理层来说是比较安全也行之有效的办法。

我在国外经历了很多次路演，每次在路演结束的时候，基金公司都要让我谈谈有什么激励机制。我说有股票增值权，对方问兑现了没有，我说兑现了，对方就很高兴，就愿意下单买股票，这是如今的现实情况。给管理层部分股票权，实际上也是为了所有者，管理层维护股价，所有者的市值就高，如果管理层和市值毫无关系，没有人维护股价，市值就会低，其中的大账小账，所有者应该算清楚。现在，中国建材所属 13 家上市公司都在积极开展股权激励，结合自身特点制订激励方案。

国务院国资委 2020 年发布了《中央企业控股上市公司实施股权激励工作指引》，文件中有一项非常好的改革。过去股票激励是按照每年收入的 40% 限定股票增值收益，也就是说股票增值的收入不得超过年收入的 40%，有了这样的限制以后，股票的意义就不是很大了，再多的股票增值权也没用，因为无论增值多少，实际收益都不得超过总收入的 40%。现在对规则做了调整，改成授予的股票价值在授予时控制为被授予人薪酬水平的 40%，而对股权激励后续行权收益额度不再进行控制，也就是说后续行权的限制彻底被打破了，所持股票可以自由去兑现。这是非常大的变化，对管理层持股制度变革而言意义重大，上市公司对此要充分重视。

三是超额利润分红权。这个非常好，因为有很多企业不是上市公司，也不是科技公司，而是生产制造公司或贸易公司，那怎么办？这就得实施超额利润分红。这是从税前列支的一种奖励分配制度，把企业新增利润的一部分分给管理层和员工，也就是我们以前常讲的利润提成。如果企业定了1亿元的利润目标，最终利润是1.5亿元，超额的5000万元就作为利润分红的对象。这样既确保了公司的利益，也提高了员工的积极性，应该普遍实施。

一部分人先富起来，应该是科研人员先富起来。不分红，只靠工资怎么富起来？全世界的工薪阶层，只靠工资富不起来，所以还得靠分红。《关于深化国有企业改革的指导意见》提到，企业内部的薪酬分配权是企业的法定权力，任何人不得干预。超额利润分红应该实施工资总额备案制，也应适当降低分红奖励的个税税率。公司利润越多，员工分红就应该越多，西方跨国公司用的都是这个办法。到了下半年，跨国公司的每位员工都能算出自己的年收入。年收入构成一般是基薪占40%、分红占60%，当年效益好分红就多，效益不好分红就少。当然，管理层分股票，退休之后再拿到钱，普通员工分现金。就是这样的一个机制，并不复杂。

国有企业按照上述"新三样"思路改革，就会像万华工业园那样活力无限，充满积极性。做企业董事长，一定要掌握好这个机制改革的方向，要有分利的思想，与经营者、劳动者共享财富。

机制改革的先行者

中国建材旗下有几个机制改革的先行者，南京凯盛就是其中之一，这家公司是中国建材工程板块的子公司，成立于 2001 年 12 月。2003 年改制后实现了员工持股，中国建材通过国际工程公司持有南京凯盛 51% 的股权，其余 49% 是自然人持股。我第一次到这家公司时，公司的十几个人挤在一个租用的小办公室里办公。当时，我鼓励他们，南京凯盛要做一家绩优企业，三年内努力实现"三个一"：营业收入 1 亿元，净利润 1000 万元，员工 100 名。结果，他们用了一年就做到了。第二年我又去这家公司时说，希望你们做到"三个三"：营业收入 3 亿元，净利润 3000 万元，员工 300 名，过了一年他们又实现了这个目标。后来，我说你们要做到"三个五"：营业收入 5 亿元，净利润 5000 万元，员工 500 名，很快他们又实现了目标。

10 多年过去了，今天的南京凯盛已逐渐从业务单一的设计院发展成为集研发设计、设备成套、施工安装、生产调试、技术改造、水泥工厂智能化建设等业务为一体的创新型国际化工程公司，每年有十几亿元收入和上亿元利润。最重要的是，这家公司成立至今，在承接的 200 多项国内外大大小小的项目中，无一失败亏损。对比之下，其他一些国有工程公司，做的不少项目出现了亏损，因为它们只重视拿项目，只重视销售收入或规模，而对经济效益却不太重视。但是，员工持股的公司就不一样了，盈利是整个公司一致的目标。有媒体分析称，南京凯盛"不败的纪录"根源就在于机制。

中国建材旗下的中联水泥则尝试了超额利润分红的激励方式。其实，这也挺简单，就是制定利润指标，超额部分提取15%，按照"127"进行分配，一把手和主要负责人分10%、班子其他成员分20%、员工分70%，并将分配结果和金额进行公示。这样就调动了管理人员、技术人员和其他员工的积极性，采购材料时千方百计地想要拿到更低的成本价格，生产时节约原料，销售时希望售价高一点，希望货款全部收回来，所有工厂都是这样的话，集团利润就能有明显的增长。中联水泥2018年、2019年的利润大幅提升。

此外，中国建材的贵州西南水泥在这两年也采用了超额利润分红权，调动了员工的积极性，大家都认真起来，你追我赶，干劲十足，年利润大幅增加。实践证明，超额利润分红是企业创新发展的强劲动力。

激发企业家精神

共享不是简单的分饼，而是把饼烙大

机制改革考验所有者的选择。就《公司法》而言，如果股东不把人力资本当成资本，就不会给经营者、劳动者分红。今天，所有者要学会分享，这已经成为金融、高科技、咨询等诸多行业的共识。

一说到分享，有人会问，分享是分谁的红，是不是要分所有者的红？其实，劳动者分的是自己的劳动成果。通过共享机制，员工可以凭诚实劳动多获得一些收益，企业效益好了，所有者就会赚得更多。过去，

我们认为财富是一个常量,你分多了我就分少了,但是今天企业必须把财富变成一个增量:你分得多,我就会分得更多。共享不是简单的分饼,而是把饼烙大,让大家都受益,这就是共享的意义。

在国有企业,一提员工分红,就和国有资产流失联系起来,归根结底是企业没有确立人力资本的概念。肯定人力资本的重要性和贡献,可以打开进一步深化国有企业改革的心结。只有把机器、厂房等有形资本和人力资本很好地结合起来,才能发挥管理人员、技术人员、骨干员工的积极性,企业才会有效益,国有资产才能保值增值,才能做强做优做大国有资本。

中国建材有4个大型水泥设计院,分别是天津院、成都院、南京院、合肥院。合肥院原来是效益最差的一个设计院,2000年的时候员工都吃不上饭。后来合肥院按科室划分开办了7家公司,员工因此赚到钱,吃上饭了,人人提着大皮包,头发上抹着摩丝,开着桑塔纳,但是合肥院穷得叮当响。我当了总经理后去找他们谈话,提出要改机制,要规范化。这句话一下子捅了马蜂窝,技术员全跟我对立起来,都说不干了要走人。技术人员要是一走,设计院就人去楼空,干不下去了。我只能用三寸不烂之舌,花费一整天的时间把全部的技术人员都说服了。

合肥院所属公司的机制改成了"七三模式":设计院占股70%,员工占股30%。一路走来,这个机制的效果非常好,干部和设计院都收益颇丰,合肥院也因此变成了四大设计院中效益最好的一个设计院,现金流充沛,员工干劲十足,科研人员规模很大,每年都能有几亿元的净利润。后来,另外三个设计院捆绑成立了一家上市公司,但仍没有竞争过合肥院,因为只上市而没有机制,不把员工的积极性调动起来是没用的。

合肥院的"七三模式",让员工分到了很多钱。有一次,一位上级机关的人去了合肥院,回来后问我:"这次到合肥院,我发现一个大问题,其中有一家公司去年一年的分红居然相当于它的投资额的20%,现在的利息才多少?"我回答他:"你认为员工应该多分还是少分?员工多分的话,我们会分得更多,所以我是赞成他们多分的,因为那么多人才分30%,而设计院分70%,如果少分,那机制还有什么用?不能捡了芝麻丢了西瓜。"机制能够解决科技人员致富的问题,但更重要的是可以为企业发展注入强劲的创新动力。

改革需要开明的"东家"

机制是治理结构的问题,企业的机制不活,归根结底是所有者不开明的问题。过去清代的晋商、现在的万华工业园和华为等,就是因为有开明的所有者,员工和企业才能在分享机制下共同致富。

上海国资国企改革一直领跑全国,2015年,上海全力推动"绿地混改"实现整体上市。得益于有开明的市政府和国资委,"绿地混改模式"已成为近几年全国改革的重要模板。上海绿地集团原来是一家国有企业,上海市国资委旗下的三家国有企业持股合计为48%,绿地集团的员工持股份额为28%。上海国资委的下属三家企业承诺不做一致行动人,而是让员工持股占大股,目的就是让张玉良这位创业者、企业家能够做董事长和法人代表。因为企业家可遇不可求,混改要保证有优秀的企业家作为核心。

2020年,绿地集团进行第二轮深度混改,上海国资委又拿出17%的股份对外转让，这样员工成为公司真正的第一大股东，目的还是要弘扬和保护企业家精神。前不久我到广西调研，广西建工刚刚和绿地集团完成混改。混改后，广西国资委在广西建工的持股比例由100%变为34%，成为参股股东，而绿地集团则变为控股51%的第一大股东，同时还有员工持股，核心团队持股15%。广西国资委的持股方式变成了宜参则参。为什么这么做？因为广西建工这次是增资，这么做较大幅度降低了企业的资产负债率，解决了广西建工多年来的高杠杆问题。

这种例子其实很多。比如蒙牛，中粮集团是蒙牛的第一大股东，但是蒙牛完全作为普通股份制企业，按照市场规则运作；再如江西省旅游公司，主动由省属一级公司变为省属二级公司，进行员工持股改革。这些都是"开明的股东"为了让企业获得机制，在实践中尝试的多种方式。

我也希望中国的企业所有者——股东都是开明的"东家"，不要做铁公鸡，一毛不拔。不少企业因为所有者不开明，导致没有机制、缺乏创新、人才流失，最后倒闭了。

机制改革中要弘扬企业家精神

做好国企改革有三件事很重要，那就是党的领导、混改和企业家精神。其中，党的领导是国企改革的"根"和"魂"，也是国企的独特政治优势；混改可以实现国有、民营两种所有制企业优势互补，更有利于把市场化机制引入国有企业；企业家是企业创新的灵魂，是企业高质量发展的"火车头"，企业家精神是推动企业改革创新的原动力。

2014年11月9日，在亚太经合组织工商领导人峰会上，习近平总书记特别精辟地诠释了企业家精神："我们全面深化改革，就要激发市场蕴藏的活力。市场活力来自于人，特别是来自于企业家，来自于企业家精神。"㊀ 中国改革开放到今天能取得如此成就，企业的努力和企业家的作用非常关键。企业家是稀缺资源，可遇而不可求，所以要保护和弘扬企业家精神。

对于企业家精神，中共中央、国务院印发的《中共中央 国务院关于营造企业家健康成长环境弘扬企业家精神更好发挥企业家作用的意见》中提出"三个弘扬"，列举了爱国敬业、遵纪守法、艰苦奋斗，创新发展、专注品质、追求卓越，履行责任、敢于担当、服务社会等精神，用36个字展现了现代企业家精神的丰富内涵。我把它浓缩一下，可以用6个字概括。

一是创新。创新是企业家的灵魂，做企业是一件复杂又艰苦的事情，需要的是敢于不断创新、不断挑战自我的人。企业家最大的特点就是不满足于现状，不断创新，不断改变。现实中，大多数人都是按部就班或随大流的人，但企业家应该卓尔不群。企业家要时常另辟蹊径，以独到和敏锐的商业嗅觉发现各种机遇和可能性，当大家都做这件事时，企业家要去想怎样做另一件事。我们为什么把企业家看得那么重呢？因为他们引领着我们的企业、行业和社会的创新。

企业家要敢于创新，不断地否定再否定，找寻新方向，创造新空间。爱因斯坦曾说："我没有什么特别的才能，不过是有强烈的好奇心罢了。"做企业也一样。企业家应充满好奇心，不断求新求变，即便再困难，也

㊀ 人民网.习近平治国理政关键词（59）企业家精神：激发市场蕴藏的活力 [EB/OL].（2017-05-02）[2020-11-19].http://cpc.people.com.cn/n1/2017/0502/c64387-29246907.html.

要勇敢地向前迈步。过去供给不足，机会成本不高，敢吃螃蟹的冒险者有可能成为企业家。而现在，市场竞争异常激烈，企业家应认真思考、评估和把控风险，识别并有效利用各种机会提升经济效率，以创新的思想和方法推动企业发展。

创新能力决定了企业的命运。纵观成功的企业家，他们有的进行了企业制度的创新，有的进行了商业模式的创新，有的进行了技术和产品的创新，创新是他们成功的重要前提。

二是坚守。坚守是企业家的重要特质。做企业需要工匠精神，需要"痴迷者"，需要不怕风险失败、持之以恒地坚守，比如德国的隐形冠军企业创业至今平均已有 60 年以上。做企业是个艰苦而漫长的过程，是个苦差事，有没有坚守的精神，能不能甘坐 10 年冷板凳，这往往是能否成功的关键。企业从创业到成功往往九死一生，只有少数人历经长期奋斗，最终才能脱颖而出。成功的企业家都是"熬"出来的、"炼"出来的。企业家的"家"字是时间磨炼出来的，没有实践的磨炼不可能成为"家"。

前几年，日本有一部热播电视剧《阿政》，以三得利公司为原型，讲述了该公司做威士忌酒的故事。威士忌酒最早是苏格兰人造的，而在这几年的评选中，最好的威士忌酒竟出自日本的三得利公司，而三得利公司通过三代人的努力才做到全球品牌第一。三得利公司的故事告诉我们要坚持长期主义，一生做好一件事。企业要历经时间的沧桑、时代的风雨，而又能够百折不挠，才能孕育出一家伟大的公司。这个过程需要企业家去坚持、去坚守我们的企业。

三是责任。作为企业家，要义利相兼、以义为先，对国家、对民族、对社会的责任感和"先人后己，达人达己"的境界是对企业家精神最大的升华。做企业有一个核心就是要创造财富，但问题的关键是财富创造后应该怎么办？我觉得应该最大限度地回馈社会，让大家共享财富，实现均富和共富。我们要成为财富的主人，而不是沦为财富的奴隶。

除创新、坚守、责任之外，我觉得中国的企业家还有两个方面做得特别好：一方面是特别能干，坚韧不拔、百折不挠；另一方面是具有实业救国、企业报国的家国情怀。近代以来中国企业的发展历程，就是企业家队伍不断成长壮大的历程，就是以企业家精神激发市场活力，推动经济发展、社会进步、国家富强的历程。中国的企业家前赴后继，围绕实业报国、振兴中华这个核心主题不懈奋斗，取得了辉煌的成绩。晚清时期，一批仁人志士学习西方，掀起洋务运动。到了民国时代，民族资产阶级开展实业救国。新中国成立以后的社会主义建设时期，一大群企业家以牺牲精神振兴民族工业，建立新中国工业体系，其中有代表性的如大庆精神和王进喜的铁人精神，其内涵主要包括为国争光、为民族争气的爱国主义精神以及独立自主、自力更生的艰苦创业精神等，构成了新中国石油工业建设的不竭动力和精神支柱。

改革开放后，多种经济成分共同发展，中国的企业和企业家队伍虚心学习发达国家企业的成功经验，向哈默、艾柯卡、松下幸之助等国外知名企业家学习，刻苦实践，迅速成长，不仅做出了一大批优秀企业，同时也逐渐形成了中国特色的企业家精神。这个阶段可以再细分：早期的步鑫生、马胜利、褚时健等一批企业家，他们敢于向传统的国有体制挑战，引领了那个时代的发展；20世纪90年代，一批精英下海创业，很多民营企业创业者成为企业家，这批人具备对企业和市场的理解，因而迅速发展起来；现在到了互联网时代、双创时代，又有大批年轻人创新创业，从做小微企业开始，形成了企业家的洪流。新一代中国企业家群体性崛起受到全球关注。

2020年7月，习近平总书记在企业家座谈会上指出：企业家要带领企业战胜当前的困难，走向更辉煌的未来，就要在爱国、创新、诚信、社会责任和国际视野等方面不断提升自己，努力成为新时代构建新发展格局、建设现代化经济体系、推动高质量发展的生力军。⊖ 这段话将新时代企业家精神概括得非常好，就是爱国情怀、勇于创新、诚信守法、社会责任、国际视野。企业家要牢记并按照这五条标准去做，成为优秀的企业家。

"党的领导＋混改＋企业家精神"是国企改革的三大法宝。党的领导主要是把方向、管大局；混改主要是引入市场化经营机制，在机制上进行改革；企业家是企业前进的"火车头"，要保护和弘扬企业家精神，吸引和留住优秀的人才。这样才能激发企业活力，进而产生更好、更多的创新成果，不断提升核心竞争力，建设世界一流的企业。

⊖ 人民网.新华社评论员：弘扬企业家精神，发挥生力军作用——学习贯彻习近平总书记在企业家座谈会重要讲话 [EB/OL].（2020-07-22）[2020-11-18].http://theory.people.com.cn/n1/2020/0722/c40531-31793971.html.

陈春花管理经典

关于中国企业成长的学问

一、理解管理的必修课	
1.《经营的本质》	978-7-111-54935-2
2.《管理的常识：让管理发挥绩效的8个基本概念》	978-7-111-54878-2
3.《回归营销基本层面》	978-7-111-54837-9
4.《激活个体：互联网时代的组织管理新范式》	978-7-111-54570-5
5.《中国管理问题10大解析》	978-7-111-54838-6
二、向卓越企业学习	
6.《领先之道》	978-7-111-54919-2
7.《高成长企业组织与文化创新》	978-7-111-54871-3
8.《中国领先企业管理思想研究》	978-7-111-54567-5
三、构筑增长的基础	
9.《成为价值型企业》	978-7-111-54777-8
10.《争夺价值链》	978-7-111-54936-9
11.《超越竞争：微利时代的经营模式》	978-7-111-54892-8
12.《冬天的作为：企业如何逆境增长》	978-7-111-54765-5
13.《危机自救》	978-7-111-64841-3
14.《激活组织：从个体价值到集合智慧》	978-7-111-56578-9
15.《协同》	978-7-111-63532-1
四、文化夯实根基	
16.《从理念到行为习惯：企业文化管理》	978-7-111-54713-6
17.《企业文化塑造》	978-7-111-54800-3
五、底层逻辑	
18.《我读管理经典》	978-7-111-54659-7
19.《经济发展与价值选择》	978-7-111-54890-4
六、企业转型与变革	
20.《改变是组织最大的资产：新希望六和转型实务》	978-7-111-56324-2
21.《共识：与经理人的九封交流信》	978-7-111-56321-1

彼得·德鲁克全集

序号	书名	要点提示
1	工业人的未来 The Future of Industrial Man	工业社会三部曲之一，帮助读者理解工业社会的基本单元——企业及其管理的全貌
2	公司的概念 Concept of the Corporation	工业社会三部曲之一，揭示组织如何运行，它所面临的挑战、问题和遵循的基本原理
3	新社会 The New Society：The Anatomy of Industrial Order	工业社会三部曲之一，堪称一部预言，书中揭示的趋势在短短10几年都变成了现实，体现了德鲁克在管理、社会、政治、历史和心理方面的高度智慧
4	管理的实践 The Practice of Management	德鲁克因为这本书开创了管理"学科"，奠定了现代管理学之父的地位
5	已经发生的未来 Landmarks of Tomorrow：A Report on the New "Post-Modern" World	论述了"后现代"新世界的思想转变，阐述了世界面临的四个现实性挑战，关注人类存在的精神实质
6	为成果而管理 Managing for Results	探讨企业为创造经济绩效和经济成果，必须完成的经济任务
7	卓有成效的管理者 The Effective Executive	彼得·德鲁克最为畅销的一本书，谈个人管理，包含了目标管理与时间管理等决定个人是否能卓有成效的关键问题
8 ☆	不连续的时代 The Age of Discontinuity	应对社会巨变的行动纲领，德鲁克洞察未来的巅峰之作
9 ☆	面向未来的管理者 Preparing Tomorrow's Business Leaders Today	德鲁克编辑的文集，探讨商业系统和商学院五十年的结构变化，以及成为未来的商业领袖需要做哪些准备
10 ☆	技术与管理 Technology, Management and Society	从技术及其历史说起，探讨从事工作之人的问题，旨在启发人们如何努力使自己变得卓有成效
11 ☆	人与商业 Men, Ideas, and Politics	侧重商业与社会，把握根本性的商业变革、思想与行为之间的关系，在结构复杂的组织中发挥领导力
12	管理：使命、责任、实践（实践篇） Management:Tasks,Responsibilities,Practices	
13	管理：使命、责任、实践（使命篇） Management:Tasks,Responsibilities,Practices	为管理者提供一套指引管理者实践的条理化"认知体系"
14	管理：使命、责任、实践（责任篇） Management:Tasks,Responsibilities,Practices	
15	养老金革命 The Pension Fund Revolution	探讨人口老龄化社会下，养老金革命给美国经济带来的影响
16	人与绩效：德鲁克论管理精华 People and Performance: The Best of Peter Drucker on Management	广义文化背景中，管理复杂而又不断变化的维度与任务，提出了诸多开创性意见
17 ☆	认识管理 An Introductory View of Management	德鲁克写给步入管理殿堂者的通识入门书
18	德鲁克经典管理案例解析（纪念版） Management Cases(Revised Edition)	提出管理中10个经典场景，将管理原理应用于实践

彼得·德鲁克全集

序号	书名	要点提示
19	旁观者：管理大师德鲁克回忆录 Adventures of a Bystander	德鲁克回忆录
20	动荡时代的管理 Managing in Turbulent Times	在动荡的商业环境中，高管理层、中级管理层和一线主管应该做什么
21 ☆	迈向经济新纪元 Toward the Next Economics and Other Essays	社会动态变化及其对企业等组织机构的影响
22 ☆	时代变局中的管理者 The Changing World of the Executive	管理者的角色内涵的变化、他们的任务和使命、面临的问题和机遇以及他们的发展趋势
23	最后的完美世界 The Last of All Possible Worlds	德鲁克生平仅著两部小说之一
24	行善的诱惑 The Temptation to Do Good	德鲁克生平仅著两部小说之一
25	创新与企业家精神 Innovation and Entrepreneurship:Practice and Principles	探讨创新的原则，使创新成为提升绩效的利器
26	管理前沿 The Frontiers of Management	德鲁克对未来企业成功经营策略和方法的预测
27	管理新现实 The New Realities	理解世界政治、政府、经济、信息技术和商业的必读之作
28	非营利组织的管理 Managing the Non-Profit Organization	探讨非营利组织如何实现社会价值
29	管理未来 Managing for the Future:The 1990s and Beyond	解决经理人身边的经济、人、管理、组织等企业内外的具体问题
30 ☆	生态愿景 The Ecological Vision	对个人与社会关系的探讨，对经济、技术、艺术的审视等
31 ☆	知识社会 Post-Capitalist Society	探索与分析了我们如何从一个基于资本、土地和劳动力的社会，转向一个以知识作为主要资源、以组织作为核心结构的社会
32	巨变时代的管理 Managing in a Time of Great Change	德鲁克探讨变革时代的管理与管理者、组织面临的变革与挑战、世界区域经济的力量和趋势分析、政府及社会管理的洞见
33	德鲁克看中国与日本：德鲁克对话"日本商业圣手"中内功 Drucker on Asia	明确指出了自由市场和自由企业，中日两国等所面临的挑战，个人、企业的应对方法
34	德鲁克论管理 Peter Drucker on the Profession of Management	德鲁克发表于《哈佛商业评论》的文章精心编纂，聚焦管理问题的"答案之书"
35	21世纪的管理挑战 Management Challenges for the 21st Century	德鲁克从6大方面深刻分析管理者和知识工作者个人正面临的挑战
36	德鲁克管理思想精要 The Essential Drucker	从德鲁克60年管理工作经历和作品中精心挑选、编写而成，德鲁克管理思想的精髓
37	下一个社会的管理 Managing in the Next Society	探讨管理者如何利用这些人口因素与信息革命的巨变，知识工作者的崛起等变化，将之转变成企业的机会
38	功能社会：德鲁克自选集 A Functioning Society	汇集了德鲁克在社区、社会和政治结构领域的观点
39 ☆	德鲁克演讲实录 The Drucker Lectures	德鲁克60年经典演讲集锦，感悟大师思想的发展历程
40	管理（原书修订版） Management(Revised Edition)	融入了德鲁克于1974~2005年间有关管理的著述
41	卓有成效管理者的实践（纪念版） The Effective Executive in Action	一本教你做正确的事，继而实现卓有成效的日志笔记本式作品

注：序号有标记的书是新增引进翻译出版的作品